见字如面 奏折里的雍正

查献芹 著

辽宁人民出版社

© 查献芹　2026

图书在版编目（CIP）数据

见字如面：奏折里的雍正 / 查献芹著. -- 沈阳：辽宁人民出版社，2026.1. -- ISBN 978-7-205-11609-5

Ⅰ. K249.09

中国国家版本馆 CIP 数据核字第 20253TQ518 号

出版发行：	辽宁人民出版社
地址：	沈阳市和平区十一纬路25号　邮编：110003
电话：	024-23284191（发行部）　024-23284304（办公室）
	http://www.lnpph.com.cn

印　　刷：	固安县云鼎印刷有限公司
幅面尺寸：	145 mm×210 mm
印　　张：	9.5
字　　数：	221千字
出版时间：	2026年1月第1版
印刷时间：	2026年1月第1次印刷
责任编辑：	赵维宁　姚　远
封面设计：	东合社·安宁
版式设计：	杨　莹
责任校对：	郑　佳
书　　号：	ISBN 978-7-205-11609-5
定　　价：	69.00元

序

雍正,一个很难评价的复杂帝王

对于雍正以及雍正时期的人物,大多数人是从影视剧和小说中了解的。因为清朝距离现在很近,可以得到的信息很多,并且内容相对准确,但是也出现了许许多多的"戏说故事"干扰大家的认知。

那么除去这些比较"戏说"的内容,要想对这些历史人物的生平、思想有一定精准的认知,就要通过阅读他们的作品或者历史资料。如果要了解一个帝王,媒介就更多了,可以从臣子的评论,也可以从他对一些事件的解决办法来了解,当然还有他留下来的收藏,等等。

而对于清朝帝王来说,想要了解他们还可以通过朱批奏折,这是区别于其他朝代帝王的。在动笔写这本书之前,我一直以为朱批奏折这种理政模式是历朝历代都有的,所有的帝王与大臣都是用它沟通国家大事的。

然而实际情况并非如此,朱批奏折,确切地说是密折制度是从清朝时期才发展出来的。那么，之前的皇帝和大臣又是怎样沟通的呢？

说起密折和朱批，对于大众来说其实并不是很容易看懂，因为奏折体现出来的内容过于专业，甚至可以说无趣。但是雍正时期，雍正在奏折中所表现出来的个性让人发现原来帝王也是个普通人，在朝政大事中也时常夹杂着日常小事。那么雍正在奏折中又说了什么呢？

一个时代的终结，会留下辉煌也会留下遗憾，雍正所留下的或许会在他的朱批中有所体现。

而雍正本人其实也是一个很难评价的君王，雍正不完全是仁君，但似乎也算不上暴君。然而也有人认为雍正谋权篡位、对待反对自己的人心狠手辣、大搞文字狱，是一个刻薄寡恩的皇帝。那么奏折中的他又是怎样的呢？他身边那些名臣、奸臣又是什么样的呢？

朱批奏折不仅可以让人们了解雍正的思想和思想发展的脉络，也可以使人们对他所处的时代有一个相对完整的了解。奏折就像时代的坐标，帮助人们了解他所处的历史背景，这段时间发生的大事，以及这段时间的特点。

带着这些疑问，也就有了写这本书的初衷……

查献芹

目 录

序	雍正，一个很难评价的复杂帝王	001
第一章	雍正忙碌的一天	001
	1. 闲人不是等闲人	002
	2. 晚批者十居八九	009
第二章	雍正的奏折政治	018
	1. 奏折的产生和发展	019
	2. 雍正改革奏折制度	027
第三章	尔等肥壮而返还	038
	1. 从孤臣到孤君	039
	2. "三大巨头"之怡亲王	044
第四章	朕之恩人也	064
	1. "三大巨头"之年羹尧	065
	2. 平定青海	078
	3. 实实心寒之极！	103
第五章	舅舅隆科多	121
	1. "三大巨头"之隆科多	122
	2. 玉牒关系紧要	132

第六章　服朕之明鉴否？　140
1. "模范督抚"之田文镜　141
2. 凭谁动你一毫毛，朕无能也！　154

第七章　朕含泪观之，卿实为朕之知己　168
1. "模范督抚"之鄂尔泰　169
2. 即此二句，天上鉴之矣　182

第八章　此等事览而不嘉悦者除非呆皇帝也！　205
1. "模范督抚"之李卫　206
2. 始终如一，勿怠勿纵　217

第九章　大臣中第一宣力者　231
1. "首席秘书"之张廷玉　232
2. 万言万当，不如一默　247

第十章　与臣子那点小事　261
1. 岳钟琪：今陕甘惟卿是赖　261
2. 蔡珽：大笑话！真笑话！　271
3. 王士俊：岂有是理！朕心寒之极，未料王士俊如此待朕也　275

第十一章　奏折中的妙语　284

后　记　朕就是这样的汉子　293

第一章　雍正忙碌的一天

凌晨3点的时候,夜空像浓墨一样深沉。而这个时候,皇宫却已经开始忙碌起来了,因为这是雍正起床梳洗的时间,有的时候雍正甚至更早起来。吃过早饭后,雍正就要接见大臣,在军机处建立后,最先接见的就是军机大臣,之后是礼部尚书,讨论国家大事。但这并不是上朝,到了凌晨5点的时候才是正式上朝。朝堂之上雍正询问各个部门的情况,这样一来,恐怕就要一个多小时到两个小时,甚至更长时间。等到早朝结束,已经是早上7点了,天已经亮了,对于有的人来说或许这一天才开始。但是对于雍正来说,已经完成了大部分需要与下属沟通的工作,开始了一天的主要工作——批奏折。

批奏折需要大量的时间,一直到下午两点半左右结束,之后雍正才开始用膳,古代人一天吃两顿饭,所以或许这是雍正的晚饭。大约半个小时以后,雍正继续批奏折或者看书、读经,也可能会骑射或者检查皇子的学习情况,这段时间看起来似乎稍微休闲一些,到了晚上可能还会召臣子商讨白天的事情,也可能会吃一些宵夜,直到 22 点左右,雍正才会上床睡觉。工作时间长达十六七个小时,这么一看,似乎当上皇帝也并没有想象的那么好,所以雍正才被称为最勤奋的皇帝。

那么雍正的成长经历是怎样的呢?他又是怎样登上皇位的呢?他真的从一开始就是这样勤奋的吗?他创立的密折制度又是怎样的呢?

1. 闲人不是等闲人

雍正并不是一开始就是勤奋的,在他没有成为皇帝之前,他有过一段清闲的时间,自称"天下第一闲人"。

爱新觉罗·胤禛(1678 年 12 月 13 日—1735 年 10 月 8 日),在北京紫禁城的永和宫降生,是康熙的第四个儿子,他的生母是康熙德妃乌雅氏,后雍正帝下旨追尊为孝恭仁皇后。胤禛是清朝第五位皇帝,年号雍正,庙号世宗。

清朝初期后宫中有规定,不能让生母养育自己的儿子,所以,胤禛出生一个多月之后,就被交给了孝懿仁皇后佟佳氏抚养。佟佳氏是一等公佟国维的女儿,也就是康熙的生母孝康章皇后的侄女,佟佳氏膝下无子,生过一个小公主也夭折了,所以抚养德妃的儿子。由此可见胤禛的养母身份地位十分尊贵,不知道这是否会影响年幼的胤禛。

毫无疑问,胤禛在学问上的根基比较牢固,这与康熙十分注重皇子的读书有关。康熙表现出了一个做父亲的对自己的孩子的殷切期望,为他们各自寻找学识渊博、德高望重的老师。胤禛自然也在其中,到了胤禛 6 岁时,他入上书房随大学士张英(1637—1708)学习"四书""五经",又随精于满文、学问优长的大臣徐元梦(1655—1741)学习满文。因此胤禛从幼年就开始被父亲和老师严加管教。后来胤禛回忆起自己幼年时的求学生活，曾说过："幼承庭训，时习简编。"

长大后，他跟着康熙巡幸，并奉命处理一些政务。16岁的时候，他还与皇三子允祉前往曲阜祭孔庙。

到了胤禛19岁，也就是康熙三十五年（1696），康熙征讨噶尔丹，胤禛随从，掌管正红旗大营。当然，实际上胤禛没有亲身参与这场战争，但是对这场战争却是非常重视，还写了两篇诗文歌颂康熙在这场战争中的贡献。之后胤禛又到遵化，祭奠孝庄文皇后。

很快到了康熙第一次对已经成年的儿子进行封爵的时候，康熙三十七年（1698），21岁的胤禛被封为贝勒。虽然之前胤禛看起来比较受重用，但其实也能看出胤禛并不是康熙最宠爱的皇子，而三阿哥允祉虽然比胤禛年长一岁，却是郡王，比胤禛的品级高。其实从两个人生母再到养母，地位相差不大，而且胤禛还被皇后佟佳氏抚养过，出身还要比允祉高一些。在此以前，有大臣建议将已成年的皇子全部册封为亲王，但是被康熙拒绝了，康熙认为皇子是否封王，要看其有没有能力，要以其德行来定，如果没有什么功劳，可能就没有爵位。胤禛被封为贝勒，很明显，康熙并不是很重视胤禛。胤禛这个时候只不过是一个边缘化的皇子而已，谈不上什么争权夺势。

不过，康熙也是给胤禛表现的机会的，康熙三十九年（1700），年仅23岁的胤禛跟随康熙到永定河工地视察工程质量。过了两年，胤禛25岁，又随康熙巡幸五台山，26岁随康熙南巡江浙。也是这一年康熙处死了索额图，与太子的关系变得紧张起来。一眨眼到了康熙四十七年（1708），这一年出了一件大事，康熙在木兰围场以"不法祖德，不遵朕训，惟肆恶虐众，暴戾淫乱"为由宣布废黜皇太子允礽。不过第二年康熙又复立允礽为太子。在这期间，胤禛一直主张复立允礽，并与八皇子允禩交好。胤禛被册封为和硕雍亲王。之后大家所知的"九龙夺嫡"愈发激烈，众皇子互相拉帮结派、争权夺利。

允礽为了稳固自己的太子地位，做了许多"过分"的事情，最终惹得康熙不满，在康熙五十年（1711）又被废黜。之后，朝堂上想要让允礽复位的大臣，都受到了康熙的处罚。允礽虽然被抛弃，但康熙并没有再立太子，这就让其他的皇子心里都有了想法。

三皇子诚亲王允祉，有一帮读书人聚在他的周围，也"希冀储位"。允禩"虚贤下士"，与各方人马建立了联系，"颇有所图"。康熙五十七年（1718），十四皇子允禵被任命为抚远大将军，率两路清军出征西北，直抵西藏，击退准噶尔部首领策妄阿拉布坦叛乱，稳定了西藏局势。他的声望与日俱增，大有登上皇位的可能。

这四人都是胤禛的竞争对手，胤禛则走了另一条争皇位的路子。真正有成就的人，都是有耐心的人，在太子被废的时候，胤禛并没有落井下石，即使太子二次被废，他也没有出手打压或者争储，而是看着其他皇子争储。九龙夺嫡，危机四伏，朝廷上明争暗斗，胤禛并没有表现出争夺储君之位的意思，而这段时间也是他最"清闲"的时光。

胤禛选择韬光养晦，他信奉佛教，参悟禅理，给人一种与世无争的感觉，自称"天下第一闲人"，并编纂了《悦心集》。他与兄弟们保持良好的关系，与年羹尧、隆科多等人秘密交往，对父亲康熙表现出了自己的孝心，将西藏绘制在地图上送给康熙，深得康熙的信任。在当时的特殊情况下，这让康熙对他的印象很好，认为他是一个忠厚老实、勤奋好学、性格温和的皇子。

在这么多的皇子中，胤禛并不是最耀眼的，甚至可以说是最低调的。康熙早年曾经说过，胤禛是个"喜怒不定"的人，那个时候胤禛年纪还不大。到了康熙四十一年（1702）十一月，胤禛恳求康熙："儿臣已30多岁，居心行事大概已定，请将谕旨内此四字恩免记载。"康熙下旨允准："四阿哥十余年来，未见过他有'喜怒不定'之处，此语不必记载。"

胤禛不但学会了隐藏自己的情绪，更善于掩饰自己对于权势的渴望，把自己伪装为一个淡泊、温和、孝顺、沉稳而又得体的人。就像康熙对他说的那样，诸事当"戒急用忍"。这个"忍"字，他一直铭记在心，不敢有丝毫的放松。哪怕是在他继位之后，依然在他的寝宫中挂着"恩谕戒急"4个大字。

胤禛44岁那年，也是康熙登基的第六十个年头——康熙六十年（1721），胤禛被派去盛京祭告祖陵，然后回京参加会试试卷复查，在冬至的时候，代替康熙在南郊祭天。可见这个时候康熙是十分信任与认可胤禛的。第二年，胤禛奉命对京、通两仓进行了检查，又奉命冬至祭天。对于他而言，这些公务有重要的意义，因为他曾数次跟随康熙巡游，游历中国各大地方，所以他得以深入了解各地的经济情况、民风民俗等。并且通过观察康熙怎样处理政务，考察地方行政、吏治情况，从而磨炼治国方面的才能，积累了一定的政治经验。

康熙六十一年（1722）十一月十三日，康熙于畅春园病逝，7天后根据康熙的遗诏，胤禛登基于太和殿，年号雍正。雍正登基后，重用了康熙十三子允祥，对他的政敌允禩等人严厉打击。允禩等人也不甘示弱，于是，双方的斗争一直持续。为了巩固自己的皇位，雍正采取了各种手段。比如铲除异己，瓦解众皇子的势力，把允禵从西北调了回来并圈禁起来。由于清代尚无一套行之有效的储君体系，且经常因为继承权问题而引发争议,雍正就制定了秘密立储制度。同时又改进了奏折制度,开启了他"007"的工作狂模式。

新帝登基,首先要做的就是铲除所有可能对他造成威胁的人,以各种理由将可能威胁到他皇位的兄弟——圈禁,到了这一步,雍正再也不需要隐忍。雍正对待亲兄弟,不留一丝余地。他的心狠手辣,不仅仅是对自己的政敌,更是对自己。正如前面所说,胤禛做皇子的时候,就把自己塑造成了"天下第一闲人",当上皇帝之后,他就变成了"天下第一忙人"。他还相当得意地写了一首诗:"不是闲人闲不得,闲人不是等闲人。"不过他也确实是这样做的,不然为何说他对自己也是"心狠手辣"呢?雍正一改康熙晚年"宽仁之政",一门心思扑在治理国家上,不知疲倦。

雍正在位期间,每日睡眠不足4个小时,一年里除了自己生日那一天雍正会休息,其他大部分时间都花在了政事上。粗略一算,在数万件奏折上,他的批语足足有1000多万字。雍正野心勃勃,有一个很大的抱负,"将唐宋元明积染之习尽行洗濯,则天下永享太平"。他一直致力于整顿吏治、清查贪官污吏、禁朋党、建立军机处、出兵准噶尔……

不管是内政还是外政,事无巨细他都面面俱到。雍正十年如一日地严格要求自己,对自己的苛刻已经达到了自我折磨的程度。有这样的一个工作狂皇帝,臣子自是"受苦受难",而且也不能贪污腐败;而国家有这样勤勉的国君,用他的努力与勤勉,带领着整个国家国泰民安。

雍正刚登基时就说:"朕在藩邸四十余年,凡臣下之结党怀奸,夤缘请托,欺罔蒙蔽,阳奉阴违,假公济私,面从背非,种种恶劣之习,皆朕之深知灼见可以屈指而数者,较之古来以藩王而入承大统,如汉文帝辈,朕之见闻更过之。"意思就是说他还是雍亲王的时候，所见臣子结党营私、钩心斗角、欺骗蒙蔽、阳奉阴违、假公济私、背信弃义，种种恶习，用手指头就能数得过来，比以藩王身份登上皇帝宝座者如汉文帝知道得更多。

他对康熙末年的一些社会问题看得都很清楚，他把自己的思想与实际相结合，制定了自己的政纲。雍正登基的第一个月，便命大学士、尚书、侍郎等人："政事中有应行应革能裨益国计民生者，尔等果能深知利弊，亦著各行密奏。"随后，雍正元年（1723）元旦，又发布上谕，号召"兴利除弊，以实心，行实政"。他采纳了山西巡抚诺岷（？—1734）的提议，采取耗羡归公和养廉银的政策，以提高国家的税收水平，约束各地的苛捐杂税。

雍正二年（1724），雍正针对康熙年间出现的财政赤字下令彻查贪污受贿的官员，被查出者立即抄家没收赃物。各地方若有亏空，必须在三年内全部补上，若未补上，则严惩不贷。

雍正即位后，仍以学为本，广办经筵，以提高施政水平。所谓"经筵"，就是从汉唐至今，皇帝用来讲论经史在御前设置的地方。不过，他对那些只会咬文嚼字的腐儒也是深恶痛绝。在一次科举考试之前，主考官出了一道题"士人当有礼义廉耻"，雍正看后认为这道题"识量狭隘"，是一道很普通的题，很不满意。于是他亲自出马，对儒学中的一些思想进行了新的阐述。大学士张廷玉很是佩服："皇上学宗洙泗，治协唐虞，内圣外王，万殊一本，圣训精微，臣等不胜钦佩。"

雍正五年（1727），雍正决定向准噶尔开战并开始做准备工作。两年后雍正任命岳钟琪（1686—1754）为宁远大将军，出西路，任命傅尔丹（1680—1752）为靖边大将军，出北路，率军出征。临行时雍正说："选派将领，悉系镇协中优等人才，拣选兵丁，率皆行伍中出格精壮，殊非草率从事。"可是前线战事不利，到最后双方势均力敌，只好和谈。雍正、岳钟琪、傅尔丹等人的轻敌与傲慢，是雍正未能彻底铲除对手的主要原因。

雍正为支持这次军事行动设立军机处，以辅佐他管理军事事务。雍正从大学士、尚书、侍郎以及亲贵中指定军机大臣，都是由他的亲信担任的；从内阁中书、六部郎中指定军机章京。军机章京兼有起草圣旨的职责；还参与军机处新承办案件的审理；随同军机大臣或单独被派往各省调查、办理政务。他们都是兼差，凡是奉命进入军机处的官员，都会保留原来的职位，并按照原来的职位晋升。

军机处没有专门的官员担任职务，也无正式衙署，但有值班房，紧邻雍正的养心殿，方便与军机大臣商议要事。没有专门的官员，也没有专门的部门，这使得军机处成为一个特别的部门。

雍正七年（1729），陆生楠（？—1729）被发配到西北军营，他写了《通鉴论》17篇，内容涵盖封建制度、储粮制度、兵法制度、君臣关系、无为而治等诸多方面，还包括当时的朋党之争等敏感话题。雍正觉得陆生楠是在太平盛世通过科举考试考取进士，进而为官，却心怀不轨，便将其流放。而他被流放到边疆后，更是大肆宣扬自己的荒唐言论，企图煽动民众，破坏国法。雍正认为这是不可饶恕的罪孽，要在军中处死陆生楠。也就是从这一年起，雍正为了控制人心、打击政敌、巩固自己的权势，开始大兴文字狱。

雍正对奏折制度进行了完善，为了更好地发挥奏折的作用，对密折的范围和内容进行了拓展。雍正将其所阅奏折中的一部分编为《朱批谕旨》，张廷玉等人将雍正给群臣的旨意编成《上谕内阁》和《上谕八旗》。

雍正十三年（1735），雍正驾崩，庙号世宗，葬清西陵之泰陵，传位其第四子弘历。雍正结束了这忙忙碌碌而又短暂的执政生涯，相较于康熙和乾隆二人都在位达60年之久，雍正仅在位13年，可谓一个享国日浅的皇帝。而且雍正的勤奋显然并没有康熙斗鳌拜、乾隆下江南这些事件有噱头。大家更熟悉"康乾盛世"，更熟悉康熙与乾隆，也更喜欢拿这两位皇帝相提并论。"康乾盛世"中间的雍正经常被人忽略，但是雍正在位时间虽短，却起到了承上启下的作用，这与他大力推行和强化密折制度、大大强化中央集权有很大的关系。

2. 晚批者十居八九

夜深人静的时候，宫殿里点着火烛，所有人屏气凝声，唯有雍正在案前批阅奏折。有一个大臣听说他日理万机，一直到晚上还处理国事，忍不住上奏劝说："伏乞皇上茶饭按时，爱养圣躬，以理政务，窃闻皇上日理万机，甚至夕阳西下，龙体尤为劳顿，臣忧难忍，不揣冒昧奏请。"雍正看了之后并不在意，反而在奏折上朱批："大概外来奏折，晚批者十居八九，此折亦系灯下。朕从幼夜间精神更好，非出勉强也。"对于雍正来说晚上精神更好，并不是强行加班，他喜欢得很。

雍正十分勤勉，不敢有丝毫的怠慢。正如他所言，"惟日孜孜，勤求治理，以为敷政宁人之本"。

雍正45岁登上皇位，掌权13年，每天的工作时间都在10个小时以上。他从来不让别人批改奏折，朱批一直都是自己动笔写，有些朱批一次就写上千字。要知道那个时候可没有铅笔和钢笔等便于书写的工具，更不可能有打字机和手机，现代人用手机打出1000个字,有的时候都是一件很麻烦的事情,更何况雍正是用毛笔批复奏折。他用"勤政亲贤"来激励自己,这里的"勤政"二字并非虚言。雍正之所以将大量时间和精力用在批改奏折上,并且对奏折制度加以完善和推广,是因为奏折制度其实就是治国理政的一种手段。

在古代,皇帝要想将自己的政令传达下去就需要通过某种途径,同时也必须要有一个能够容纳政令的"媒介",而且皇帝与臣子进行国事的讨论也需要这个"媒介"。就好比现在我们可以通过报纸、电视、新媒体等了解到国家政策,还可以通过微信、QQ等来沟通信息。但是在古代这些是没有的,所以古代出现了上谕、奏折这种媒介。

清代重要政令的传递方式主要有两种:一种是皇帝朱批,是在朝臣的奏折上写;另一种是上谕。这里所说的奏折是朝廷高层官员直接向皇帝进言的一种重要形式,可以说是清朝皇帝和文武百官相互往来的一种机密公文。被皇帝批示过的折子叫作朱批折子,批示的内容是皇帝用朱墨批示的,所以叫作朱批。大多数情况下,朱批都是皇帝亲笔所写,比较通俗易懂,内容也比较简单,批注完毕后,就会交还给上奏的人,让他按照批语的内容去做。这就有点像老师批改作业时的批语。

至于上谕,有一部分上谕是在奏折上不能写全的朱批,朱批的内容过多,所以要另拟上谕。另一部分则是宣布政令,并不是特地回应某道奏折。因为上谕比较正式,所以体裁上要更加工整严谨,内容也比朱批详尽。

然而,在康雍年间奏折刚刚兴起的时候,皇帝却偏爱以长篇幅和臣子直接用朱批交流。再往后,军机处开始发挥出应有的功能的时候,遇到一些比较复杂的意见,都要由皇帝口授,再由军机大臣与军机章京共同拟定,最后皇帝亲自过目,才会下达。可见，朱批能够更好地反映出皇帝对臣子的要求以及皇帝本人的一些风格和态度。

依照清廷的制度，相关衙门和上奏者都要遵守并执行朱批的内容。所以，朱批相当于一个简单版的圣旨。而对于臣子上奏的内容，皇帝也有所要求。

首先雍正对奏折上那些隐瞒实情、报喜不报忧、虚头巴脑的内容十分不喜，本来奏折就是为了让他了解实情而出现的，如果隐瞒还有什么意义？比如：

觉罗满保（1673—1725），觉罗氏，字凫山，满洲正黄旗人，在雍正年间，他任总督，管辖福建和浙江两个省份，当时全国一共有不到10名总督。可见他位高权重，对当地政务颇有贡献，但在廉洁方面口碑不大好。

这些雍正也听说过，不过出于多方面的考虑并没有深究。但是满保偏偏在奏折里说自己清廉。这道奏折是关于总督衙门每年各项进银数目的，他详细写了银子的来历和用处后，又说了其中有部分补贴了自己私用。这些是清朝时的陋习，是默认可以这样做的，但是他还说他从来没有收过其他官员送的礼品。

在这句话的旁边，雍正朱批写道："你如果这样对皇考禀告是可以的，但是对我这样说有什么用？我并不会追究。你只要努力工作就行，如果还像以前那样隐瞒得不到好处，我的眼线遍布天下，你们如何能瞒得过？堂堂正正，有什么好怕的？你们若敢背叛我，我必严惩。君臣之间，必须要有一颗赤子之心，若是有半句虚言，将会受到重罚。"

如此说了雍正还不满意，又在结尾的时候严厉地训斥："你们这样做，只会让我起疑心！"

雍正操心的不仅仅有大臣的隐瞒，还有歌功颂德。这也难免，毕竟大臣终于有个机会可以在"顶头上司"面前露脸，自然要表现一番。因此这些大臣总爱向皇上献上赞美之词，并且只报好消息，不报坏消息。作为一国之君，雍正自然是不喜欢这种做法。他要的奏折是说实话的奏折，而不是说废话的奏折，而最容易出现歌功颂德内容的奏折就是关于天气方面的。

例如，有一次一个官员写奏折说自己管地方的降雨情况："三年似此无雨，如今雨泽沾足，百姓欢呼感戴，称颂蒙圣主鸿福，复得佳年。"

意思是3年来，从来没有下过雨，今天雨泽沾足，百姓欢呼雀跃，赞叹有圣主鸿运，又是一个好年。

雍正朱批："雨泽诸事皆据实具奏，不得丝毫粉饰以取悦于朕，此习甚恶，旨甚是，倘不撒谎，恶事绝矣。"

意思是说关于降雨的事如实汇报就可以，不要有半点粉饰取悦朕，这是一种恶习，只要不说谎，恶事就不会再发生了。

他又在一封关于当地降雨量的奏章中，写得很清楚：

田禾长势及雨水调匀与否，唯当据实而奏，先前尔等侍朕皇考（康熙皇帝），因恐烦圣聪，百般巧饰，以期畅还之处，朕素所熟知，尔等若能如实上奏，天赐之年，朕实有欢畅之时，若仍沿袭旧习，虽奏丰年，朕亦疑而不信。尔等若想得朕宽谅，凡事唯尽诚实。

说的是田禾生长情况、降雨是否均匀，须得实事求是，你们以前对皇考（康熙），因为生怕打扰到他，千方百计说些让他满意的话，朕都知道。你们若是能够如实禀告，天赐之年，朕的确会很高兴，如果你们还是按照以前的习惯，虽然说是丰收之年，朕也不会相信。你们要想得到朕的原谅，唯一的办法，就是诚实。"

还有雍正在《胡凤翚谢奏授苏州织造并抵任访闻各事折》中的朱批："再，奏报地方情形雨水，不要徇故套，浮泛隐匿，一切着落实在奏闻。"

雍正对灾难、重大案件等紧急情况，更是要求诚实禀告，不得有任何隐瞒。但是那些官员，怎么敢完全如实禀告呢？地方官员往往会粉饰丰收，隐藏实情，以免受到皇帝的责难。雍正元年（1723）六月，就发生一次这种情况，被雍正朱批斥责道：

> 朕要如此治理，尔等却偏不实心实意为地方百姓，庇护他人，欺瞒于朕，有负朕之任用，抑或朕错用尔等矣。我君臣皆须细心检讨各自之错误，实心实意治理政务。

意思就是朕欲如此治理，尔等偏偏不以本心为民造福，包庇他人，欺瞒朕，有负朕重用，或朕误用你也。每一位君臣，都要仔细检讨自己的过失，以诚治国。

山西巡抚诺岷到任以来，当地的盗窃案虽然少了许多，但各州上报的打杀事件仍时有发生。诺岷不避讳，也不隐瞒，直接上折子，将事情原原本本说了一遍，并将事情的起因归咎于当地官员对律法的无视：

> 究法纪废弛之缘，盖州县官员为息事宁人，每有命案发生，只收取被害人亲属免讼之书，以期减刑发落，堂外了结。被害人亲属冀图得些财物，情愿呈

文,此习形成既久,愚人以为舍几两银子即可杀一人命,故命案由此增多。

律法之所以如此,乃是益州县官员,为了平息纷争,每当出现杀戮事件,他们都只收受害者家属的免讼之书,希望能够从轻发落,然后私下了断。受害者家属希望得到一些钱财,甘愿献上,这是长久以来的习惯,愚昧之人,以为几两银子便可杀人,于是命案便多了起来。诺岷建议从今往后,一律禁止这种减刑,一切都要依照刑法来处理。

雍正对诺岷这种求实的做法大加赞赏,并在朱批上说:

这才为省臣,尔所有折子,全令朕畅悦,甚是。凡是唯求"真"字、"好"字。如今成百命案被隐瞒,说无命案,骗谁?命案目前虽然多些,日后可望绝迹矣。

这才是臣子该有的样子,你的每一份奏折,都使我满意,实在是太好了。一切追求的都是"真"和"好"。现在成百人的案子都被压了下来,还说没有,这不是糊弄人吗?虽然现在凶杀案很多,但总有一天会消失的。

雍正曾不止一次地表示过,君臣最大的礼义就是"诚",不是"畏"。他在选择重要臣子时,首先要考虑的是"诚",他相信,唯有君臣齐心协力,才能做到为国家万民谋利益。

有不少奏折是文武官员向朝廷呈报治理地方情况的重要内容。有些新官在任职之后,都会向皇上提出自己的政策,表明自己多么负责任,但实际上很多都是空谈。比方西安将军常色礼(生卒年不详)写给雍正几篇重要奏折,他刚一上任就提出了自己的工作内容和目标,什么下令满洲蒙古八旗士兵,革除身上的陋习;要吃苦耐劳,要按照规矩来,不能喝酒,不能赌博,不能游手好闲,不能看戏等看似很有道理的内容,雍正也在这份详细计划上圈圈点点,用了"所言甚是"四字表达自己的认可。但实际上这些内容有很多是不切实际的,因此雍正在最后批复:"说得容易,做给朕看看。"类似这种情况,雍正还批注过"言之甚易,行之则难""唯照此奏办理给朕看看"等。因此雍正也确实是个实干的皇帝,不喜欢花言巧语。

而对于大臣的一些"小作为",雍正也表示,不如做实事。比如有官员上任后贴出了谢绝送礼的告示。雍正对此批复:"朕不愿闻此等琐屑徒事沽名之事,虽毫无欺隐开诚以奏,朕亦不以为如此。唯尔等真心实意为地方民治图一个好字。"

意思就是说这等鸡毛蒜皮的小事,我不想听,虽然没有欺瞒上报,但是我并不认为这是真的。只要你们能真心实意地为当地百姓着想就行了。

还有一位山西布政使,他上任后废除了州县官员纳赋税时每两给自己三厘的惯例,而雍正也是表示怀疑:"尔等唯真求一个'好'字让朕看看,此类举措,朕则疑之。"很多人在升迁之后,都会给皇帝上一道折子,以表感激。对于这些折子,雍正都会强调如果你真的懂得感恩,就应该把事情做得更好,要求官员不要只会说一些无用的话。

雍正的朱批中经常出现"名声"一词,这是他任用官员时所考虑的一个重要因素,并多次强调做官要有良好的品行和好的名声。

在他刚登基的时候,也就是雍正元年(1723)正月时,在给甘肃巡抚上的万安折的批复中清楚地表明,他对官员的任用不会有任何的偏袒："朕安，切勿心太大，亦毋期朕之私恩。朕如今已非仅属个人，著慎之又慎。"意思是我很好，切勿贪心，也莫要求我的仁慈。我现在已经不是一个普通人了，所以我要慎重再慎重。

同时，雍正也会在朱批奏折中详细询问大臣的品行，然后再决定是否重用。雍正朱批奏文中所认可的品行，有遵纪守法、勤恳办事、名声好、谨慎勤勉。其中最关键的还是名声。如在朱批中询问："满保大改操守，黄叔琳情况如何？较李馥何如？据闻钟世臣声名甚为平常，王朝恩甚可。著将尔所知之处，据实奏来，甚密之！""周凯捷如何？史文卓、壮海、李元英等名声如何？勿加掩饰，如实具奏，此等情形务求详实，令朕察觉。"也有很多官员在奏折中向皇上述说地方官员表现，举荐贤能之士，这是很常见的。但是他们也会因为个人的原因而作出一些不公平的决定。所以这就需要雍正认真甄别。

对于雍正的评价，大家众说纷纭，有说他是暴君的，也有说他是明君的，但是大家都一致认同他是一个勤奋的帝王。甚至可以说他几乎是历史上唯一一个把帝王当作职业，实行"007 工作模式"的皇帝。

根据历史资料，雍正皇帝在位 13 年里，他一直待在紫禁城、圆明园等地方，很少离开京城，甚至没有去过承德避暑山庄。这和喜欢下江南的乾隆皇帝形成了鲜明的对比。

雍正登基后，不喜享乐，后宫中身居高位的妃嫔也不过 8 位，这个数目在清朝帝王中算是少的。并且他将皇宫中所有的珍禽异兽都放掉了。他不爱打猎，但他喜欢园林，雍正年轻时曾中暑，后来怕热，所以他选择了相对清凉的圆明园作为自己的住所，大部分时间都在圆明园里工作，闲暇之余，他喜欢在园林中散步，至于其他的东西，他也不是很挑剔。

雍正将大部分精力放在了朝政上。为了清理康熙遗留下来的官僚贪污腐化问题，他下旨对财政进行了清查，整顿了吏治，改革了行政制度，设立了军机处，推行了养廉银，使得国家的财务状况得以改善，国家的财富得以充实，呈现一片欣欣向荣的景象。雍正实行了朱批缴回制度，使大量的满、汉朱批折子作为有价值的历史文献保存下来。雍正作为清代最勤劳的一位帝王，他留下的奏折数量很多，其中包括汉文奏折3.5万多份，满文奏折约7000份。

如此看来奏折对于雍正来说是十分重要的，那么奏折又给雍正带来了什么呢？

第二章　雍正的奏折政治

雍正初年，一次上早朝的时候，一位大臣免冠谢恩，雍正开玩笑地说："别弄脏了你的新帽子。"大臣十分吃惊，原来这个帽子是他前一天新买的，而雍正第二天就能马上知道。大臣立刻明白雍正拥有庞大的信息网，顿时汗流浃背，以后根本不敢对雍正有任何隐瞒。还有一个状元出身的官员叫王云锦（1657—1727），那天他和朋友在一起玩"叶子戏"。叶子戏是一种古老的中国纸牌博戏，被认为是扑克、字牌和麻将的鼻祖。结果叶子居然少了一片，自然也没有办法玩下去了。第二日，雍正询问王云锦昨天晚上都做了些什么，他一五一十地说了出来。雍正笑道："不欺暗室，真状元郎。"说着，他掏出了昨天晚上王云锦缺少的那片"叶子"，让他拿回去继续把昨天的那局叶子戏玩完。王云锦整个人都惊呆了。由此可见雍正通过密折制度知道的信息有多全面。

雍正利用密折制度掌控各种信息，对各种信息的统筹利用，达到了前所未有的高度，称为"奏折政治"并不为过。而奏折是怎么产生的呢？雍正又是怎么改革奏折制度，让它成为自己执政的一把利刃的呢？

1. 奏折的产生和发展

在金碧辉煌的金銮殿中，皇帝坐在高高的龙椅上，威严地看着下面的文武百官。文武百官分成两列站在两侧，随着一声"皇上万岁万岁万万岁"，皇帝与大臣开始上朝。一名大臣站出来，手持笏板，躬身启奏："臣有本要奏……"

这里的"本"指的就是奏本，它并不是清朝的奏折，但是奏折可以说是奏本的一种。

清朝官方文件最初承袭明代的"公题私奏"形式，经过康、雍、乾三朝，为使君主与臣属的联系更加紧密，逐步发展出一套由大臣直接上呈给皇上的奏折制度，也叫作密折制度。所以，实际上奏折是清朝特有的一种上行文书，这多少出乎意料，因为很多时候我们以为奏折很早就有了。但是之前朝代的文书与清朝的密折是有区别的。

上行文书是文牍传播工具，是指中国古代下级官员呈报上级官员或者上奏给皇帝的书面文书，主要有符、帖、票、牌、檄等形式，其中上奏给皇帝的文书有种类、规格、体裁和功用等方面的严格规定，不能任意使用。与此相对应的是下行文书，是皇帝、朝廷及上级官员对平民及下级官员发出的公文。主要有制、策、诏、敕、册、诰、旨、令、谕等文体。其作用是传递皇帝的旨意、朝廷的政策，安排朝廷的政事。

奏折最初也叫作奏本，奏本这种文书其历史可以上溯至秦汉时期。其后各朝代沿用，但叫法稍有改变，起初只叫"奏"，而在秦朝之前，需要对君主叙述事情，统称上疏或上书。从秦国开始，以"奏"代替"疏"或"书"。奏本这个名称在明朝出现，是朝臣给皇上的奏疏，内容不限于公事，也可以写官员自己的私事。连普通民众都能用奏本给皇帝上书，称为"民本"。也就是说在明朝，公私之事都用奏本。但因为奏本对于大多数官员来说格式繁复，不易上手，便设了题本，专用于公事。不过题本的使用范围仅限于有紧急情况而不能当面交上奏本的官员，也就是说即使是公事，但不是急事，或者可以面见皇上者，也都是用奏本。但题本的实际运用效果不是很好，所以后来又将题本的使用范围逐步扩大，改成了所有内外官吏，凡公事皆用题本。如乞求恩典，认罪谢恩，并军民人等陈情、言事、申诉等事，还是用奏本。这样区分了奏本与题本的功能，题本分担了奏本原来最重要的陈述公事的功能。

清朝沿用明朝的制度，在入关之前，所有大臣包括汉族投降的臣子，都是用奏本上书。尽管相关正史和野史都说：按照国家规定，臣民上书是奏本，官员陈述公事为题本。还有说公事不论大小都是用题本，自己的私事用奏本。但是真实情况并不是这样的，在顺治和康熙年间，都是用奏本，不论公事还是私事，唯一的区别就是"若奏私事，不用印"。

奏折的出现还有一个契机，或者说是因为一个词——风闻言事。风闻言事就是督察御史等官员没有确凿证据，只凭他们听到的"风闻"就上奏言事。清朝初期，为了避免像明末督察御史等官员卷入党争，顺治严禁风闻言事。康熙刚登基的时候也是严禁风闻言事。

但是在这种情况下，就有一个问题，就算一个官员真的犯法了，督察御史也知道了，但是因为没有证据，监察御史怕上奏之后什么也查不出来，到时候不但抓不到罪魁祸首，还会被扣上一个诬告的罪名。因而，监察御史要么沉默不语，要么上奏琐碎之事，很难起到监督百官的作用。这让康熙很难真正了解朝堂上发生了什么事情，所以他不止一次地要求御史将自己的所见所闻汇报上来。康熙六年（1667）下旨："都察院、科道官员，职司风纪，于国家应行要务，即应直陈。一切奸弊，即据实指参，无所顾畏。"（《清圣祖实录》）

到了康熙十八年（1679），康熙放宽了风闻言事，主张"今若开风闻之条，使言事者果能奉公无私，知之既确，言之当理，即当敷陈，何必名为风闻，方入告也"（《圣祖仁皇帝御制文集》）。康熙虽然承认风闻言事有积极的作用，但是对于将风闻言事之名公开，还是相当慎重的。

直到康熙三十九年（1700）十月，康熙为了整顿官场、广开言路，重新开放风闻言事。康熙说：

> 朕欲开风闻言事之例，科道官以风闻题参，即行察该督抚，贤者留之，不贤者去之，如此则贪暴敛迹，循良竞劝，于民大有裨益。嗣后各省督抚、将军、提镇以下诸官，典吏、千把总以上官吏贤否，若有关系民生者，许科道官以风闻入奏，倘怀私怨，互相朋比、受嘱托者，国法自在，著谕满汉掌印与不掌印科道官员知之。（《清圣祖实录》）

这段话的意思是我想开风闻言事，监察御史可以因为听到传言就上奏，行使监察总督巡抚的权力，有才干的人留下，无才的人除掉，如此，他们不会腐败，规规矩矩，对百姓大有好处。以后各省总督、将军、提镇以下官员，典吏、千把总以上官员是否有贤能，若涉及民生，监察御史可以将自己的所见所闻上报，如其中有私怨、有交情、受人委托，则依国法处置，传令满汉有掌印或无掌印的监察御史知道这件事。

需要指出的是，这里的风闻言事，只允许监察御史来做，但出于实际需要，康熙暗中将此权授予九门提督。而在恢复风闻言事政策的同时，密折制度也渐渐被康熙重视起来。

起先，上密折的人都是皇帝的心腹，虽然密折并不是用于风闻，但其实其中很多内容就是所谓的风闻。其实在可以光明正大地风闻言事后，监察御史的表现并不如人意。因此，康熙四十年（1701）便下令各地官吏可上奏，又逐渐扩大了可密折上奏者范围，其中就有九门提督。这个时候，密折的作用就是要把一些不方便公开的风闻上报皇帝。

仔细想来，密折制度似乎就是官员在"打小报告"，康熙曾经对官员李煦（1655—1729）批示说："近日闻得南方有许多闲言，无中作有，议论大小事，朕可以托人打听，尔等受恩深重，但有所闻，可以亲手书折奏才好。"

康熙这里用的词就是"打听"，他开始使用密折，就是为了让官员帮他"打听"，与"打小报告"含义相近。现存康熙朝的密折约有3000件，但密折制度尚未形成体系。

确切地说奏折创立于康熙五十一年（1712）。江淮盐运使便是利用奏折，将有关盐政的事情以及各种稀奇的事情，秘密上报给康熙。到了后期，经康熙的积极倡导，逐渐形成了一整套较为完备的文书交流制度。

雍正《大清会典》中记载，雍正二年（1724），雍正下旨：

> 题、奏事件理应划一。行令各省督抚、将军、提镇，嗣后钱粮、刑名、兵丁、马匹、地方民务所关大小公事，皆用题本，用印具题。本身私事，俱用奏

本，虽有印之官，不准用印，若有违错，查出题参，交部议处。

意思就是说，题本与奏本的内容应该规划清楚，一切与公务有关之事宜都用题本，并且用印章。其他的私人事务，都用奏本，就算是有印章的官员，也不准盖印章。若有违犯，查出来是谁，送到部里处理。这就又一次削减了奏本的功能。

这乍一看似乎将内容范围说得很明确，但是在实际操作中，往往难以界定什么是公事、什么是私事。所以，在雍正七年（1729），又重申了一遍题本和奏本的内容范围，举荐和弹劾官员，还有关于钱、粮食、兵马以及刑事案件，算公事，用题本。但是这还不算完，《大清会典则例》记载：

> 其庆贺表文，各官到任接印、离任交印及奉到敕谕、颁发各直省衙门书籍，或报日期，或系谢恩，并代通省官民庆贺称谢，或原题案件未明，奉旨回奏者，皆属公事，应用题本。至各官到任升转、加级纪录、宽免降罚，或降革留任，或特荷赏赉谢恩，或代所属专员谢恩者，均应用奏本，概不钤印。

虽然分类内容更加详细和明确，但是应用的时候更加麻烦。最后在乾隆十三年（1748），乾隆下旨取消奏本，全部用题本。题本经历了明朝、清朝300多年，最终完全取代奏本。

那么奏折和奏本、题本又有什么区别呢？

奏折的应用大约从康熙中期开始，因为自三藩之乱被平定以来，清王朝逐步实现了全国的统一。康熙为进一步强化专制，凡有急事或敏感之事，都可由官员写奏折密报，以备不时之需。最为敏感的包括军务，还有贪污渎职等，以及农作物的收成、天灾、粮价等比较着急的事情。毕竟那个时候通信比较困难，信息传递的时间很重要。但是奏折制度起初只有皇上委任的几个近臣使用，后来各地的将军、督抚、大学士、尚书等也有使用奏折的权力。雍正登基之后，又把奏折的使用范围扩大到更广泛的程度，一些翰林和官职较低的官员也可以使用奏折。京内外的大臣，无论职位高低，哪怕是最低级的官吏，甚至是寺院的方丈，只要得到了皇上的允许，都能上奏。

至乾隆朝才将其列为正式国家政务文书，至光绪宣统年间仍在使用。

那么问题来了，奏折是奏本吗？如果不是的话，那么奏折是题本吗？

后来关于奏的名字，都是围绕奏的相关特点和处理动作。比如，在汉朝，结合其处理方式就叫作"封奏"，因为为了防止机密泄露，需要用皂囊就是一种黑绸口袋密封再呈上去，所以取了一个"封"字。到了唐朝，叫"奏抄"。宋朝将其与所承载形式的特点相联系，并将其定名为"奏状"，因为它是在单页纸上写成的。明朝与宋朝一样是根据承载形式命名，称为奏本，简单说来就是像本子一样。当然它与我们现在认为的本子还是有区别的，"本"指的是用横幅纸折叠而成的折子式样。

那么这个"本"的意思就和"折"一样了，所以奏折就可以理解为清朝按照"奏"的承载形式命名的，奏+折子=奏折。不过奏折最开始并不是官方文书，所以叫法比较杂乱，有折奏、密折、奏帖等叫法。

所以，本质上奏折可以理解成奏本，二者在内容、性质和功能上都有相似之处。军机处用的是奏折，内阁中用的是奏本，所以区别就是奏折的写作格式和上交程序不一样。也可以理解成在不同的机构中,这一个东西有两个不同的名字。

之所以产生这些区别,是因为奏折在刚出现的时候是一种非官方的文书,在不断的改进中,成为清朝最重要的文件,变成了朝廷的正式文书,最后被写入了会典。

奏折出现在康熙朝中期,奏本是在乾隆初年废止,二者共存了五六十年,所以两者有一些重叠的功能。那么它们具体的区别又是什么呢?

从程序上来说,奏本比奏折更麻烦,奏本写好后需要由通政使司接收,然后再交给内阁。经过票拟、批红。票拟,又称为票旨、条旨,指的是将各地的奏章,在呈递给皇帝之前,由内阁学士将批改意见写在字条上贴在奏章上,然后再呈递上去,让皇帝裁决。这其实就是御批的草稿,皇帝御批之后抄好发到各处衙门,同时造册还给内阁。所谓御批,就是皇帝亲笔写的批语,无论是文书、信件还是书籍,只要是皇帝亲笔批注的文字,就是御批。清朝皇帝批阅公文时,大多使用朱笔,因此御批又叫作朱批。如果皇帝遇到了丧事,那么在丧期的时候就用墨笔或蓝笔批阅公文,这就叫作墨批。从这个意义上来说,朱批和墨批都是御批。但在后来,御批仅指墨批。不过,票拟毕竟只是一个初步的建议,最终的结果还是要由皇上来决定。内阁权力的大小以及实际地位的高低,则更多地体现在其票拟是否得到通过上。

清廷设立军机处以后,将重要事务改用奏折上奏。

奏本并不是皇帝直接朱批,而是内阁先批。奏折与奏本不一样的地方就在这里,它更简单,直接封存起来送到皇帝面前,由皇帝亲自批复,最后存放在皇宫之中。这是二者最大的区别。

其他的比方说奏本套话偏多,首行要罗列出写奏本的人的所有的官职，奏折则更简洁流畅，只写主要官职就可以。这就导致书写的时候奏本纸张偏大，一般用宋体字，奏折纸张偏小，一般用楷体书写。奏折则包括题本，但是内容上又多于题本。

奏本与奏折没有本质上的差异，它们的共同点有许多，从格式来看，开始都写一个"奏"字，正文开头语、结尾也是一样的。上面说过，在明朝的时候，奏本适用的对象比较广泛，除了贱民和妇女之外，所有的臣民都可以使用奏本。但是，随着题本的出现，这一现象逐渐减少。而奏折的适用范围就更小了，奏折刚出现的时候，只局限于皇帝身边的少数亲信，后来在雍正和乾隆时期，奏折的使用范围逐渐扩大，但是奏折与题本是有区别的，奏折是以个人名义上奏的。所以奏折和题本是不一样的。奏本已经去除了公事内容，所以奏本上奏的内容也都是偏私人的，并不是决策性质的事务。

奏折和奏本都是对最高决策系统的一种补充。

奏折的出现与发展受到了帝王的大力推崇，并以此为荣，它更能适应地方实际需要，更具活力。从奏折出现的那一刻起，奏本的生存空间就被极大地限制了。从某种意义上说，奏折的出现，对奏本的废止起到了至关重要的作用。但代替奏本的不是奏折，而是题本。

如果用现代的沟通方式来举例的话，可以把朝廷想象成一个公司工作大群，群里包括所有工作人员，你想汇报事情的时候，如果职位比较低，需要先让上级审批，再传给大领导。你汇报的内容是公开的，内容除了工作可能还有一些其他的事情；如果职位较高，可以简化一些程序，但是依然是公开的。

这个时候公司发现这样工作效率太低，所以如果是工作上的要事的话，可以直接写个简单的内容发送给大领导，但要求必须是比较急迫的事情。再往后，内容扩展了，程序也会简便一些。这就是题本，但是内容依然是公开的。

大领导呢，突然想知道一些其他人的事情，或者是有单独的工作需要你去办，就出现了大领导与你单独联系的情况，内容什么都包括，什么张三李四是不是不忠诚，什么王五赵六偷偷喝花酒，等等，并且这些内容只有你和大领导知道。这是奏折也就是密折。

当然具体情况要比这个例子更复杂多变一些。而雍正改革后的奏折制度面向的大臣越来越多，奏折内容和朱批背后的含义也越来越复杂。

2. 雍正改革奏折制度

有一次，雍正看浙江观风整俗使王国栋的奏折，不慎将墨汁洒在奏章上，他生怕臣子以为那是鲜血，会吓到，还加了一句朱批："此朕几案上所污，恐汝恐惧，特谕。"想来当王国栋看到雍正这句话的时候，心里一定感觉到雍正有的时候也很温柔。

朱批就是皇帝收到奏折后，会根据内容进行批注，批注时为了让字区别于奏折上的字，会用红色的墨，也就是前面说的朱批，被批过的奏折就称为"朱批奏折"。通常情况下这些奏折要么是由皇帝朱批，要么是由指定的皇权代理人，如太后、权臣、顾命大臣等代批，每个历史时期都不一样，而雍正从来都是自己朱批。

奏折在康熙年间和雍正初年，并没有固定的规则和程序。要求奏折必须是官员亲笔书写，也就是说不管奏折上面的话是谁想的，或者说是不是谋士帮忙润色的，最后都必须由这个官员亲手写出来。如果官员就在京城里，那就要将奏折送到紫禁城内景运门九卿值房，景运门与隆宗门都是乾清门前的重要门户，分别连接着外朝及内廷各处，所以又被称为禁门，就连高品级的官员也只被允许站在门口20步之外，严禁擅入。所以奏折是送到九卿值房门外，交给负责接收奏折的太监，也就是奏事处的太监。如果是地方官员的奏折就有些麻烦了，他们的奏折由驿站送到兵部，由兵部送到奏事处，奏事处的太监再将奏折呈给皇帝。奏事处是清朝朝廷上奏折、传谕旨的地方，由御前大臣兼管，下设奏事太监、奏事官，有内奏事处、外奏事处，共有30多名官员。其职能包括接收奏折题本、传宣谕旨、办值日班次、递"膳牌"、递如意及贡物。

雍正七年（1729），雍正下令所有朱批奏折，由军机处抄写一份以备不时之需，叫作"录副奏折"，就是存了一个副本的意思。只有少部分的奏折，由于涉及机密，或者是听闻了风声而上奏的，被皇上留在宫中，叫作"留中"。凡是留中的奏折，通常都不批改、不录副，等事情结束后，将原来的折子交军机处归档，所以叫"原折"。不过朱批奏折退回各位大臣之后，也并不是交给他们自己保存，各部官员必须按时上交奏折到宫内懋勤殿，故称"宫中档"。

为什么雍正要改革奏折制度呢？

首先，朝堂上有言官，也有谏官，负责监督皇帝，为皇帝提供意见。这两类官员有一项重要的工作，叫作"科抄"，所谓"抄"，就是抄写题本、抄写诏书，如果发现其中有什么不当之处，就会向皇帝禀告。有的时候他们甚至可以阻挠皇帝的旨意，所以皇帝对此十分不满。康熙当年也遇到过这样的事情，虽说最终圣旨还是得以执行，但其间被阻挠，着实让康熙有些恼火。其次，朝廷还有监察使，负责监察百官，清朝为了加强对各地的监察,给总督、巡抚加上了"都察院"这个名号,相当于监察御史对所有官员进行监督,但地方大员也对监院有监督的权力,所以这两方之间形成了一种互为监督的关系。这看似是一种很有效的监督方式,但事实上,究竟是谁监督谁,谁也说不清。

雍正登基后,将两者合并,以密折制度对监察制度进行了补充,将可以使用密折者扩大到三品以上官员。从康熙时的200多人,发展到现在的上千人。不管你要弹劾什么人,或者对皇帝有什么建议,都能通过密折直接送达皇帝。

朱批的内容一般出现在奏折的结尾,或者在奏折的结尾写上某年某月某日奉朱批钦此。还有一些结尾写着"另有旨"或"即有旨"。

奏折结尾部分的朱批内容大致可分为三种类型:第一种情况,是皇帝看后,表示自己已经看过,知道了或者需要相关部门去研究。通常就会写上"阅""览""是""知道了""该部知道""该部议奏"等,这些都是非常简洁的词汇。第二种情况,皇帝对上奏内容提出了明确的看法,赞同、否定或者其他意见。一般都是十几字或几十字,有些则是几百甚至上千字。第三种情况是,皇帝对奏折的内容非常重视,需要单独下旨,这就是所谓的"另有旨"和"即有旨"。军机处誊抄奏折时,往往会把"另有旨"或者"即有旨"空出来,不予记录。因为这些是军机处的机密,除了军机处的章京之外,就是九卿翰林也未必能看见里面的内容。

为了确保奏折中的内容不会被泄露出去,清朝制定了一系列保密制度,并将这一制度不断完善,规定撰写人必须自己亲手写,通常情况下,任何人都不能代写,而且在写好之后,也不能将其泄露出去,不然就会受到惩罚。宫中还特别制作了一个皮匣,发放给每一位上奏的大臣,用以存放和传送奏折,皮匣配备锁和钥匙。会派专人将奏折送到皇帝面前,代为呈递的人,自然没有权利知道奏折的内容。前面已经说过奏折是皇上信任的人才能使用,并且直接交到皇帝手里,所以奏折制度又称密折制度。雍正将这一制度进行改革,乾隆进行完善和规范,密折制度是清朝首创。

一般的奏章,特别是四品以下官员的奏章,走的是烦琐的程序,要先交给各地的总督等上级,交由朝廷汇总,再经由内阁诸位大人,最后上奏给皇帝。整个过程是公开的,所有的官员都可以看到。而密折则是官员自己写的,秘密上报。雍正曾多次强调"密"字的重要性,"凡有密奏,密之一字最为切要。君不密则失臣,臣不密则失身,可不畏乎?"这句话的意思是:密折的第一要务就是保密,若皇帝不能保守这个"密"字,就会失去臣子,如果臣子不能守住这个"密"字,就会丢失自己的身份,岂不可怕?雍正本人也是如此执行的,有一次,他让鄂尔泰的外甥上密折,特意嘱咐他:"密之一字,最为紧要,不可令一人知之,即汝叔鄂尔泰,亦不必令知之。"鄂尔泰是雍正身边最信任的臣子之一,也会让别人对他保密。

奏折的类型有很多,按照所用文字,可分为汉文折、满文折和满汉奏合璧折三大类;按其所用纸张,可分为黄绫折、白绫折、素纸折、黄纸折;按功能的话可分请安折、谢恩折、奏事折和密折。与以往相比,奏折的内容更加丰富,最主要的内容就是讨论国家大事。雍正说:"本章所不能尽者,则奏折可以详陈;而朕谕旨所不能尽者,亦可于奏折中详悉批示,以定行止。"意思就是奏本没有办法说清楚、说完整的事可以继续上奏折详细叙述,而自己圣旨里没有说清楚的,会在朱批里详细说明,也可以向臣子叙述,以便作出决策。在雍正朝,很多重要的政事，例如摊丁入亩政策等，都是由雍正与相关官员通过奏折经过多次筹议而最终确定的。奏折作为议政和决策的工具，不仅赋予了奏事方式新的活力，同时也成为一种改善政局的有力手段。

除了政事，奏折上还有什么内容可以写呢？奏折上的内容，并不一定只限于政事，还包括街谈巷闻、民间琐事、小道消息，甚至是八卦都可以。康熙曾说，"尔虽不管地方之事，亦可以所闻大小事，照尔文密密奏闻"，"就是笑话也罢，叫老主子笑笑也好"。雍正更说："凡有骇人听闻之事，不必待真知灼见，悉可风闻入告也。"甚至一个不知真假的传闻也可以写在密折上。有一次，李卫（1688—1738）曾在一份密折里向雍正禀告一件民间拾金不昧的小事，但是雍正看见后很高兴，李卫也因此获得了许多赏赐。

雍正很喜欢批阅奏折，甚至可以说是享受，这就和很多皇帝讨厌被繁重的事务困扰不一样。可见雍正真的把工作当成了爱好，因此雍正在批阅密折时，有时是嬉笑怒骂，说的话也比较口语化。比如他在朱批中就劝大臣要节约用纸，"一折一封"岂不浪费，"便三四折一封何妨"；"该！该！该！该！不要饶了他们……"甚至直接写下"朕大笑惊讶览之"。

密折制度让朝廷的工作效率得到了极大的提升，因为密报是直通皇帝的，省去了许多烦琐的程序，可以让皇帝的命令及时传达。其次，大臣可以直接上密折，就算是弹劾大臣，也不用担心被旁人知晓，会有什么不好的后果。另外，由于密折制度，大臣之间相互制约、相互监督，使得大臣不能作出背叛君主的事情来。但同时，密折制度也存在着诸多问题。密折制度的突出特征是隐蔽性，也正因如此，皇帝才能在群臣乃至平民之中，将各种情报汇总，将自己塑造成一个无所不知的形象。

因此，康熙、雍正都对密折制度的有关规定非常重视。不过，后来上密折的朝臣越来越多，清朝中后期皇帝的权力却越来越弱，密折的特殊性也就慢慢消失了，成了一种常见的上奏形式。归根结底，密折制度最大的受益者只有皇帝。在密折制度下，每一位官员都受到严密监视，随时可能成为下一位被弹劾的对象。

首先，密折制度会激发大臣互相告密之风，朝廷人心惶惶，大臣胆小怕事，只想保全自己，不利于政事的推行，也不利于改革。其次，密折中的内容只有君王和上奏的人可以看到，其他人就算被诬陷了，也不可能知道，最终判断的人是君王，很有可能会造成不公正的结果。密折制度是一种以皇帝为中心的政治信息交流系统，只能保证皇帝一人获得完整准确的情报，大臣们得到的情报都是片面的、孤立的。

但是密折上的内容，就一定是真实准确的吗？也许是因为雍正对此有所怀疑，所以他经常在密折中使用反语，以此来试探朝臣的品性与忠诚。比如，他几次三番用密折对自己亲近的官员说鄂尔泰最近的行为不检点，问他们是否知道这些，让他们如实汇报。还有之前提到的李卫，雍正也问过很多人，说李卫性格有些放荡不羁，已经不像以前那样了，可有此事？接到密折的官员也是一头雾水，谁都知道李卫是雍正最宠爱的臣子，虽然雍正有意污蔑李卫，但自己不管说什么肯定会有人追究，所以只能敷衍陈奏。雍正这般行事，又喜欢说反话，即便是他最得力的心腹，也很难猜透他的心思。

密折制度之所以对雍正有利，其中一个理由是密折来往的整个过程中，除了雍正和上奏者就没有第三者介入，只要自己不主动往外说，其他人就不会知道。实际上，密折制度是皇帝获取政局信息的一种隐蔽渠道，可以有效控制朝局秩序。皇帝可以操纵野心勃勃的大臣互相举报，密折制度在其中起到了出人意料的作用。

到了雍正时期，奏折已成为皇帝了解臣子品性、才干、工作业绩的重要途径，奏折也就制度化了。雍正刚一登基就下旨，要求朝廷内外，各大臣总督，若有合适的人才，皆可"具折密奏"。在康熙时期，可以用密折的人不过100多人，而到了雍正时期，可以用密折的大臣多达1200人，奏折就有2.2万多份。雍正之所以能够足不出户就了解到整个国家的情况，主要是因为密折制度。

清朝关于奏折运用的范围、内容、格式基本上都有规定，那么对上奏折的次数会有限制吗？对于这个问题，云南总督也有疑虑。因为云南比较偏远，就是用快马，往来运送折子也比较困难。所以云南总督特意问雍正："我一年给您上几次折子比较合适？"雍正的回复是没有规定一年要写几次折子，如果有急事，不管几次，马上上报。如果不是特别重要的事情，也不用凑次数。也就是说写密折是没有次数限制的，要根据事情的重要性和紧急程度来定。

就像我们写信一样，大臣在书写时有一套制度规范。一份朱批的折子，必须包括首称、正文、末称、押署、朱批才算完整。首称格式通常要有自己的官职和姓名，然后就是汇报的事大概是什么，比方"某官某人跪奏、谨奏：为遵例奏报某事，仰祈圣鉴事"；"陕甘总督臣勒尔谨跪奏，为遵例奏报民数、谷数，仰祈圣鉴事"……下面就是展开详细叙述的正文。末称格式则通常是"恭呈御览，伏祈皇上睿鉴。谨奏"，押署的意思是呈报时间某年某月某日。奏折交给皇帝后由皇帝进行朱批。如此一道完整的朱批折子才会出现。这样说来，似乎和写信区别不大，只要注意避讳一些人名或者地点，但实际上其中还有一些其他的制度，比如说抬头制度。

抬头制度说白了就是空格或者空行，这项制度是从秦代开始的。在撰写奏折和其他文书的时候，如果碰到了皇帝或者某些特定的词语，就不能直接接着前面的文字继续写，而是要另外起一行或者是空一格书写，以此表示尊重。到了清朝，抬头制度已经发展到了顶峰，方式有很多种，比如提到同级、上级官署这些官员的时候用平抬。提到朝廷、国家等上升到国体的时候用单抬，提到圣鉴、圣训、圣天子这种与皇帝有关的词语时则用双抬。除此之外，还有三抬、四抬等，而奏是单抬，盛世是双抬，总之非常复杂。可见清朝的官员十分不好当。

那个时候，纸张是很珍贵的，大臣平日里用不起那么多的宣纸，也没有那么多的纸张。奏折所用的纸张均为竹纸。竹纸是古代中国人发明的用竹制成的浅黄色纸张，用来代替竹简。竹纸中用来上奏的纸张多为榜纸、毛边纸。榜纸就是我们通常在影视剧里看到的科举发榜或者悬赏江洋大盗张贴告示所用的纸，宣纸中最大规格的纸就叫作榜纸。毛边纸源于明朝一个姓毛的大藏书家，他会在纸边上盖上一个"毛"字的印章，后人就把这种纸叫作毛边纸，这种纸至今还在使用。

折子的长度通常是22厘米，宽度是10厘米；还有一种小密折，只有14厘米长、7厘米宽。奏折左右两幅称为一扣或称一开，每幅6行，每行计20个字，每幅第一行会空出两个格，实写18个字。

清朝入关后，对汉文化的接纳程度不断提高，汉族官吏的数量不断增加，"奴才"与"臣"在奏折中并列使用的情形越来越多。尤其是在康熙、雍正时期，奏折里有自称"臣"的，也有自称"奴才"的，甚至在同一份奏折中出现了"奴才"和"臣"两个自称，这是因为上奏者要强调一下自己的奴才出身。

虽然"臣"也取自"仆",但奴才与臣子终究是有区别的。奴才对应的是主子,臣对应的是君,这里面有"私"和"公"的差异。清朝是由奴隶制向君主制过渡的时期,皇帝兼有"主子"和"君主"的双重身份,将天下臣民视为"奴",同时致力于构建"新型的"君臣关系;在清朝,只有拥有旗籍的官员才能自称"奴才",这其实代表着另一种"贵族"身份。说起来也比较讽刺,贵族要自称"奴才",如果被逐出旗籍,就没有资格称"奴才"。有的官员宁可当私家"奴才"也不想当国之臣子,以自轻自贱的姿态来讨好统治者。

高其位(1647—1727)字宜之,号韫园,汉军镶黄旗人,他是汉人,在任江南提督时候写过一道请安折,上面有一句"奴才高其位谨恭请圣安"。"奴才"两个字被皇上用红笔划去,在旁边批注了一句:"向后写臣字得体。"不过高其位并非故意讨好皇帝,在收藏的关于他的奏折中,仅有一道请安折和一道谢恩折是以"奴才"相称的。

通常情况下,"奴才"及其有关的一系列词都带有鄙视和贬义的意思。雍正五年(1727)十一月上谕中有一句"此等卑污之习,皆始自包衣下贱奴才"的话。很显然,"奴才"的意思,皇上心里很清楚。

乾隆五十一年(1786),当时有一道满官和汉官联名上的折子,二人都自称"奴才",被乾隆指为"殊不知政体""同为臣仆,尊亲原不系此。即称奴才,于尊君之道亦非有加""嗣后除请安、谢恩外,凡遇地方事件,俱照向例一体称臣,不得仍称奴才"。

到了这个时候,奏折中称"臣"和"奴才"的规则基本上已经确定了。旗人,不论满、汉、蒙古,除私事如请安、谢恩外,在奏折中都以"臣"自称。而汉官不论是公事还是私事都以"臣"自称。

但是武职官员的称呼则不太一样,在康、雍二朝,年羹尧、岳钟琪(汉人)都在奏折中称"臣"。而到了乾隆中期,不分满汉,不分公私,哪怕是官至提督,统统自称"奴才"。"奴才"一词在奏折中出现的比例是上升的。其用意十分明显:一方面,要以"奴才"之名,突出皇帝对旗人与军人的私有性;另一方面,要以"臣"之名确立符合传统道德的君臣关系。直到清末才废除"奴才"之称。

我国的档案文献有着悠久的历史,其中包括甲骨档案、铭文档案、简帛档案等。但是,能够保留到现在的档案数量非常少,现在能够较为完好地保存的,只有明清档案,尤其是清宫档案,而奏折则是其中尤其重要的一部分,也是人们认识和学习清代政治、经济等各个领域的宝贵资料。现在,大多数奏折保存在中国第一历史档案馆、台北故宫博物院和日本东洋文库。第一历史档案馆有60多万份满、汉文朱批奏折;台北故宫博物院有15万多份宫中档奏折和19万多份军机处档奏折;日本东洋文库有一批清代满文档案,其中有谕旨、奏折等,其中有几百件已经编录,但仍有许多没有编录。

折子作为朝臣上奏朝廷政事的工具,这种性质使它相对于其他史书而言更具可信度和真实度,能够弥补历史文献记载的不足。不过,从另一个角度来说,因为这些奏折都是给皇上看的,所以有不少官员上奏时,会有很多夸赞的词语。因此,在研究奏折的时候,最好将其与有关官员的书信、诗歌作品、史书和地方志等联系在一起,互相验证。这样会更加全面,我们要辩证地看待奏折中的内容。

尽管奏折并非从雍正朝开始,但在雍正皇帝的推动下,奏折制度得到了进一步的发展和完善。由于这些奏折具有为帝王提供情报和使官员间相互监督等多种功能，因此，对当时的政治运作产生了某种影响。尤其是地方督抚，绕过了各部门，通过奏折直接向皇帝汇报。这样皇帝就剥夺了各部门的一部分权力。奏折内容涵盖经济、政治、文化、军事、外交、民族政策等多个领域，有收集信息、沟通、监控、下达命令的功能。对奏折制度的研究，从宏观上看可以帮助我们理解清朝文书制度的演变过程，更加了解清朝的政治体制是怎样运转的。从微观上看也可以让我们看到雍正的情绪、感情以及其处事风格，甚至他同臣子的爱恨情仇。

第三章　尔等肥壮而返还

　　圆明园中，雍正皱着眉头批阅奏折，神情严肃，直到拿起了另一道奏折，神情才缓和，甚至露出笑意。这是怡亲王允祥去猎场后给他写的请安折子。虽然折子上只有寥寥数语，但是这也足以让雍正开怀，他拿起笔，想了想，在奏折上朱批："朕确为尔等忧虑。所忧虑者，当尔等肥壮而返还时恐怕认不出来也。"雍正露出笑意，命人将奏折交到怡亲王手中，不知道他的十三弟看到朱批会怎么回复，雍正甚至有些期待。

　　这个时候雍正难免想起其他几个糟心的弟弟，就连他的亲弟弟允禵都对他有意见，而且当初允禵与皇阿玛有过许多亲密的奏折来往，这些奏折又该怎么处理呢？雍正神色凝重，他在登基之后，允禩、允禟和允禵几个人成为其统治的最大威胁。他们都是康熙朝皇储之争的主要参与者，而雍正的登基，对他们来说绝对是一个沉重的打击。

　　雍正为了得到皇阿玛的信赖，成为一个孤臣，而现在他又要成为一个孤君，不过还好有十三弟在……

那对于他亲近的十三弟，雍正又是怎样在奏折中与其"相亲相爱"的？

1. 从孤臣到孤君

康熙驾崩的那一天，允䄉并没有表现出悲哀，反而独自在院子外倚柱沉思，交给他事务就办理，他对其他事情置若罔闻，也不答话，可见其愤恨之情。还有康熙升遐那天，雍正正在悲痛之中，允禟突然出现，与雍正箕踞而坐，态度嚣张，目中无人，意图莫名。而允䄉自西宁归来，不向太后和雍正请安，却对旁人说："现在我哥哥登基做了皇上，要我磕头做什么？我这次回京，不过就是见下父皇的梓宫，见了太后娘娘，事情就办完了。"等到允䄉到了寿皇殿叩谒梓宫，看见雍正后只在远处跪下不上前，没有半点哀悼的意思。雍正上前，他也不动。有大臣想要扶着他到雍正面前，他则将大臣骂走，并在雍正面前放声大吼。

这是《清通鉴》和《大义觉迷录》中的内容，虽然这些内容或许有夸张的地方，但是很显然，允䄉几个人的所作所为透露出对雍正继承皇位的不满。前面说过，雍正是个很能忍耐的人。现在他刚刚登上皇位，完全支持自己的大臣并不多，手下只有允祥、年羹尧、隆科多等几个支持者，再加上允䄉、允禟声望极高，之前支持这两个人的大臣也不少，所以，雍正并没有急着对他们下狠手，而是利用各种理由，一点一点地瓦解他们，为将他们一网打尽做准备。

因此在康熙驾崩的第二天，雍正以居丧期间心绪不宁为由，任命允䄉、允祥、马齐、隆科多为总理事务大臣，所有奏章，除他在藩邸之事外，全部交给这四人传达，这样诸事方能顺利完成。这一天,又传谕内阁,贝勒允祹和十三阿哥允祥加封为亲王。过几天又正式册封允祹为和硕廉亲王,允祥为和硕怡亲王,并且还让允祹为理藩院尚书,任命他一些职务。这些照顾与宠爱看起来是在安抚允祹,其实不过是权宜之计,以此来稳定他的情绪,避免他拉拢亲信,借机在朝廷还不够稳定的时候造反。允祹也很明白,雍正对他的"荣宠"只是一时的,皇上今日加恩,焉知未伏明日诛戮之意?

掌握着西北军权的允禵对雍正的威胁最大,所以,为了更好地稳定朝局,雍正需要尽早收回他手中的兵权。当时雍正召回允禵的借口是遇到皇考驾崩这种大事,如果允禵不回来,恐怕心中不安,因此下令迅速告诉允禵,将他的大将军之印交给平郡王纳尔苏署理,让他与弘曙一同入京。随即命延信前往甘州,执掌大将军之印。就这样,雍正得到了允禵的兵权。不过对于允禵的处理,雍正没有忍耐,因为前面所说的,允禵在康熙梓宫前过于傲慢无礼,于是削去了他的王爵,只保留贝子的身份。后来在雍正护送康熙梓宫到遵化景陵之后,下令允禵在那里守陵,并严加管束。允禵虽然名义上是守陵,但其实是被囚禁了。雍正又传讯允禵家人护卫等。目的是搜集允禵的犯罪证据,以便剪除他和他的党羽。后来雍正又革去他的禄米。雍正元年(1723)五月二十二日,雍正与允禵的生母乌雅氏薨逝,雍正命允禵回来奔丧,并在太后梓宫前晋封允禵为郡王。谕称:"贝子允禵原系无知悖谬,心高气大。朕教训俟其知改,然后施恩。今欲慰母后之意,封为郡王。若仍前不改,自有国法。虽治以重罪,伊亦无怨矣。"(《永宪录》)但是之后允禵依然留在汤山,因此,这个爵位对他并没有什么实质上的影响,他还是在雍正的控制之下。

允禵除了被从前线召回、关起来外,雍正还下严令没收他与康熙的奏折及朱批。其后，在《圣祖实录》的编纂过程中，虽有允禵的个别奏折，却对其进行了大量的删减，尤其是康熙末期的奏折内容，使得他的政治生活基本上是一片空白。

根据现有文献可查到的情况，《胤禵奏稿》《康熙朝满文朱批奏折全译》《清圣祖实录》和《抚远大将军奏议》等书有允禵的奏折和朱批，共计300多份。其中有一部分奏折是删减过的。从时间上看，允禵的奏折集中在康熙五十七年（1718）十月至康熙六十年（1721）十月这段时间。可以说在这四年间，允禵上的奏折，几乎是所有人之中最多的。从奏折数量就可以看得出来，允禵在康熙后期的政治地位是非常重要的。

在《康熙朝满文朱批奏折全译》中，允禵的奏折并不完整，雍正对其进行了删毁。康熙末年，当时允禵正在西征，他向康熙呈交的奏折正本和朱批分别存在两个地方，一部分在康熙身边，一部分朱批后由允禵保管。等到康熙六十一年（1722）十一月，雍正登基没几天，便下令朝廷内外的文武百官，将手中康熙的朱批奏折全部上交，不得有任何遗漏，不得焚烧。并且，他又下令："在允禵回京的时候，命迎接允禵的大臣将大将军王也就是允禵的所有奏折和朱批谕旨，统统收回，密封呈上。如果是他亲自带在身上，速速写下原因，在他家密信未到之前，密报于我。倘若稍有懈怠，让他的家人得知信息，而没有将所有的奏折和朱批送来，朕则怨尔！"

在此之后，允禵的奏折汇集在一块儿，由雍正做了一个全面的整理。除了部分关于西征问题和部分没有特殊意义的奏折不需要销毁之外，其余文件，如康熙对允禵过度关心和鼓励的朱批、转述关于各阶层民众赞颂他的折子都被撤下销毁。

不过，雍正初登皇位，没有注意到理藩院还保存着允禵奏折的副本，这才保住了一些奏折的内容，不仅一定程度上还原了允禩的奏章,也证明了雍正确实删除毁掉了允禩的部分奏折。

诸皇子中最先被雍正收拾的是允禵。雍正元年(1723)二月初十,雍正对诸位王公大臣说:"依旧制,凡行军之地,都会派遣王公去那里监军。现在大将军允禵回到京城之后,还没有决定是否回去继续任职,经过各位王公官员的商讨,决定派遣贝子允禧去那里,驻守西宁。这只是一件为了国家边境安全的正事,但是允禧拖拖拉拉,迟迟不愿启程,还说什么等百日之后,又说等去了陵寝回来之后,他一再推三阻四,拖延时间,到底是何居心?还有允禧身旁那个叫何玉柱的太监,不过是个卑微的人,也有几十万的家产。他府上的管领,什么人不可以用?偏偏用一个汉给事中秦道然,岂不是给内廷太监们钱财驱使他们,又任用外廷汉人增加自己的声望?即便是这样,我也没有剥夺他的爵位、俸禄,遣散他的家奴,只是惩罚了一两个罪大恶极的太监。但突然之间,却又说我欺压兄弟,实在是大逆不道。"在被斥责的情况下,允禧自然是启程去了西宁。

至于敦郡王允䄉,雍正交给他一个任务需要去喀尔喀,但是允䄉启程之后,到了张家口拒绝再往前走。后来当地的官员向雍正奏报说允䄉手下的人扰民滋事、拦截妇女、辱骂官员、殴打士兵,已经被逮捕关押。雍正朱批:"甚好,如此方是实心任事。"

雍正心中已经想定允䄉的罪,但是他自己不定,他让廉亲王允禩议奏。允禩与允䄉关系好,只是说让允䄉立即动身去喀尔喀,并将不能谏阻的随行长史定罪。雍正自然是不满意这个处罚方案,让允禩再议奏。允禩无奈,只能提议剥夺允䄉郡王爵,没收他的家产,送往宗人府,永远囚禁。于是,雍正谕王公大臣等:"允䄉不肯前往奉差地方,并不请旨,私自回来,诈称抱病,任意出入边界。朕已宽容数月,伊毫无惶惧之意,公然居住彼处。近召入王大臣等严降谕旨,允䄉料以稔悉,亦竟不差一人前来谢罪奏请,殊失人臣之节。著革去王爵,调回京师,永远禁锢。"(《清通鉴》)

到目前为止,除了允禩,其他三人不是被软禁,就是被驱逐,甚至被剥夺爵位,永久囚禁。这些人分散在各处,与他们的首领允禩彻底断绝了联系,想要联合起来对付雍正是不可能的。因此,允禩虽然是亲王,又身兼要职,但他一个人,却很难作出什么来威胁雍正的事。

这些都是发生在雍正二年(1724)春之前,这是由于雍正的权力还没有那么稳固,雍正对于政敌的打击还比较克制。青海平叛大捷后,雍正的权力越发的稳定,对允禩等人的惩治力度也随之加大。雍正称允禩"肆行悖乱,干犯法纪,朕虽欲包容宽宥,而国宪具在,亦无可如何,当与诸大臣共正其罪"。允禩被削宗籍、圈禁,改名为"阿其那",意思是"待宰的鱼"。允禵到了西宁之后,派人前往河州采购粮草,践踏牧场,无视军法,在边疆作威作福。雍正二年(1724)四月二十日,宗人府上疏,要求革除他的爵位,雍正同意,允禵与允禩一样,被削宗籍、圈禁,改名为"塞思黑",意思是"令人厌恶的人"。

允禵于雍正三年(1725)被改为圈禁。允禵与允䄉直至乾隆即位后才恢复了自由。允䄉在乾隆六年(1741)卒,享年59岁。允禵在乾隆二十年(1755)正月初六去世。这也算是一个不错的结局吧。而允禩与允禟两个人在雍正四年(1726)去世,传说是被毒死的。

在对付这几个人的过程中,雍正一直处于主导地位。雍正在登上皇位之后,对这几个人用了多种方式进行攻击,并有系统地将他们散布到各地，以此来最大限度地降低他们对自己的威胁。到了适当的时候，雍正当机立断，对几个人痛下杀手，只用了大半年的工夫，就将这些人一网打尽，保证了皇位的稳定。

由此可以看出，雍正对自己的亲兄弟也不会放过。但实际上，雍正是历代君王中对敌对势力较为宽容的一位君主，毕竟只是将几个兄弟圈禁，并没有危及他们的孩子。

但是雍正是一个要恨一个人就打心底里恨，要爱一个人也是打心底里爱的人。在雍正登基后，朝中出现了"三大巨头"，他最喜欢的弟弟允祥、被他称为恩人的年羹尧以及雍正的舅舅隆科多，在当时，这三人都是雍正"最爱的人"，但是三人的结局各有各的不同。

2."三大巨头"之怡亲王

在猎场中，允祥看到了雍正给自己的朱批，脸上也带着轻松的笑容，这是众兄弟中对他最好的四哥，两个人一同长大。虽然四哥已经成为高高在上的皇帝，但是依然对他很亲近。允祥略略思考，提笔写下奏折："……倘若确实发胖，而不甚寓目……"

在诸多兄弟中，只有允祥一人与雍正最为亲密。雍正的即位对允祥来说，无疑是一个重大的转折，他的命运由此而改变，步入了他一生中最为光彩夺目的阶段。

康熙二十五年（1686）十月初一，允祥出生，祥有吉兆、吉祥如意之意。他是康熙的第二十二个儿子，不过按照未夭折孩子序齿排名，允祥排行十三。允祥的生母章佳氏，只是一个参领的女儿，在以门第为尊的旗人社会中，她的地位不高。因此，章佳氏生前没有正式的封号。不过她一共生了一子二女，可见在宫中还是比较受康熙宠爱。在允祥14岁的时候，性子温和的章佳氏去世。

同雍正年幼时一样，允祥从小就被严加管教，从6岁起，研读儒家经典、诗词歌赋，练习骑射，等等。允祥与允禶有同一个老师——康熙的舅舅佟国纲之子法海（1671—1737）。允祥十分聪明，礼、乐、射、御、书、数一经修习，无一不精。他也十分有才华，康熙四十一年（1702）九月，康熙南巡时，带着大臣看随行的胤禛和17岁的允祥书写对联，群臣仰目而望，皆喜称奇。允祥又精于骑射，射出必中，纵马疾驰，快若疾风。有一次打猎，猛虎从山林里冲出来，允祥面不改色，手持尖刀，直戳而下，足见其武艺了得。允祥自幼与诸王侍奉于宫廷，常伴康熙左右，深受康熙喜爱。

康熙经常让皇子参加巡游、打猎等活动，以此来锻炼他们的政治能力。康熙三十七年（1698），13岁的允祥首次随康熙去盛京拜谒先帝的陵寝。其后10余年间，康熙的6次南巡中，有4次他都是随行人员。康熙无论巡幸江南，还是避暑入塞、登临陵寝、视察河道工程，都要带上允祥。

允祥在14岁时失去了生母，因此便被托付给德妃照顾，即雍正的生母乌雅氏。如此一来，允祥和雍正的关系更加融洽，而且他们相处的时间也比与其他兄弟相处的时间多得多。在康熙皇帝的授意下，雍正教导允祥算术，允祥比雍正小8岁，两个人经常讨论算术问题，这样的交流有益于加强两个人之间的感情。随着年龄的增长，允祥开始随康熙出行，雍正也时常陪同康熙，所以两个人相处时间更多。《清圣祖实录》记载，允祥和雍正曾多次到河工视察。雍正还说他和允祥"每岁塞外扈从，形影相依"。由此可以看出，允祥和雍正建立起来的手足之情并未因岁月的流逝而消逝，而是在不断加深。

允祥在康熙四十一年（1702）还单独祭过泰山。这不仅让他开阔了眼界，也让他对官场和百姓有了一些认识，为他日后在雍正执政时一展身手奠定了坚实的基础。允禩的老师曾在一封书信中提到："十三殿下（指皇十三子允祥）乃康熙所'钟爱者'。"可见允祥自幼深受康熙宠爱，前途不可限量。

但在康熙四十七年（1708），康熙第一次废太子，这件事牵扯太大了，牵扯到了很多皇子，允祥也受牵连。这使允祥的处境发生了巨大的改变，至于允祥在此事件中所起的作用谁也不知道，这成为历史上的一个谜团。总之允祥在康熙第二次大封皇子的时候没有被册封，反而是比他还小的允禵被册封为贝子。康熙第一次册封是在允祥13岁，因他年纪比较小，所以没有被册封。第二次也没有被册封，允祥一定是在某件事情上犯了什么大错，触怒了康熙，或许与太子被废这件事有关系。

此后，康熙对允祥的态度大变，康熙甚至在皇子请安的奏折上写道："允祥乃不大勤学忠孝之人，尔等若放任之，必在一处遇着他，不可不防。"之后，康熙出巡扈从的队伍中就没有了允祥的身影，一改以前"恒命扈从"的现象。后来康熙给皇子赏银也没有允祥的份儿。

而允祥的身体也在这段时间里越来越不好，他的右腿上生了毒疮。这种疮先起白疱，破了就成疮，有时会流出稀薄的脓液，很容易发展成鹤膝风，而且很容易复发，是一种顽症。因此雍正登基后，允祥的身体状况也不太好。雍正二年（1724），雍正在给年羹尧的奏折上朱批："王（允祥）今春夏总是小不乐，只觉瘦弱，入秋以来已大愈矣！朕命王子、庄亲王，同四阿哥、五阿哥、六十，七月十七日往哨鹿围场地方学习弓马，以示朕不废武备之意。二者着他们养着。特令你知。因谕怡亲王之待你，真岂有此理，一片真诚敬爱，朕实嘉之。"朱批里除了说明允祥身体不好，才刚刚痊愈，还说他命允祥带着一群皇子和王公，在围场学射术与马术。那个乳名叫六十的雍正最宠爱的年贵妃的儿子，也就是年羹尧的外甥，当时才3岁，就和允祥去围场。这其实是在暗示年羹尧，我让我的心腹和你的外甥培养感情。由此也可见雍正确实十分信任允祥。

雍正还因为允祥身体不好，总是生病，曾给总督鄂尔泰寄信，说允祥体弱多病，经常生病。要鄂尔泰"若知有精于医理、明于养生之人，可资送来京，以为调摄颐养之助"。

在雍正登基后，允祥的声望、权力达到极盛。虽然他成了朝中数一数二的人物，但同时他的压力也越来越大。雍正登基的3年内，允祥负责康熙、孝恭仁皇后的葬礼，总管会考府、造办处、户部三库、户部等方面的事务，还参与了西北地区的军事事务，处理外国传教士事务，等等。

康熙晚年，经济、军事、赋税、刑狱等方面都面临着巨大的问题，这些问题都是非常麻烦的，不是新君所信赖的人是很难处理好的。这里最难办的就是财政问题。中央的财政到底有多难整顿？雍正在登基后不久就说："内外仓库，不无亏空。"几年来，藩库亏空钱粮已达几十万。户部钱库和内府银库都是中央的银库，户部掌管着中央的财务。但是在康熙末期，每年都有百万两库银亏空，这一点雍正心知肚明。百官的薪俸、兵丁的钱粮，还有河防救灾款，等等，这是一笔笔庞大的开销。登基初期，雍正的首要任务就是巩固自己的统治，从而实现国家的强盛和人民的富裕。其实，一般君主登基后，都要拟一份登基恩诏，里面会有一条豁免之前官员亏空的内容，以示恩泽。但是雍正不准备这样做。他说："亏空事关国库，决不能用国库中一笔钱，任由贪官污吏侵吞，任由小人践踏国法。康熙年间的亏空,现在尚不明晰,雍正年间若是再有亏空,日后也不方便查核,旧患再发生,岂能为国家所用,为子孙后代所用?"不过雍正一边处理"八爷党",一边还要安抚住朝臣,整顿财政的事就交给了允祥。

雍正将整顿中央财政的重担交给了允祥。雍正命允祥掌管户部三库事务,之后,雍正干脆命允祥直接统领户部。

允祥对户部亏空的钱粮进行了一次大规模的清点和追讨,清理了户部多年来的积弊。户部掌管着全国各地的钱财,然而,由于国库管理不善,经常会出现虚报、偷窃和挪用的情况,使得国库存款出现巨大的缺口。雍正对这一次清理户部之事非常坚定,他让允祥去整顿,并对允祥说:"尔若不能查清,朕必另遣大臣。若大臣再不能查清,朕必亲自查出。"可见其坚定的信心。

允祥知道这件事的重要性,所以他在任职之后就兢兢业业,将户部积压的上千件案子都清理了一遍,清除了不少积弊。允祥最先做的就是清理和追缴亏空的钱粮。允祥很清楚,户部已经存在多年的亏空,如果被调查出来,并且责令赔偿的话,很多人会因此获罪。所以他向雍正建议,等调查清楚了,请陛下开恩,不要处置得过于严厉。得到雍正的同意后,允祥放开手脚,查到户部每年的赤字超过了250万两银子。经过多次商议,令康熙三十一年(1692)以后在户部任职的官员,依其任职时间,各有赔偿。

这里面,能够在一定期限内赔付的金额有12.5万两,无限期内可以赔付的金额有19万多两。听起来似乎已经追回了很多银两,但实际上,仍有227万两银子的亏空。允祥建议让户部以一年10万两的平饭银代为偿还。但是雍正不同意,他认为大臣侵吞国家钱财,蔑视国家律法,若不下令赔偿,便无法控制开支，从而难以肃清腐败。允祥听到后神色变了，因为如果公开名单追缴，自己就成了众矢之的，并且这样做也不见得就能追缴回银子。但他还是遵从了雍正的旨意，认真处理此事，并公布了相关人员的姓名，下令追缴。

允祥也制定了若干追缴方法。比方说给那些造成亏空的人一个期限，若没有在期限内赔付就不能晋升，并且从其家产中追缴。如果人死了就向他们的妻子和孩子追讨。若期限一到还未归还，就需要说明原因，记录在案，严惩不贷，并且变卖其家产来赔付，如果不够的话，这些银子就落在先前未严格催缴的官员身上。

但是最后也确实像允祥想的那样，多年之后，追回的银子连一成都不到，而按照允祥之前的建议，用平饭银代为偿还的则占了十之八九。一直到允祥病倒时，也就是雍正八年（1730），雍正才下令"将各员未完银两，暨行免追"。

允祥执掌户部之后，便让各地将自己库房中实际的银两登记在案，然后根据各地的距离，仔细核对银两的数额，提前上报雍正之后，在春、秋两季将各地的银两调集到京城，只留下了十几万两以备急用。这个办法很管用，从那以后，所有省份都没有出现过虚收虚报的情况，各省的财政赤字也都慢慢地明晰起来。

但是，也有一些地方总督，为免除京城的赋税而绞尽脑汁。福建巡抚向雍正求情，希望能停止征收雍正四年（1726）的京饷，雍正非但没有同意，反而说："观尔屡奏急迫之情景，必系报部存库之项不足，于中有遮掩之弊……朕信得及怡亲王，至于尔等，朕实未能深信，谅怡亲王必不肯将不应拨之项拨解，尔但据实报部，王自有斟酌料理之道，设欲弄巧欺隐钻营趋奉，王断不为摇动也。"（《朱批谕旨》）这是对允祥的完全信任和支持。

户部共有三库：银库、缎匹库及颜料库。银库自然是保存银两的库；缎匹库是用来保存绸缎、绢布等物的库；而颜料库保存的并不仅是我们所说的颜料，还有茶、蜡、香料及铜、铁、木料等物，可以理解成储存各种材料。其中银库是最重要的。

允祥在银库的守卫方面发现了弊端。当时是每一库是一旗轮流看守或者是八旗轮换看守，杂乱无章，没有专门的守卫。允祥觉得这么重要的地方，必须要有专门的士兵驻守，因此上奏让三旗士兵专门看守银、颜料、缎匹三库。并且告诉他们，若在5年内没有犯错，就可以提拔他们；如果犯了错误，就会受到惩罚。以前颜料和缎匹两个库都有一年轮换一次库官，但是允祥觉得，"若将库官于一年之间，尚未谙练事务，即行更替，不肖官员趁其将满，作弊显然"（《雍正朝汉文朱批奏折汇编》）。因此，他上疏请求雍正允许自己停止经常更换仓库官员。雍正批准。

允祥的确是个厉害人物，他的财政改革也收到了一定效果。雍正二年（1724），银库除正项之外，盈出余平银24万两，饭银10万两。这些可以将之前的亏空抵消。

雍正三年（1725）年底，雍正又给允祥一个新的任务，命他掌管水利营田事务。允祥接到任务后，马上同大学士朱轼（1665—1736）等人前去考察。只往返数次，用了不到一个月的时间就查清实情，并且画了图上报给雍正，图上内容查勘周详、分区得体。雍正对此很高兴，他怕允祥在治理过程中被拖累，还命允祥和朱轼亲自选择工匠。畿辅水利的大型建设就这样开始了。畿辅指的是京师附近的地方。为了探明京师西南部的水利情况，造福百姓，允祥亲自跑了3个多月，去直隶的东、西、南三面考察，每一处都有千里之遥。他不辞辛劳，将京师内所有的山川河流都调查得清清楚楚，并绘制出了一份详细清晰的水利工程地图，得到了雍正的嘉奖。

允祥还协助雍正筹措军需，筹谋西北用兵事宜。雍正登基后，平定了青海，政治形势逐渐趋于平稳，国库渐趋充裕。雍正四年（1726），雍正便着手筹划西北两路用兵，其中允祥起到了关键作用。雍正把北路的军事补给交给允祥负责。允祥精心策划，每天运输衣食粮草、骆驼兵马等，从不出错。并且军队所需之物都来自国库，没有从老百姓身上搜刮。允祥还严守秘密，以至于经管两年多，各省都不知道有运送粮草这件事。雍正在誓师仪式上还特意表扬了允祥，说怡亲王同大学士张廷玉、蒋廷锡办理甚属妥帖，若能得上天眷顾，旗开得胜，定是因为他们立下的汗马功劳。

允祥还在制定战略、挑选将领等方面发挥了重要作用，他在军事上的天赋很高，在计划出兵的过程中，提出了一些独到的见解，雍正对允祥赞不绝口："少称神勇，留意兵戎帷幄运筹，计周万里。"允祥死后，雍正在写给岳钟琪的朱批上有这么一句："怡亲王仙逝，朕之痛惜苦衷，实非笔墨朱砂能谕，朕方寸既乱，而兼乏枢机运筹之助。"后来，西北之战失利，岳钟琪处处受限，无法施展才华。如果当时允祥还活着，雍正如此信任允祥，再加上允祥本身的军事才能，这场西北之战的结局，或许就会是另一番景象了。

允祥除了能力强之外，看人的眼光也很好。雍正就说过允祥为国家推荐了很多有贤能的人才，确实如此。雍正年间，允祥举荐的人不少，这些人大多是才华横溢之辈，最后都成为朝中赫赫有名的人物。

允祥推荐的众多人里，允礼（1697—1738）算得上是最有分量，也是最有成就的一个。这个人曾经出现在一部宫斗剧中，并且还被大家戏称为"果子狸"。允礼原名胤礼，雍正登基后，名字上需要避讳，所以其他兄弟的名字中都把"胤"字改成了"允"字，允礼是雍正的异母弟，生母为纯裕勤妃，排行十七。隆科多在雍正刚登基的时候就上过一道奏折，说圣祖皇帝驾崩那天，隆科多要返回京城，允礼当时正在宫中值勤，闻讯赶来，在西直门大街上与隆科多相遇，隆科多告诉他雍正即将登基的消息。允礼神情古怪，状若疯癫，知道消息后，就回到自己的府邸，没有在皇宫中迎接雍正。所以雍正认为允礼是八爷党的人，并不喜欢他，还罚他去守陵。后来是允祥向雍正求情，说允礼是个为人正直、忠君且深明大义的人，于是雍正采纳了允祥的意见，于雍正元年（1723）封允礼为果郡王，命他掌管理藩院，第二年又任命他管理镶红旗等三旗旗务。

到了雍正三年（1725），允礼果然不负允祥的厚望，所拿俸禄已经是亲王双俸。允礼临事通达、兢兢业业，雍正六年（1728），被晋封为果亲王。允礼在允祥去世之后，也曾经掌管户部相关事宜，并且协助雍正准备了大量的西北物资，甚至曾经被认为与允祥一样是雍正和各官员的联络人。因为雍正禁止官员结党营私，但是在官场上又难免会出现这样的事，毕竟官员都希望能在朝中找到一个有影响力的官员作为自己的后台，这样才能保证地位的稳固，也有利于未来的发展。雍正为强化对各省总督的控制，就必须有一位"中间联系人"，最开始允祥就是这个联系人，成为雍正和各级官员之间的桥梁。官员可以与允祥来往而不受责备。

比如李卫在雍正元年（1723）向雍正禀报，说自己赴云南任职之前，曾经到怡亲王府拜访过允祥，允祥嘱咐他要好好当官，并赐他200两白银以备路费。李卫当时不敢收下，允祥便说：" 我之所以帮助你，是看在你是个好官的份儿上，并不是想要你什么回报。我会向陛下禀报，这不是私下给你的。"果然雍正在朱批中说：" 那是你们的'私语'，不需要报告。"（《雍正朝汉文朱批奏折汇编》）这证明了大臣和允祥交往并没有什么事，雍正反而乐见其成。甚至雍正还亲自下令，让各地的总督都要与允祥搞好关系。其中有个河道总督齐苏勒（不详—1729），雍正对他很是满意，因为他从未拉帮结派，所以准许他密奏一些棘手的事情，并且在朱批中写道：" 怡亲王忠于国家，可以与他亲近，如果有很琐碎但是又不能上奏的事情，可以告诉他。我保证你不会因为这样做而失去我的信任，否则对我们没有益处。"

直隶总督李维钧（生卒年不详）也得到了与之相似的旨意，《朱批谕旨》上有记载，雍正说：" 诸王大臣中，秉公为国家爱惜人才者，惟怡亲王一人，卿倘有不便达朕琐屑之隐情，怡亲王尽能照拂，并可为卿周全，卿何不乐为此不担干系之坦途耶？"大意与对齐苏勒所说的差不多，只是说得更明白了，怡亲王可以护你周全，为什么不愿意走上一条不受牵连的道路呢？但是也可能是雍正说得太明白了，许多官员摸不准雍正是试探还是真心这样认为，也不是很理解雍正的用意，所以都很犹豫。就比如刚才说的齐苏勒，他得到了雍正的授意后，并未马上行动，而是抱着观望的态度。直到两个月后雍正又一次在齐苏勒的折子上朱批：" 怡亲王对我说过你好处，我明白你和怡亲王没有私交，现在你是奉我的命令与他交往，勿须多加怀疑，可以通过奏折，在方便的时候你们通信问候亲近，保证对你有益没有害处。"可见雍正一再鼓励，反复强调与允祥结交既安全又有利。

但就算是这样，还是有一些大臣不敢接受，甚至刻意回避。对于这样的官员，雍正一一批评，甚至威胁。其中以山西巡抚诺敏（1645—1693）最为典型。《雍正朝满文朱批奏折全译》中有这么一段关于雍正有意让诺敏和允祥接触的奏折与朱批往来。雍正元年（1723）十一月他对诺敏说道："若另有所闻及令尔怀疑之事，则即密访打听。即便打听到朕处，如若为难，着密问怡王。"这话与对齐苏勒和李维钧说的话差不多，就是有不好对他说的就悄悄地问怡亲王。但是也不知道诺敏怎么想的，是看不上允祥还是觉得雍正在忽悠自己，一直没有行动。到了第二年四月，雍正不得不在诺敏的谢恩折上再次说："王（允祥）不仅甚是疼爱尔，随尔心意，有大加款待之样。"还是这个套路，说允祥喜欢你，让你别担心。但是诺敏就是不为所动，不知道是真不明白雍正的意思，还是不想和允祥有什么交集。在八月的时候，诺敏向雍正上的关于自己没有能监视到允禶罪行的请罪折上说自己与允禩没有关系，就连对怡亲王允祥，他也只是依照惯例寄书信，除此之外，他与其他的王爷、贝勒、贝子，都是不熟的。

面对这种情况，想来雍正也是哭笑不得吧，只好说得更加明确："怡王忠诚，知大道理，朕之好弟，赤心为国效力，为朕之左右手。只是说尔不能与王同心协力而已。对此等事，尔若恳求王之教诲，则不至如此大错，岂可将王与平常之人相提并论耶？"雍正说他这次犯错误，就是因为没有和允祥合作，如果这件事他向允祥请教了，就不会犯这样的错误了，你怎能把允祥和普通人相比呢？

这句话说得很明确了吧！但是，诺敏还是没有明白，他回奏："怡王若为皇上效力，则臣亦优待之。倘若变心，欺诳皇上，臭名远扬，即臣有所耳闻知，即奏报皇上。"似乎诺敏被当初的九龙夺嫡吓到了，他并不相信允祥，甚至还对雍正说允祥万一要是变心了，欺骗了陛下，我会立刻禀告陛下。可见他完全看不清雍正和允祥的关系。最让人无奈的是，雍正得知诺敏的儿子在京城里打点，寻觅门路，没有去找允祥，雍正十分不满，对诺敏的朱批就多了几分咄咄逼人的味道："尔若不相信朕，则朕亦不相信尔也。想朕指示尔奏报怡王之情景，朕深嘉之赞之……尔以为怡王不能照管尔事，是朕指示错误之故呢。朕为尔胡想，除怡王外，除尔之贝勒主之外，未必再有对尔有益之人，只是招祸而已矣。"雍正这个时候已经把问题上升到你不相信允祥就是不相信我的境地，甚至还说除了允祥和你的主子外，没有人能对你有益处，你现在这样做是在招祸事。

到了这个时候，诺敏仍不肯采纳雍正的劝告，极力争辩。说什么若不将自己的看法亲自呈报上去，而让别人代为传达，便违背了君臣同德之理，又说怡亲王虽然可以看顾他，但是一省之事，若是交给王爷或贝勒，只怕辱没陛下对他的信任。更何况若是看人脸色行事，纵然享尽荣华富贵，也不稀罕。自己要是有什么过错，陛下知道了，就行批示晓谕，自己知道了也不会有隔阂，为什么却要另寻一人在中间呢？

这些话让雍正大怒，所写的朱批更加刻薄："尔所奏甚有道理，朕竟失为君之道，甚是错误。指责了像尔有铁石般之心之大臣。大臣等只求相当之大臣亦是，所云依靠王等而行动者，朕竟信口胡说，朕览尔奏毕，每思前旨，惭愧不已，后悔莫及。请贤臣从宽朕之错误。"意思就是你的奏章说得有理，我竟然失了为君之道，大错特错。居然指责你这样有一颗铁石之心的官员。臣子应该只求臣子的作为，所说的依靠王爷去行动的话，我竟然是信口胡说。我看完你的奏折，每每想起之前的旨意，又惭愧又后悔。请你这个贤臣宽恕我的错误！

这一段绝对是带有雍正风格的反讽,不知道诺敏看到后会是什么想法。而雍正又做了一件立竿见影的事,就是直接将诺敏全家归到允祥旗下,到了这一步,诺敏总算是看清楚了自己的处境,并甘心照做。

这一段"鸡同鸭讲"的对话可以很明显看出雍正的性格,对待自己心爱的兄弟绝对是"朕之好弟",对待怎么都说不通的臣子,最后反讽"宽朕之错误"。如果没有奏折朱批,恐怕也看不到这么精彩的君臣对话。

而雍正与允祥的奏折对话就更生动体贴了,甚至还会开玩笑。

和硕怡亲王臣允祥等奏请万安折

雍正二年七月二十七日

和硕怡亲王臣允祥等恭请皇上万安。

切臣等于二十二日恭折请安,皇上批曰:朕躬甚安,臣等见此,喜悦之至。且又谕曰:尔等安好?臣等见此,不胜感戴。臣等皆系承蒙皇上隆恩之人,又叠沾嘉谕恩泽,何胜欢忭,委实安好。圣主办理天下之万事,而臣等遵照训谕尽行游猎,除沾恩之外,并无他事。皇上若不为我众奴才而圣意有所忧虑,则我众奴才之福矣。谨此顶戴具奏。

和硕怡亲王臣允祥、和硕庄亲王臣允禄、领侍卫内大臣公臣马尔赛。

朱批:朕确为尔等忧虑。所忧虑者,当尔等肥壮而返还时恐怕认不出来也。

允祥去猎场后给雍正写了道请安折子,说二十二日那天陛下说自己身体好，我看见后很高兴，陛下又问我还好吗，我不胜感戴。我们都是受过皇帝大恩大德的人，都是沾嘉谕恩泽的，很是高兴。陛下处理世间事务，我等奉命外出狩猎，除了报答陛下的恩情，别无他求。陛下若是不担心我们，那是我们的福气。

雍正的回复则很有意思，雍正和允祥开玩笑，说自己确实担心他，但是担心的是怕他回来之后太胖，自己不认得他了。

和硕怡亲王允祥等奏报赴围众人学习游猎身体健壮折

雍正二年八月初四日

和硕怡亲王臣允祥等恭请圣主万安。

臣等当闻此谕，确不知应如何奏闻。此次赴围众人，特蒙圣主殊恩，务必学习游猎，且臣等之旧疾，亦得清除，身体亦将肥壮。倘若确实发胖，而不甚寓目，（朱批：甚好）则将如何好。臣等待为此事惶惊奏闻。

和硕怡亲王臣允祥、和硕庄亲王臣允禄、领侍卫内大臣公臣马尔赛。

朱批：对发胖后不堪寓目之事，尔等丝毫勿虑，尽量发胖，愉快而回。惟独马尔赛回来时，恐其马力不支，朕委实为之悬念。著怡王选备二匹脚力强而能支撑之马，以赏赐于马尔赛。倘若尚未发胖，则毋庸赏赐。

对于二十七日那天的请安折，陛下的朱批让我不知道该怎么回复。这一次围猎的人，都是受了陛下的殊恩，一定要学会狩猎，而且我身上的病痛，也得以一扫而空，恢复健康，也将变胖。如果我真的是个胖子，实在是不太好看，那该怎么办？臣正焦急地等着禀报。

雍正批复：至于肥胖会带来的丑陋后果，你们不用担心，尽情地肥胖，开开心心地回来。只有马尔赛一人，生怕他的马马力不够，所以我才担心他的安危。著怡王选备两匹健步如飞的骏马，作为奖励给马尔赛。如果他没有变得肥胖，那就没有任何奖励了。

和硕怡亲王允祥等奏报发胖马尔赛已赏给脚力强马匹折

雍正二年八月十四日

和硕怡亲王允祥等恭请圣主万安。

臣等恭聆之余，心中甚觉快慰。仰赖圣主殊恩，即便发胖后如何不堪寓目，臣等亦无顾虑。再，马尔赛此次仰蒙皇恩，委实发胖而不堪寓目，且其身体又笨重，每日仍领中军蠢爬大山，故臣等从御用新马群中挑选二匹脚力强马匹，已赏给马尔赛。为此谨奏闻。

和硕怡亲王臣允祥、和硕庄亲王臣允禄。

朱批：朕躬甚安。尔等甚好？览奏。

允祥接到前面的朱批后继续回复：我等听了，都是喜出望外。托圣主殊恩之福，无论我变得多么肥胖，也不会有什么顾虑了。其次，马尔赛这一次蒙皇恩，确实发胖，他身子也是沉重至极，但他每天都要带兵上山，是以我从御马群中，选了两匹健壮的骏马，已经赏给他了。关于这一点，我向您报告。

雍正批复：我很好，你们也很好吗？

和硕怡亲王允祥等奏报围猎返回京城等事折

雍正二年八月十四日

和硕怡亲王臣允祥等谨奏：为奏闻事。

倘若鹿尚不甚鸣叫，可以延期二三日，于二十九日返抵京城，亦为好。惜哉！鹿也。著尔等依据情况酌情而行，若令初次学习游猎之人，并小子们，已经回家之后仍能思念，方为有趣。钦此钦遵。臣等此次围猎，若不下雨住宿，可于二十六日抵达。自出来后，固雨耽误，住有五宿，以致日期缩短。幸蒙皇恩，延期二三日，指定二十九日返抵。因而臣等行走，有所宽松。再，以臣等之愚悃，圣上殊仁，恩施众奴才以习学之，欢悦之。故而非但其刚学习行走之人，且其曾经行猎之老人，当皆到家之后，亦必思念矣。对于皇上欣悦而所颁谕旨，臣等不胜欢忭知之。为此据实奏闻。

和硕怡亲王臣允祥、和硕庄亲王臣允禄、领侍卫内大臣公臣马尔赛。

朱批：欣慰览阅。

之后允祥将他们回来的大概时间告诉雍正，并且还说了他们遇见一只鹿，很有意思。折子整体内容比较日常，就像与朋友聊旅游行程，当然话语中还是有对雍正的尊敬的。

允祥之所以能够对雍正产生巨大的影响，其核心是其对雍正的情绪产生了一种缓和的作用。雍正为人刚毅、行事果决，但是他的脾气相当急躁多变。康熙曾经对他说过："诸事当戒急用忍。"雍正很清楚自己的性子，他亲手写了一幅"戒急用忍"的条幅，悬挂在自己的房间里，希望以此来克制自己。即位后，他还把这几个字刻在了牌匾上，挂于殿内，免得重蹈覆辙。虽然效果不错，但他的性格很难改变。当他生气的时候，会控制不住自己，难免会走向极端。用这种方法做事，有时会使事情变得更糟。而允祥就不一样了，他情绪稳定，性情温和，待人慈厚、细心，考虑得比较周全。

比如前面提到的追缴银子的问题，雍正要求亏空的官员交出所有的银子，而允祥要求官员按年缴纳，甚至可以用其他的钱代为偿还。亏空的弊端是在很长时间内积累的，已经形成了一种风气，想要全部追回欠银，几乎是不可能的事情。到了后来，看似是因为允祥的病情，才免去了那些欠款，但是归根结底，还是他看清了局势，又被允祥的性情所影响，才做了这个决定。雍正刚登基的时候手段严苛，经常是抄家追债。为此，允祥觉得雍正用法略严，雍正记得允祥的忠告，晚年变得平和许多。

另外，允祥在缓解雍正与皇室成员之间的矛盾方面也发挥了很大的作用，并在一定程度上改善了雍正的形象。皇家本来就缺少亲情，尤其是在康熙时期，众皇子为了争夺皇位反目成仇。前面讲过，雍正登基之后，对自己的几个兄弟进行了残酷的打压，将他们革除宗籍、圈禁。还有一些兄弟因为钱粮问题而被贬。这对雍正在皇室中的形象产生了极大的消极影响，甚至有了雍正"谋父""逼母""弑兄"的流言。在此情况下，允祥试图调和雍正与众位兄弟之间的关系。比如前面说的允祥推荐允礼，并且允祥还在雍正面前夸奖二十一阿哥允禧，说他是一个"立志向上"的人，懂得感恩，诚心诚意地恭敬雍正。所以，允禧被雍正封为贝勒。这也在一定程度上缓解了雍正兄弟间的关系，有利于雍正专心于政事，从而稳固自己的统治。

可惜这段令人感慨的兄弟情很快就要结束了。雍正七年（1729）冬，允祥病倒了，一开始，他不想让皇帝担忧，每隔半个月就会忍着病痛去一次圆明园与雍正见面。随着时间的推移，他的身体越来越差，就搬到了比较远的西山上休养。雍正对允祥的病情忧心忡忡，与他商榷治疗方法，祈祷神灵保佑允祥早日康复。但最后还是没有起到作用。雍正八年（1730）五月初四，允祥逝世，终年45岁。

雍正登基的这8年来，也是允祥生命最后的8个年头，可以说是其才能得到充分发挥的最辉煌时期。他担任总理大臣以后，又兼管许多事务，不管是经济、民生，还是审问刑狱、举荐贤才，甚至就连雍正的私宅、养心殿的造办，都由允祥负责。另外，允祥统率保卫圆明园的八旗禁卫军。允祥对雍正来说不仅仅是弟弟、朝臣，还是雍正的总管和护卫统领，这充分显示出雍正对允祥的重视。在雍正朝，允祥的政绩较为突出，他在整顿财政、治理水患、提倡屯田、筹办西北军务等方面都作出了卓越的贡献。

允祥没有让他失望，他把国家当成了自己的家，鞠躬尽瘁，尽职尽责。允祥为雍正选寝陵时，亲自考察，非常仔细，每一次都要到黄昏才能吃上一顿饭。至于自己的后事，允祥在病重的时候就已经安排好了。他亲自命人画了一张亲王坟茔图，并临终嘱咐："身后茔地之制，悉照会典所载亲王之礼行，毋得稍有逾越……身后殡殓只用常服，一切金玉珠宝之属，概不可用。"（《上谕内阁》）

允祥是了解雍正的，他怕雍正为了他做出格的事，所以临终前嘱咐家人，切记不要逾越。其实在此之前，由于允祥在陵墓勘测中有功劳，雍正有意在靠近万年吉地的地方赐给允祥一块地。允祥听到这个消息,神色骤变,十分惊恐,说道:"此等吉壤必有大福者乃足当之,若臣冒昧得此,不惟不能蒙福子孙,必罹祸殃。"(《上谕内阁》)意思是如此肥沃之地,必有天大的福气之人才能得到,臣若是贸然得到,非但不能造福子孙后代,反而会给自己带来灭顶之灾。允祥坚决不接受。而且他选择了涞水县境内的一处平坦之地,在病重的时候,他让人向雍正求情,希望能批准这件事。雍正无奈,只得同意,允祥大喜过望,他怕雍正反悔,当天就派侍卫到那里捧来一块土。

雍正对允祥的去世感到十分悲痛,他命令休朝3天,并亲自率领宫眷及众弟子侄辈,以家人之礼致奠攒庐,并且含泪亲自写了上千字的祭文。祭文里的每一个字,都有对允祥的赞颂和怀念,流露出深厚的兄弟情义。他还下令,动用自己的私房钱为允祥处理后事。允祥去世3天后,雍正要为允祥斋戒一个月,以示哀悼之情,并下令在这一个月里,不要再举办任何酒宴。皇上给大臣守丧,这是一件很惊人的事情。可见,雍正对允祥确实与对其他兄弟不一样。雍正赐允祥谥号"贤"。在清朝的时候,只有两个人得到过这样的谥号,一个是允祥,另一个是光绪帝生父醇亲王。但雍正觉得一个字并不能显示出允祥的功绩,于是,他又在"贤"字前面加上了"忠敬诚直勤慎廉明"8个字。因此,允祥的谥号是"忠敬诚直勤慎廉明和硕怡贤亲王",成为清朝封号最长的亲王。

就在允祥去世的同一天,雍正也在为自己的后事做着安排。雍正八年(1730)五月初四,雍正下了一道旨意:"昔年太皇太后赏我一盘珠子,如今在养心殿中,圣祖阿玛也赏我一盘珠子,你们拿来。还有小盒子里装着一个琉璃鼻烟壶,都放在一起,好好收起来,再把这件事告诉首领太监等,知道的人越多越好。如果我死后,将这三样东西放入梓宫,记录在案。"

这三样东西之中，鼻烟壶是允祥献给雍正的，雍正如此重视这份贺礼，可见他十分珍视与允祥的情义，毫无疑问，允祥是雍正最亲近的弟弟。

允祥的灵柩暂时放在昌运宫，雍正十年（1732）九月，将允祥安葬于他亲自选的直隶涞水县水东村。那里的百姓感念允祥治水之恩，自发地为他修建祠堂。雍正感动之余，下旨永远免去当地百姓的田赋丁税，以供日后祭祀之用。在允祥的陪葬物品方面，按照允祥的意愿，雍正将一块血泪巾帕和一个香囊放入棺中，象征着对允祥逝去的悲伤。然而，就园寝而言，雍正认为事关国礼，不应该由个人做主。雍正认为允祥丰功硕德，如果他的陵园依循旧制，相较他的功德就显得有些不足了。最后允祥园寝建享堂七间，享堂外中门三间，内围墙一百丈，中门内焚帛亭、祭器亭，中门外神厨五间、神库三间，东西厢及宰牲房各三间，碑亭一外大门三间，围墙二百九十丈，大门外奉祀房二十间，石桥二，石坊一，擎天柱二，神道碑一。(《皇朝文献通考》) 其规模约有 300 公顷，允祥园寝的规模实际上是逾制了，这是清代最大的一座亲王园寝，不过这也都是雍正的意思。雍正还允允祥配享太庙，名字可用"胤"字。

允祥的一生，虽然只有 45 年，却是大起大落。从初时受康熙宠爱，前程远大，到之后失宠，病痛缠身，到最终大放异彩，风头一时无两，这在中国古代是很少见的。在他身上可以看到雍正浓烈的"爱"，而在年羹尧身上则可以看到雍正的"爱与恨"。

第四章　朕之恩人也

雍正在养心殿闭目养神，按下心中的焦急，他在等一个很重要战事的结果——平定青海。这是他登基后第一次用兵，对他来说十分重要，也引起了很多人的注意。而能不能成功就要看年羹尧了。这时内侍捧着年羹尧的奏折匣子进来，雍正深吸一口气打开，来回看了两遍后，随即高兴地大笑！不过几个月的时间，年羹尧居然平定了青海！雍正提起笔写下一段"甜言蜜语"来抒发自己激动之情："我二人做个千古君臣知遇榜样，令天下后世倾慕流涎就是矣……自你以下以至兵将，凡实心用命效力者，皆朕之恩人也。"意思就是你我二人，就是要成为君王与臣子之间的典范，让后世之人看了都要垂涎三尺！……你们从上到下，对我死心塌地的士兵，都是我的恩人。

这里的恩人指的就是年羹尧，一说起年羹尧（1679—1726），大家第一时间就会想起影视剧里那位心高气傲、手握重兵、最终落得个身败名裂下场的年大将军。仿佛年羹尧就是一个功高盖主的代表人物，再无任何特点。

但是能让雍正说出这种话，很显然雍正对年羹尧是真心实意的，年羹尧为什么最后还是被赐死了呢？这究竟是雍正的阴谋还是迫不得已？

1. "三大巨头"之年羹尧

《康熙三十九年进士登科录》：年羹尧，贯镶白旗汉军陈继范佐领下，附学生。治《易经》，年二十二岁。曾祖有升，祖仲隆，父遐龄。乙卯科乡试第四十二名，会试第一百十五名。

年羹尧在康熙三十九年（1700）会试中第，并在殿试中三甲第二百一十八名，被赐同进士出身。其实年羹尧这个同进士出身有点冤了。事实上，在这次殿试中，年羹尧表现得很出色，据说名次很靠前，但是后来还是列为三甲。这是因为这场会试，康熙特意下了一道旨意，"大臣子弟皆置三甲"，意思是说，此次科举，官宦子弟无论成绩多少，皆为三甲，将一甲和二甲的名额留给那些出身贫寒的学子。

自宋代太平兴国八年（983）起，进士殿试结束后，按名次分为一甲、二甲、三甲三等，合称三甲。一甲分别是状元、榜眼、探花，只有3个人，赐进士及第；二甲的第一名称传胪，有若干名，赐进士出身；三甲不限制人数，赐同进士出身。顾名思义，同进士出身就是指这个学子不是进士，但是按进士出身对待。还有一个类似的词是如夫人，就是看起来跟夫人一样，但并不是夫人，而是妾室。所以同进士出身的人谁都不愿意被人提起这个身份。但康熙对年羹尧的能力很欣赏，对这些官宦子弟还是有所提拔的。随后，年羹尧与张廷玉等新科进士一起被康熙钦定为翰林院庶吉士，此时年羹尧虚岁二十二，算真正步入仕途，开启了自己的人生征程。

年羹尧的仕途可谓一帆风顺。康熙四十四年（1705）五月，年羹尧被任命为四川省乡试主考官。由于四川在明清两代战乱中损失惨重，人口锐减，经济衰退，文化氛围淡薄，在全国范围内的科举中显得不是很重要。但年羹尧才20多岁，就能执掌一省乡试，确实是一件值得骄傲的事情。再加上年羹尧后来又被调到四川当巡抚，算是和四川结下了不解之缘。

康熙四十八年（1709），是年羹尧政治生涯中一个重大拐点。康熙三月复立太子后，年羹尧作为副使，到朝鲜向其君臣宣告了这个消息。从这一点就可以看出康熙对年羹尧的重视，而且想必年羹尧形象威武，不然也不会选年羹尧去附属国以示康熙的决心。

也是从这一年开始，年羹尧与还是皇子的雍正有了很深的联系。复立允礽为皇太子的时候，康熙为了安抚其他想要争夺皇位的皇子，举行第二次大规模的册封，胤禛被封为亲王。年羹尧一家人是汉军镶白旗，被送到雍亲王的麾下，成了雍正的下属。不过年羹尧一家并非包衣奴出身的八旗子弟，所以他和雍正之间的关系并非"主奴"，而是"主属"。

这种主从关系主要是指"属人"对其"主人"具有某种程度的政治、经济上的亲近和帮助义务，此外在平时的交往中，在称谓上也要体现出尊卑之分。但是，"属人"在法律上是完全独立的，在政治、经济、人身等方面享有自由，"主人"无权加以限制。雍正登基后，更是加强了对宗室贵族的压制，"属人"对于"主人"的大部分义务也越来越少。

不过，年羹尧在雍亲王府的身份，也不是"属人"那么简单。在和雍正有联系之前他就已经是朝廷任命的官员，有自己的政治圈子，深得康熙的器重。那个时候，他的前途和命运只有康熙一人说了算，雍正没有任何话语权，也没有什么建议的权力。所以年羹尧对雍正来说更独立一些，并不依附于雍正，在雍正那里也得不到什么好处，反而可能是雍正更加需要年羹尧。如此一来，年羹尧对雍正的态度就少了几分对"主人"的尊敬，也没有与其他皇子保持该有的距离，这也给两个人之间的感情埋下隐患。

使年羹尧和雍正关系更加密切的，则是康熙将年羹尧的妹妹许配给还是雍亲王的雍正为侧福晋。这么说来，年羹尧跟雍正又多了一层郎舅关系。年羹尧的这个妹妹，就是大家耳熟能详的年贵妃。

康熙四十八年（1709）九月，年羹尧结束在京任职后，转任四川巡抚。短短6年时间就完成了这样的晋升，这是何等快速。当时的年羹尧不过30多岁，《永宪录》说，年羹尧"抚川时年未三十"，堪称最年轻的巡抚。年羹尧很清楚，他之所以能这么迅速晋升，主要是因为得到了康熙的赏识。所以年羹尧很是感激，在折子上说自己平庸，却承蒙恩泽三世，一定竭力图报。

年羹尧离开京城，向康熙告辞时，康熙因为年羹尧年轻，再三叮嘱。康熙这样再三叮嘱年羹尧，可见四川的特殊性以及康熙对年羹尧的重视。年羹尧就任之后，很快就对四川局势有了清晰的把握，并提出了一系列改革措施。此外，他还起到了表率作用，拒收节礼，宁愿清心寡欲，决不容许有任何徇私行为。康熙对他在四川的所作所为非常赞赏，并期望他成为一位称职的好官。

但是在康熙五十六年（1717），年羹尧出现了一次失误，也不能说是失误，只能说是倒霉，年羹尧牵扯进三阿哥门下孟光祖诈骗案，结果年羹尧被革职留任。

一个封疆大吏怎么可能被骗？简直匪夷所思，不过这绝对不是普通的骗局。

有一位叫作孟光祖的江湖骗子，冒充三阿哥诚亲王允祉的手下，借着这个身份赏赐地方官员，骗取更多的钱财，在5个省份都有他的影子，持续了很多年。孟光祖游历到四川，年羹尧也对其深信不疑。那时太子已经被废，大阿哥允禔还在软禁之中，三阿哥允祉在这场争夺储君的斗争中参与得不太深，现在又是最年长的皇子，颇受康熙宠爱，许多"大型文事"都是由他操办。同时，他也是向康熙递交奏折最多的皇子之一，多达三四百份，足见康熙对他的看重。于是年羹尧打着跟允祉打好关系的主意，给了孟光祖马匹和银两。孟光祖离开四川后，继续以允祉为幌子招摇撞骗，忽悠了几个省份的高官，直到忽悠到赵弘燮（？—1722）这个直隶总督的头上。赵弘燮觉得不对劲，其实按照清政府的规定，如果亲王和阿哥派人给下级官员送东西，下级官员要向朝廷汇报。而且皇上派王爷、贝子和官员出京，除非经过正式认可，或由地方官吏上报，必须经过直隶，自己乃直隶总督，岂能不知道？于是赵弘燮把事情上奏给了康熙。对于皇子之间的钩心斗角，康熙一向是十分在意的，但是因为事务繁忙，有些小事他也就睁一只眼闭一只眼。康熙一看赵弘燮递上来的折子，立刻回复说京中并无此事，尔著速参上奏。

康熙唯恐此事一旦传开，会波及很多人，甚至会牵连众多皇子，于是命刑部暗中调查此事，同时将此事定为京城逃出的旗人所为。不久，孟光祖被逮捕。经刑部审讯，他曾在江西、四川、广西、陕西、湖广等省行骗，收受各地官吏不少好处，尤以江西巡抚、四川巡抚给的财物最多。康熙责怪地方督抚对假借皇权之名行骗之事，虽有疑心却不禀报。

康熙又质问年羹尧，为何给了孟光祖东西却没有禀报，反而收了他以允祉名义赏赐的帽子和衣服，让他上奏折解释。年羹尧知道自己闯了大祸，回奏道孟光祖谎称奉诚亲王之命来到四川，我却没有上书也没有检查缉拿，实是大错。经过刑部的调查，按照孟光祖的交代，我收了帽子和靴子，又给了他一些钱和马匹。其实并不是这样的。孟光祖一到成都，我就把他打发走了。我是旗人，向来遵守旗人的规矩，不能平白收了别人的赏赐。我跟随雍亲王已有8年，可是雍亲王从未派人到四川来赏赐过什么东西，那诚亲王更不会无缘无故地赏赐我，我虽然愚钝，却也明白其中的道理。康熙不愿把这件事情闹得太大，所以并未深究，只是说自己知道了。后来孟光祖被斩，给他送礼的几位巡抚也都被革职，年羹尧却被革职留任。看得出来，康熙很是喜欢他，有意护着他，所以他才能有惊无险。

年羹尧这一次虽然侥幸逃脱，可是也惹了另外一个人，那就是年羹尧折子上所说的已经8年未给他任何赏赐的雍亲王。年羹尧在雍亲王门下，却给诚亲王的差使送了礼物，尽管这差使是个骗子。不过，从某种意义上来说，年羹尧根本就没有把这位雍亲王放在眼里。如今更是想要结交诚亲王允祉，这让雍亲王很是恼火。为了防止年羹尧与自己作对，他必须给年羹尧一个下马威，所以他给年羹尧写了一封长信，字里行间都透着浓浓的不满。

  知汝以儇佻恶少，屡逢侥幸。君臣大义，素所面墙。国朝祖宗制度，各王门旗属主仆称呼，永垂久远，俱有深意。尔狂昧无知，具启称职，出自何典？屡谕尔父，尔犹抗违不悛，不从腹诽，而竟公然饰词诡拒，无父无君，莫此为甚！

况妃母千秋大庆，阿哥完婚之喜。而汝从无一字前来称贺，六七个月无一请安启字，视本门之主已成陌路人矣。且汝所称，捐资助饷家无余财，更属无谓之甚。况我从未问及汝家囊橐，何得以鄙亵之心测我，肆而进其矫产之词？

况汝在蜀骄横不法，狂悖无忌，皇上将来不无洞鉴，而尚敢谓今日之不负皇上，即异日之不负我者，是何言欤？以无法无天之谈而诱余以不安分之举也，岂封疆大吏之所当言者？异日二字足可以诛羹尧全家！且汝与于孟光祖馈遗授受，不但众所共知，而且出自于汝家人之亲口以告我者，尚敢朦胧皇上，得以漏网？即此一事，即汝现在所以负皇上，而将来之所以必负我者也！至于我之培植下人，即其家人父子亦无不委曲作养成全，在汝固已无人心，谅必非无耳无目者。于此不思所以报称，而反公然跋扈，尔所蓄何心，诚何所挟持而竟敢于如此耶？！即此无状，是即汝之现在所以负我，即异日必负皇上者也！

况在朝廷称君臣，在本门称主仆，故自亲王、郡王、贝勒、贝子以至公等莫不皆称主子、奴才，此通行常例也。且汝父称奴才，汝兄称奴才，汝父岂非封疆大臣乎？而汝独不然者，是汝非汝兄之弟，亦非汝父子矣！又何必称我为主！既称为主，又何不可自称奴才耶？汝父兄所为不是，汝当劝约而同之，则犹可也。不遵父训、抗拒本主，无父无君，万分可恶。若汝或另有所见，或别有委曲，汝不妨具折启奏，申明汝之大典，我亦将汝不肯称奴才之故，以至妃母大庆、阿哥喜事，并于我处终年无一字请安，以及孟光祖之事与汝所具"异日"之启，好好存留在此，一一奏明，谅皇上自有定夺也。

再，汝父年老，汝子自当代汝奉养。汝毫不为意七八个留任所，岂人心之能恶也。只待汝子娶亲方令来京，信乎？求忠臣于孝子也，而又使及。于我所具启，苟简无礼，言词皆谬，皆汝之不肖下属，无可奈何之所以应塞汝者，而即施之于我，是岂主子奴才之礼乎？凡此皆汝之不学无术，只知逞一时刚愎之私而自贻乃父之戚耳。自今以后凡汝子十岁以上者，俱着令来京侍奉汝父，即汝昔年临行时向我讨去读书之弟侄，亦必着令作速来京，毋留在外，法成汝无父无君之行也。

观汝今日藐视本门主子之意，他日为谋反叛逆之举，皆不可定。汝父见汝此启，当余之面痛哭气恨倒地，言汝疯狂乱为。汝如此所为而犹敢以伪孝欺人，腆言父子天性，何其丧心病狂一至于此？况汝父在京，我之待他恩典甚重，谅汝无父之人亦未必深悉其委曲也。然圣主以孝治天下，而于我惜老之夙心有所不忍，故不惜如此申斥，警汝愚蒙。汝诚能于此爽然自失，真实悔悟，则诚汝之福也！其犹执迷不悛，则真所谓噬脐莫及者矣！汝其图之！（《雍亲王申斥年羹尧密谕》）

从这么一大段话可以看出，雍亲王已经有"话痨"的潜质了，这些会在以后他的朱批上有所体现。

雍亲王首先从对年羹尧的评价说起，说他深知年羹尧性格轻浮，是个"儇佻恶少"，能得此殊荣，实属侥幸。接着把年羹尧的罪状一条一条列出来。首先就是称呼的问题,"君臣大义"是历代祖宗传下来的制度,各王门旗属主仆称呼,历来如此,自然有他的道理。可是你也太嚣张了吧,写信给我,署名却是官职,而不是自称奴才,难道其中还有什么隐情不成?我已经跟你父亲说了好几次了,你都不听,欺君欺父,岂有此理!

其次就是礼节上的问题,我母妃生辰大庆,我的儿子成亲,你一句恭喜的话也没说,而且这大半年来连一次请安的信也没有给我,简直就是毫无主仆之情可言,视我这个旗主如路人。你口口声声说自己捐了银两,家中并无余钱,纯属无稽之谈。我又没有询问你们家中是否有钱财,你怎么能用这种龌龊的心思来揣测我呢?在我面前,你是装清廉,还是别有所图?

再次就是年羹尧的所作所为。你在蜀横行霸道,目无尊长,将来一定会被皇帝知道,你还敢说什么"今日之不负皇上,即异日之不负我者",用这种无法无天的话"诱余以不安分之举也",这难道是一个封疆大吏该说的吗?"异日"二字,足可诛你年羹尧全家老小!

之后就说到了孟光祖的事。这件事情,所有人都知道,甚至连你的家人都跟我说过,你以为能瞒得过陛下吗?如此说来,你如今所做之事,便是"负"了皇帝,将来必是"负我"。

我栽培下人,乃至他们的家人,我都会尽心尽力地照顾到,你现在虽然已经失了忠心,但你又不是耳聋眼瞎,会不知道这些事情吗?你不但不知感恩,还这般肆无忌惮,当真是何居心!所以你现在背叛我,将来也会背叛皇帝!

然后又回到最前面所说的称呼问题上来。朝廷里用的称呼是"君臣",旗中用的称呼是"主奴",上至亲王下至贝子都是如此,已成定式。而且你父亲自称"奴才",你大哥自称"奴才",你的父亲难道不是封疆大吏吗?就只有你不一样,不自称"奴才",难道你不是你兄长之弟、不是你父亲之子?你都叫我"主子"了,为什么不自称"奴才"?如果你的父亲或兄长有不妥之处,你可以加以规劝。如今,你违抗你父亲的命令,违抗我的命令,目中无父无君,万分可恶。你若有不同意见,或有其他误解,可写信来说明为何不肯自称奴仆,以至妃母大庆、阿哥喜事,并于我处终年无一字请安,以及孟光祖之事与汝所具"异日"之启,我一一记下,呈报陛下,让陛下决断。

接着,雍亲王又从孝道上指责年羹尧:你的父亲年纪大了,你又在外地,你的儿子应该代替你奉养他。你却不以为意,将七八个儿子放在留任的地方,真是太可恶了。我实在是不敢相信,你竟然会等到儿子成亲之后才会回京中。在我看来,你太过粗鲁,太过荒唐,这一切都是你的不孝造成的,到我身上自然就没有主子和奴才的礼节了。说到底,还是你自己不争气,只顾着一时的利益,败坏了你父亲的名声。从今日起,凡是你儿子到10岁以上的,皆入京中侍奉令尊,就连你临行前向我讨要的念书的弟侄,也即刻入京,不要逗留,此乃罚你无父无君之举。

到了信的最后,雍亲王又劝年羹尧道:从你对我的蔑视来看,将来会不会有反叛之心,还很难说。你父亲看到这封信,当着我的面痛哭流涕,悲愤欲绝,斥责你胡作非为。就你这种行为,还拿着假孝心去糊弄人,还谈什么父子情深!再说了,你参现在就在京中,我待他也不错,你一个"没有父亲的孩子",也不会明白其中的深意。只是陛下一向以孝治天下,再加上我怜惜你父亲年事已高,故此如此教训你,提醒你的无知。这一次,你能悔改,才是你的幸运!如果还执迷不悟,那么你将再也没有任何希望!

这是《雍亲王致年羹尧书》的内容,原藏在景阳宫档案中,并没有记载具体的时间,从上面的内容来看,应该是孟光祖事件后的事情。信的称谓用的是"王字谕年羹尧"。主要包括三个方面内容:第一,杀伐立威。这也是整封信的主旨所在。要不然,雍亲王怎么可能降服得了年羹尧?主要罗列了一些关于年羹尧的一些罪状,比如称呼上的问题、对雍亲王的冷淡态度等。第二,牢牢抓住年羹尧犯下的过错,把孟光祖之事、信中提到"异日"之事,全部上报给皇帝,由他来决定。最后,才是指点年羹尧该怎么走,这才是重点。雍亲王借此机会教训年羹尧,既是警告,又是威胁,要年羹尧把那些超过10岁的儿子和侄子都带回京城,美其名曰服侍他父亲年遐龄,实际上却是拿他们当人质。

从这封信的内容来看,年羹尧与雍亲王之间的关系并不好,两个人已经有很长一段时间没有联系了。这一是因为年羹尧年纪轻轻就已经做了巡抚,年羹尧的官职和财富都不是来自雍亲王,而是来自康熙。二是因为雍亲王在康熙五十六年(1717)之前还不是亲王身份,所以年羹尧并没有把他放在眼里。三是因为年羹尧在四川所处的地位非常特殊,手握重兵,是其他皇子争相拉拢的目标,他自己也想左右逢源,所以才会有孟光祖的事情发生。因此,年羹尧一定程度上也受到了雍亲王的重视,所以才有了这封雍亲王字谕。总之后来,年羹尧果然遵照雍亲王的命令,将儿子和侄子送回了北京。

在康熙晚年,是储位之争波谲云诡的关键时期。年羹尧对雍亲王胤禛的态度由有意疏远转为委婉示好,并以一种含蓄的方式隐隐透露出他对未来皇帝也就是胤禛的忠心。年羹尧身为封疆大吏，深得康熙宠爱，又在雍亲王麾下效力，年羹尧有这样的想法也在意料之中。可是，那个时候，雍亲王却不走寻常路，对年羹尧没有任何拉拢之心，而是恼羞成怒，将他一系列的罪责一一列举出来，又通过向皇帝告状的方式，逼迫年羹尧将儿子和弟侄送回京作为人质，可谓高明至极。

不过年羹尧在四川这10多年，也算颇有建树，不负康熙所托。因此，尽管有"三王爷门"骗局，年羹尧仍于次年升迁，出任四川总督，并兼巡抚一职。

皇帝给了四川巡抚一些最基本的权力，允许他处理日常事务，但是对于一些重要的事情，比如选官、革除官员、赋税、调拨军队等，仍然需要向朝廷奏请。皇帝对四川巡抚的评价，多以其所立之功为准。年羹尧对这一点很清楚，他为官极有责任心，给康熙的折子都是亲自动笔，重要的折子还会留下一大块空白供康熙批阅。康熙对他大为赞赏。

年羹尧上疏说："窃惟川省营伍之弊，久在圣明洞见……无如积习难移。督臣远在西安，鞭长莫及，臣与各镇原无节制之责，而将、备各官惟视提镇之意指以为从违，必欲悉除痼疾，将镇、协各营整顿一新，非假臣以虚衔（总督）不能也。伏乞圣主暂加臣以总督虚衔，并求赐以孔雀翎子，令臣节制各镇，一年以后，营伍必当改观。俟兵马事竣，臣即奏缴虚衔，不敢久于忝窃。"

大意是说，陛下应当知道，如今四川的绿营兵腐败不堪。但总督身在西安，要把事情办好是很困难的。我虽为巡抚，却不能直接指挥绿营诸部，心中虽然有许多整顿的计划，却没有施展的余地。要想彻底清除弊端，将镇中各处军营整顿得井井有条，那就必须由我来担任总督，等战后你就可以再收回总督之位。

由此可见，年羹尧的四川总督一职是向康熙求来的。当然，康熙对他也是赏识有加，所以才给了他这个职位。

在康熙五十七年（1718）颁布上谕："年羹尧自军兴以来，办事明敏，殊属可嘉。从前四川地方亦曾设总督，年羹尧是巡抚，只管理民事，没有督兵责任。如今军机紧要，授年羹尧为四川总督。"言下之意，便是年羹尧自从带兵出征以来，所表现出来的聪明才智，当真是令人赞叹。四川也曾设过总督，年羹尧任巡抚，只管内政，不负责督军之责。今日军务紧急，特命年羹尧为四川总督。康熙所谓"从前"，是指50多年前，当时清朝尚未安定，为求军权，曾在四川设总督，后来就没有单独设立四川的总督了。而这次，年羹尧因军功卓著，由巡抚升为总督，兼领巡抚之职。

由于战争的原因，康熙年间，四川成了青年才俊施展才华、建功立业的大好机遇。年羹尧以其过人的才华和人格魅力，一举成为当时最耀眼的新贵。

年羹尧的升迁速度，比起同龄人来说要快得多。康熙五十七年（1718），年羹尧以不满40岁的年龄出任四川总督一职，成为当时边陲最年轻、最具实权的封疆大吏之一。

事实上，年羹尧得以快速升迁最重要的政治原因是，在康熙五十六年（1717），清廷的宿敌，蒙古准噶尔部首领策妄阿拉布坦（1665—1727）率军入侵西藏，杀害了藏王拉藏汗（？—1717），并占据拉萨，试图控制达赖喇嘛，建立自己的政权。这令康熙无法忍耐，翌年春天，清廷出兵征讨，又派贝子允禵为抚远大将军，领军坐镇西宁，意欲收复西藏。这也是年羹尧被委任四川总督的主要原因。

康熙五十八年（1719）正月，年羹尧上了一道密折，说："四川的军队已经准备好，建议出兵入藏，击退策凌敦多布，并详细说明了入藏的路线和所需兵力。他相信，自古以来，军队取胜从来不在于数量，而在于质量。从云南、四川调来的军队，还有满洲人、汉人、护送兵，加起来也有七千之众，足够了！年羹尧提议从打箭炉出发，分北、南两路，向西藏进发，探明这两条路上的生番状况。"从年羹尧的提议中，可以看到年羹尧在兵法上的天赋，他对战争形势分析得很透彻。康熙虽然认可了年羹尧，但是对于要不要发动战争，也很慎重。康熙只是要他造势，不让他出兵，说："今年出兵，大军决不能轻易出征。我已下了旨意，料想还没到蜀省，但出兵的消息，不可不传开，就等着他们失去有利形势，你的意见很好，少安毋躁，待到有实际进兵之日，再来禀报。"

康熙五十九年（1720），出兵之日终于到来，这一天，正是年羹尧所期待的。康熙又传下一道旨意："总督年羹尧自军兴以来，尽心效力，训练川兵，甚是整齐，可速行文年羹尧。令伊带颁兵丁进藏，授为将军，如有署理总督事务，于地方不致生事者，令年羹尧奏闻署理，如地方紧要，不得署理之人，著护军统领噶尔弼为将军。"这是康熙关于年羹尧自从军以来，苦练川军，颇具章法的评语。康熙让人速速传书给年羹尧，命他领兵入藏，封他为将军，凡有能力执掌总督之事，而不会给地方带来麻烦的人，交由年羹尧处置。此令一出，年羹尧便成了统率大军的将军，足见康熙对其的信任。

年羹尧曾经说过，等这件事完成后，会归还总督这个职位，可是康熙六十年（1721）平定西藏后，康熙不但没有罢免他的四川总督之职，反而任命他为川陕总督，当时年羹尧只有42岁，并且担任了大将军允禵的后勤部长和重要军事助手。这主要归因于他的政治和军事才能，和雍亲王没有什么关系。论兵法，年羹尧绝对算得上是满洲将领中的佼佼者。

康熙六十年（1721）四月，年羹尧上疏求见康熙，得到康熙的批准。五月，年羹尧来到京城面见康熙，用年羹尧的话说，能见康熙一面，简直是千载难逢、梦寐以求的事情。二人相处了数日，这几天里，康熙亲自指点年羹尧处理西安的事务，"西安驻防满洲官兵一切公务，令臣（年羹尧）与将军及副都统等会同料理"。因为年羹尧对西南、西北、西藏、蒙古的局势最为了解，而且"办事明敏"，所以康熙找年羹尧商量"欲将西海蒙古部落悉照北边分编佐领"。接着又有诏令："陕西总督鄂海著办理军粮饷，四川总督年羹尧著兼理四川陕西总督事务。"这时的年羹尧，已经当了12年的四川总督，现在成了川陕总督。六月，年羹尧临出京城之时，康熙还对他说："朕再无疑尔之处，尔亦不必怀疑。"君臣之间的关系更近了一步。

雍正即位后，对年羹尧的评价是："朕藩邸属下人中可用者，唯年羹尧、傅鼐二人。论才情，年羹尧胜于傅鼐。论忠厚，年羹尧不及傅鼐。"从这一点上，就可以看出年羹尧的才干也得到了雍正的认可。

在众朝臣中，年羹尧比较年轻，但从他的地位来说，他算是雍正的旧臣。年羹尧之所以深得雍正的器重，就是因为他用兵如神，每一次出征，都能提前预知敌情，迅速应对。很快，雍正又有用上年羹尧的时候了。

2. 平定青海

雍正即位40多天后，年羹尧与大将军延信，从甘州送来一道密折，提出治藏之策："臣等查得，西藏自古以来兵即不到，先前，策妄阿喇布坦派兵作乱，先皇天威远播，遣将军兵丁,分两路进讨,逆贼皆败亡远遁。臣延信先领兵入藏,奉先皇之旨:尔进兵平定西藏后,倘达赖喇嘛、青海之人皆恳称:请大军暂留,保护我等等语,故臣等方留下大军。现今思之,贼断不敢复进藏,派兵驻守二年余,往数千里之遥运粮甚难,且钱粮靡费亦多。目前虽令伊等于彼处采买,按兵丁给发,然西藏地方较小,米谷等物价亦渐涨。再,我大军在外日久,甚受苦累,而唐古特兵民亦盼望事毕。况且,命兵丁久留异域,妄加滋事之处,亦不可料。惟达赖喇嘛年岁尚小,坐床未久,西藏又无总理事务之人,倘不抚慰其心,亦不副先皇抚远至仁。臣等愚意:令达赖喇嘛、各地堪布、番目等保举一名忠厚可靠、平素随唐古特人意者,作为西藏第巴,总理其事可也。此第巴并非封给,故嗣后倘不能事,即行更换,亦不难。目前驻藏大军,于雍正元年四、五月内出青草之时,将蒙古兵丁经木鲁乌苏路撤回,满洲绿旗兵丁经巴尔克木路撤回。驻察木多之四川绿旗兵暂驻一千名,简选贤能副将一员管理,防守西藏地方。再,晓谕达赖喇嘛圣主惠爱唐古特至意,命伊等由招至察木多地方,沿途修建乌拉,以备报军机之事可也,万一逆贼又进藏,则作速报至察木多,即可领兵前往救援等语。若如此,既能保护达赖喇嘛,亦可得唐古特人心,钱粮亦可多有节省。俟策妄阿喇布坦遣使认罪、诚意来投后,再将驻察木多官兵全部撤回。惟军机之事所关最为重大,应否如此办事之处,俟上指示后,臣等再另缮折奏闻。为此谨密奏,请训旨。"(《雍正朝满文朱批奏折全译》)

大意是年羹尧和延信认为西藏自古以来没有士兵达到过这边,前有策妄阿拉布坦起兵谋反,先皇之威远扬,派将士兵分两路讨伐,将叛军打得溃不成军。臣延信先领兵入藏,乃是先帝所命,当时先帝说:"若诸位出兵,稳定了西藏情势,达赖喇嘛和青海的百姓，就会真心实意地说请军队暂时驻扎，保护他们。"臣等这才让将士驻守那里。现在看来，贼人再也不敢进藏了，派兵驻守这两年多以来，军队千里迢迢地运送粮草，实是辛苦至极，而粮草又十分昂贵。虽然已经让人去各地收购粮草，按兵丁给发，但是西藏毕竟只是一个小地方，粮价一直在飞涨。而且，我们的部队在外面打了这么长时间的仗，实在是太累了，当地兵民都希望这件事能快点结束。况且，这些士兵，人生地不熟的，说不定，就会闹出什么乱子来。只是达赖喇嘛年纪还小，坐床未久，西藏又无人主持大局，若不能平定人心，也不辜负先皇的仁慈抚远之意。

说了这么多，其实就是想退兵，之后他们又提出了一个建议：请达赖喇嘛和各地的堪布、番目，推选一名忠心可信、一向顺从唐古特人意者出任西藏第巴之职，执掌大权管理事务。这个第巴不是封给谁，如果将来他不能胜任这个职位，那么随时换人也不是难事。目前驻藏的军队，只需在雍正元年（1725）四五月间撤回。在察木多暂时驻扎1000名四川绿旗兵，另选一名能干的副将坐镇西藏，以备不时之需。这样不但能保护达赖喇嘛，拉拢唐古特那边的人，而且还能省下一笔银子和粮食。待策妄阿拉布坦上表请罪，诚心投降，察木多的军队就可全数撤走。但军机之事，非同小可，具体如何处理，待陛下下了圣旨之后，臣再另拟奏章。为此，特向陛下禀告，请陛下明示。

这份满文密折虽然是延信写的，但是年羹尧也是这么想的，在康熙六十一年（1722）的时候，年羹尧曾经上疏康熙请求撤军，可是康熙并没有答应，如今才过去半年多，年羹尧不可能这么快就改变主意。

雍正元年（1723）正月初十年羹尧也密奏雍正，希望自己能入京,《奏请叩谒梓宫折》:"窃臣质本庸愚,少登仕籍。……不十年而奉命抚川,又十年而两晋总督。……不意圣祖宾天,四海九州,黄童白叟,莫不哀号,如失父母,况受恩深重如臣者……"(《雍正朝满文朱批全译》)

同年同月同日年羹尧《再陈恳请陛见愚忱折》:"若不得逐一敷陈,面请训旨,不独臣无所遵循,其有于民生吏治,非浅鲜也,至于军务更关国家大计,必大局先定,然后条分缕晰,庶为善后之策。我皇上圣明天纵,固有乾断,而臣于此事未尝一日忘之……"(《雍正朝汉文朱批奏折汇编》)

雍正见年羹尧如此急迫,立刻朱批答复:朕原不欲尔来,为地方要紧。今览尔所奏,尔若不见朕,原有些难处。难处者,军务总事结局处。舅舅隆科多奏,必得你来同商酌商酌地方情形,汝若可以来得,乘驿速来……"(《雍正朝汉文朱批奏折汇编》)

意思就是朕本来不想让你来的,因为你那边有更重要的事情,今日一看,你不见我,在军务方面实在是为难。舅舅隆科多也说,要同你商议当地的情况,你若能来,便乘驿站快点来……

接着,雍正在延信的奏折上朱批道:"尔等此奏是。朕意尚未定。事属重大,朕已寄信召年羹尧。若年羹尧前来,地方诸事,尔更应勤奋留心,谨慎效力。"(《雍正朝满文朱批全译》)从这一点就可以看出,雍正对年羹尧是何等的信任、何等的赏识,如何决断还得等见了年羹尧再说。

雍正元年(1723)正月初六,雍正下令陕西总督年羹尧进京叩谒先帝灵柩。年羹尧到达京城后,于四月十二日离开。除去路上花费的时间,年羹尧在京城待了两个多月,这段时间里雍正与年羹尧、隆科多、怡亲王允祥这三大巨头商讨西北及西南边疆军政事宜。其中许多的重要军事问题都是他们先定下,再由年羹尧来执行的。

年羹尧在回山西的路上,接到兵部发来黄匣一封,上面朱批云:"朕安,策旺诺尔布、阿宝密奏一折发来尔看。看此光景,似乎有些动作之景。尔可留心料理。……"(《宫中档雍正朝奏折》)他立即遵旨覆奏云:"伏思军务关系重大,理应详虑,何敢轻率。惟有西海西藏情形,臣之所见甚确,罗卜藏丹津不自揣度,希冀藏王已非一日,然止一藏王,焉得人人而封之,西海各台吉犹能见及于此,断不为素不心服之人所惑,轻举妄动自取灭亡。至其(按:此指罗卜藏丹津)平日好疑而众心不和,多谋而一无所成,又其显焉者也。我兵速撤,则唐古特民人永无怨言,而西海各部落,晓然共知天朝不要西藏,仍为佛地,从此间从言便当寂然矣。"(《宫中档雍正朝奏折》)

大意就是雍正给年羹尧朱批说罗卜藏丹津可能有动静,但是年羹尧回复说他觉得罗卜藏丹津不敢妄动。

其实年羹尧毕竟是汉人出身,很多大臣对雍正如此信任年羹尧并不理解。因此雍正极力提升年羹尧及其家族的地位,让人觉得年羹尧虽然不是宗亲,但也享受了宗亲的待遇,绝对不会因为出身汉军旗就背叛宗室。在雍正元年(1723)五月下旬,青海局势严峻,雍正下旨让年羹尧全权负责:"青海台吉,兄弟不睦,倘边境有事,大将军延信驻扎甘州,相隔遥远,朕特将一切事务,俱降旨交年羹尧办理,若有调遣军兵、动用粮饷之处,著防边办饷大臣,及川、陕、云南督抚提镇等,俱照年羹尧办理,边疆事务,断不可贻误,并传谕大将军延信知之。"言下之意,延信离得太过遥远,所以才会把一切事情都托付给年羹尧,虽然延信手中有大将军的印,但雍正皇帝已经将兵权交给了年羹尧。

雍正还特意在朱批上告诉年羹尧："总在你定大主意，朕恐有动作处，怕你掣肘难行，已通行各处提镇、特军、巡抚，一切事任你调遣……"

没过多久，青海的罗卜藏丹津造反，年羹尧随即平叛。在这段时间里，雍正一直称赞他的智谋，比如："你的好处即是朕的好处，有什么嫌疑？将你效力处都给众人知道，也勉励勉励大臣之心。""你如此人、如此心，不感上苍如此报，世上即无报应了。""实实喜，去朕胸中半边忧也。他者奏，朕还在疑信之间，你之此奏，朕实信实喜，阿弥陀佛四字，但愿年年岁岁书赐你也。"（《雍正朝汉文朱批奏折汇编》）

六月，罗卜藏丹津反叛之意渐露端倪。而年羹尧认为，罗卜藏丹津不可能入藏。然而雍正仍不放心，便命年羹尧派人率军西进拉萨，以防不测。

八月，罗卜藏丹津起兵造反。雍正得知后，一面命年羹尧等出兵支援被罗卜藏丹津攻击的亲清诸王，一面派人去罗卜藏丹津处，劝说他们撤退。罗卜藏丹津早有谋逆之心，带着他的军队开始对西宁以及周边地区发动进攻。

此时，雍正斥责了年羹尧："大概察罕丹津之事，你所料皆错了一点了。"在九月初，风云突变，罗卜藏丹津渡过黄河，雍正命年羹尧趁机一举歼灭罗卜藏丹津，并命年羹尧即刻赶往西宁掌抚远大将军之印，全权负责对外的军事事务。可见雍正对年羹尧的重视，这在一般人看来，已经是莫大的恩宠，但年羹尧还不满足，继续要求：臣更有请者，凡大将军无坐名敕书者，皆加"署理"字样，人亦因"署理"而轻视之，西海之事数月可完。臣凡有料理军情之处，竟以抚远大将军官衔行文，于事诚有裨益。

言下之意，就是年羹尧所有的公文都要加上"署理"二字,其他人会因为"署理"二字而鄙夷他。平定青海这件事几个月就可以结束,如果有什么军情方面的事情,就以"抚远大将军"的身份去做,这会对他处理事情有好处。这个看来根本不可能答应的请求,竟然得到了雍正的同意。从那时起,年羹尧就成了名副其实的"西北王"了。只是雍正对年羹尧迟迟不遵旨意的行为颇有微词,后来将此列为年羹尧的罪状之一。

九月雍正朱批:"真正可喜之事。有你这样封疆大臣,自然蒙上苍如此之佑。但朕福薄,不能得如尔之十来人也,朕何可谕?'勉之'二字耳。""你二人乃发愿来助朕平治天下、利益苍生的人,自然与朕意相合者也。"

十月,年羹尧正式被封为"抚远大将军",奉命前往西宁增援,攻打罗卜藏丹津。4个省的军事大权就这样被年羹尧一人独揽。

年羹尧于十月初六抵达西宁,但他并未带任何军队,而且西宁城的铁骑实在是太弱,西宁的南、西、北三面环着西海,实在难以防御。没几天,罗卜藏丹津攻下了距离西宁40里外的申中堡。接下来的几天,罗卜藏丹津大军兵分三路,分别进攻了南川、西川、北川三个地方,每个地方都出动了二三千人,以势驱逐附近的番子来攻打城池,烧毁房屋,劫掠财富,一直到距离西宁10多公里的地方。由于西宁局势岌岌可危,年羹尧又上了一道折子:

臣羹尧谨奏西宁情形:

自十月十九日以至二十七日,内外人情汹汹不安(朱批:何消说得),臣以兼程先来,原未带兵(朱批:大险!大险!大险!阿弥陀佛!),而西宁本处之兵。贼人所知。侍郎常寿到彼,怯懦不敢一言。(朱批：亦未必）又，西宁城内城外汉番、回子、喇嘛不时与贼通信（朱批：情理必然），是以敢于恃众深入各处隘口，分路并进。其围南川、西川、北川也。每处有贼二三千人，以势驱逐附近番子攻城，放火烧毁民间积聚草谷，抢掠财物。其未受蹂躏者，西宁城外十余里耳。（朱批：可怜！罗卜藏丹尽真罪过滔天者，自有冥诛！）各处守城官兵见贼攻城，施放枪炮，而番子在前，贼兵在后，打死番子每一处城外堆积数百，厄鲁特之死者则不过十分之一。外彝内番肆行劫掠，遍地皆贼，百姓赴城告救者日数十起，然亦奸良莫辨。（朱批：甚是！说不得。要防范）。臣加意抚恤，外示镇静，有能拿获及杀死番子一名者，赏银五两、十两，拿获厄鲁特一名，赏银三十两，杀死一名，赏银十两。（朱批：是极！）又暗使人招抚近番，出示各村晓谕，稍稍宁辑。每日有捉获放火番子及送来厄鲁特首级，亦间有生摛者，臣按数赏银，问明口供，即行正法。内有班珠儿台吉家之厄鲁特一名揣朱克，因其所知之事甚多，现在看守。二十一日，臣激励将士，遣救南川之围，沈中堡一战，颇称振作（朱批：佛天之大恩）。但围虽解而贼之狂逞如故。二十五日四更发兵一千九百，臣亲送至城外，申明纪律，宣示部伍。西川镇海堡之战，天赞我也，（朱批：罔极之深仁！）以西海之精锐五六千人，而罗卜藏丹津等目睹我兵争先奋勇，枪炮威利，杀贼六百余人，并打死罗卜藏丹津家之厄尔克台吉。臣遣官往验，血迹五百余处，其不及带去之贼尸一百六个。是日贼退关外，我兵撤回西宁。二十六日下晚，有贼千余人来至镇海堡城外抢取贼尸,又被守城官兵放炮打死六人、内有朋楚克王渣尔家之和硕齐台吉,贼于是日远遁百余里矣。二十七日下午,于西宁东关内拿获奸细二起,回子、汉人各三名,皆平日贸易口外,今受罗卜藏丹津之银来探我兵信,问明口供,即已正法。二十八日二更,臣发兵三千,亲送出城,令其前往北川救援,盖北川去西宁九十里,受围日久,恐罗卜藏丹津败归。并力于彼,(朱批:朕苦北川尚未得信,意甚悬悬,今始安矣)是以多发兵马。二十九日辰时,我兵到彼,连战连胜,而贼已奔窜矣。

自贼人蠢动以来,西宁四面隘口既多,惟东面系我来路,十分紧要,不能不分兵沿途防守。其南、西、北三面,每一隘口守兵三五十名,既不济事,悉撤回原营。各处探极星飞火急,而我兵惟养精蓄锐,斟酌妥确,乃敢一用。昼则综核军务,夜则分班守城,臣之未能就枕者已十一夜矣。(朱批:好心疼!好心疼!好心疼!真正社稷之臣)自捉奸细,三战三胜,人心大定,将士鼓舞,一切赏恤概予从厚。非威不齐,非惠不劝,臣知圣主于此等处不以臣为过费也。(朱批:大笑话!)臣之秉性耻为张大之词,而十数日之西宁情形必先奏明者(朱批:朕度量光景,尔之所奏仅一半耳),将来大事安定,所以料理此地者,正须经纬百端也。(朱批:也还赖你调停)臣身面微瘦,精神照常,伏祈圣主宽怀,勿为臣虑。谨奏。

朱批:好汉子,铁丈夫!朕少放宽矣。你一身之系。如泰山之重,朕亦无多谕。自初一日闻报以

来，惟有虔诚对佛天佑你平安如意，之外，亦无暇他及也。(《雍正朝汉文朱批奏折汇编》)

年羹尧说自己白天汇总军务，晚上轮流防守，连续11个晚上没有睡觉。雍正在折子上回复好几句"好心疼""阿弥陀佛"，对年羹尧赞不绝口，像普通的兄弟那样说他是个"好汉子，铁丈夫"，是"真正社稷之臣"。

最终，年羹尧击溃了罗卜藏丹津，稳定了人心。

雍正对于西藏和青海的许多了解，很多都是来自年羹尧。后来雍正在别人奏折上的朱批中，就有这么一句话："年羹尧对军中、对当地情况都很熟悉，又有一颗赤子之心，是个出类拔萃的人物。"

年羹尧的战绩，并非全凭运气。青海战役有别于康熙年间的保藏之战。罗卜藏丹津于雍正元年（1723）起兵造反，年羹尧于十月起兵于西宁平定叛乱，并取得胜利。至第二年二月，应雍正之命，三月即攻破罗卜藏丹津的居所，将其逃亡之路截断。而年羹尧仅仅用了半个月，就将叛军的主力全歼。年羹尧的谋略是平叛取得成功的关键。论地位，年羹尧并非什么贝勒，他在战前不过是个三等公爵，即便掌有抚远大将军的大印，在川陕、西宁也有一些势力，但想要像允禵一样，动用各种权势资源，却是绝无可能的。另外，川陕运粮、物资调拨都是他一手操办的。年羹尧对剿灭罗卜藏丹津叛乱早有心理准备，自信满满。年羹尧所部一往无前，势如破竹，根本就没有什么求救的讯息，只有捷报接踵而至。

在平定青海的过程中，有两则赞扬年羹尧带兵如神的小故事。年羹尧某一天忽然下令："明日出兵，每人各带一块木板、一捆草料。"众将士不解其意。翌日，大军行至一处泥坑，年羹尧命将士扔下草料,再用木板铺上,顺利通过泥坑。蒙古军队依仗此地为天险,哪知清军突袭而至,直捣黄龙。又有一次,在夜深人静的时候,突然刮起了一阵西风又平静下来。年羹尧急召300名精兵,到西南山林搜索,终于找到敌踪,全歼敌寇。有人询问年羹尧如何得知这些,年羹尧道:"那一闪而过的声音,并非风声,而是振翅之声,深更半夜,无鸟雀出没,定是鸟雀受惊了。往西北方10余里处,有一处密林,密林中多鸟雀,想来是敌寇藏身于密林之中,惊起了鸟雀。"诸如此类的故事还有很多,可见年羹尧颇精用兵之道,当得起"大将军"之名。

年羹尧在雍正二年(1724)二月上折子指出,能否捉到罗卜藏丹津,并非此战成败的标准。对此,雍正也是认同的。平定青海,对于雍正来说是一个非常重大的事件。自从他登上皇位以来,就有很多人质疑他继承皇位的合法性,这一战的结果更是关系到雍正的权威,上至皇族,下至权臣,无一不在关注着。这一战不容有失。不过,事实上,对于此次青海叛乱,雍正也不敢说一定能够取得胜利。如果不能平息战局,当初撤回允禵那就真的是一个错误。从古至今,边关和内乱都是联系在一起的。因此,雍正曾多次告诫年羹尧"冒失之举,万万不可,逞强贪功,则大负朕也"。所幸,年羹尧总算没有辜负雍正。雍正称平定青海叛乱为"十年以来从未有的奇功"。

雍正二年(1724),青海安定。年羹尧作为抚远大将军,在平叛中起到了很大的作用。在民族关系错综复杂的情况下,年羹尧采取了加强与边疆少数民族联系、笼络各部族、尊重少数民族风俗、尊重宗教信仰的方针。这一切,为维护边疆稳定、改善民族关系,维护清朝在西藏的统治打下了良好的基础。

事实上，西北也是雍正夺嫡的一个隐藏战场。而年羹尧在此过程中，无论在明处还是在暗处都发挥了关键作用，对雍正执政前期的政局产生了重大影响。雍正初登帝位，虽然面临诸多危机，但最终能够化险为夷，稳稳坐上皇位，年羹尧厥功至伟、功不可没。

前面已经说过，雍正对八爷党的允禵、允禟等人采取了分而治之的策略，而允禵是年羹尧的上司，上一任抚远大将军就是允禵。雍正又将最奸诈狡猾的允禟送到了西北，说是监军，其实就是流放。而西北是年羹尧所在的地方，也就是说让年羹尧看管允禟。那么平定青海之外，年羹尧暗地里还有两个任务：一是牵制允禵，二是看守允禟。

首先是允禵。康熙驾崩的时候，允禵远在西北，统领三军，麾下兵马众多。有人曾经估算过，允禵手下的八旗将士不下15万，还有人估计人数或许更多。且不说具体有多少人，允禵手中有兵就足以令雍正睡不着觉。最关键的是，允禵的功绩让雍正感到了恐惧，允禵的功绩已经足够他在朝廷之中立足了。所以在康熙驾崩后的第二天，雍正就放下了所有的事情，急匆匆地下旨召回了抚远大将军王允禵。

圣旨中也提到了年羹尧："并行文总督年羹尧，于西路军务粮饷及地方诸事，俱同延信管理。年羹尧或驻肃州，或至甘州办理军务，或至西安办理总督事务，令其酌量奏闻。"

意思就是说，同时也给总督年羹尧送去了一封书信，让他负责西线军需等方面的事务，与延信一同管理。年羹尧或在肃州，或在甘州处理军事事宜，或在西安处理总督之事，令其自行斟酌。

由此可见，年羹尧究竟是在肃州，还是在甘州，雍正并不清楚，但很明显，年羹尧离允禵很近。所以雍正让年羹尧去

"办理军务",以便快速接手允禵的军务。允禵千里赶回来奔丧是迫不得已,但也只能如此。对于康熙的突然去世,允禵很意外,也很不甘心,更让他震惊的是,自己的四哥胤禛居然继承了皇位。如果年羹尧不在附近,允禵可以先回将军府考虑下一步该怎么做,但是现在有年羹尧在旁牵制,负责军需补给,年羹尧会听他的命令吗?更何况他虽然统领三军,但是麾下都是来自各地的士兵,他的直系也只有数千人而已,其他人不过是暂时听命于他而已,若是在外征战,他们还能听他的,要是为了争夺皇位,恐怕没有几个人会听从他的命令。允禵深知谋逆的后果,又因为被年羹尧牵制,所以还是决定顺利和年羹尧交接抚远大将军的兵符,自己一个人回到京城。

也许在雍正看来,年羹尧"平青海之功小,钳制允禵之功大"。年羹尧在有惊无险的情况下,就这样"解决"掉允禵,从那以后,两个人没有任何关系了。不过,很快又有一个"烫手山芋"出现了,就是允禟。

年羹尧外任后曾三次入京,每一次都别有深意。第一次进京,是于康熙六十年(1721)五月入热河觐见康熙。第二次进京,是雍正登基后,前文已经说过,是为康熙奔丧,同时年羹尧想确认一下,他和雍正皇帝之间的特殊关系。雍正还给年羹尧安排了一项任务,那就是监视九皇子允禟。雍正这样做一是信任年羹尧,二是试探年羹尧和八爷党有没有关系。

但是对于年羹尧来说,监管允禟和平定青海虽然同样重要,但性质截然不同。如果有外敌来袭,年羹尧还能见机行事,毕竟战争随时都有可能发生变化。这一点,雍正心里很清楚。但是监管允禟就不一样了,雍正很看重这个政敌,所以年羹尧要时时刻刻监视他,允禟的一举一动都要汇报给雍正,年羹尧没有权力处置允禟。年羹尧虽然能征善战,却不精于阴谋诡计，所以他采取了随机应变的方式看管允禟，引起了雍正的不满。

其实允禟和年羹尧算是老熟人了，二人打过几次交道。这些弯弯绕绕的关系，都是年羹尧和八爷党关系亲近的证据。年羹尧刚到京城，允禟已经动身前往西宁了。等到年羹尧回到任上之后，就开始为允禟建房子。但是现在正在打仗，年羹尧无暇多关注允禟，所以年羹尧就把建房子的事先交给了黄喜林，等贝子府建好再说。雍正对年羹尧这样的安排并不怎么满意，朱批中更是忧心忡忡，说道："九贝子的事很重要，防人之心不可无。黄喜林可别让九贝子给骗了。"在这个时候，雍正把重点放在了看守允禟的事上，大概是觉得年羹尧看管得太松懈。而年羹尧则回答："九贝子现住西大通，臣已留人在彼监察，若少有不妥以及稍有可虑之处，臣自一面奏明，一面搬移，不敢一刻忽略也。"

允禟自知这次来不是去征战，是被流放了，所以到西宁不久，便向雍正呈上了回京的请求，雍正既然派年羹尧来统领大军，他为何还要留在西宁？雍正不好明着拒绝，就下密旨给年羹尧：九贝子要来京，奏了个折子，朕亦不曾批回，说了个"知道了"。他若借此要来，使不得。你只言不曾有旨与你，不要放他来。年羹尧当然明白雍正的真正用意。

在这里，密折就更突出它秘密的特性了。

但实际上，雍正对年羹尧的表现并不满意，因为年羹尧关于监管允禟的回复并不详细，这让雍正很是不安。这也是情有可原的，西宁的局势本来就很紧张，年羹尧一心扑在打仗上。另外，年羹尧对允禟的态度，或许也是出于军事角度的考量。善于经商的允禟在西宁安顿下来后，一直在甘肃、青海两地进行贸易。他随身携带大量金银财宝，出手大方。于是附近的商贾，一听九皇子要来，纷纷前去拜会，一时之间，小小的西大通成了商贾云集之地。年羹尧对此心知肚明，却既不阻拦，也不上疏。

雍正对允禵已经是恨之入骨，允禵再也没有回头路可走，对他唯一能够做的，就是严密的监视和控制，给他扣上各种罪名，必欲除之而后快。年羹尧何等精明，怎么会看不出其中的猫腻。实际监视时，年羹尧却没有按照雍正的吩咐去办。不仅如此，年羹尧还上了一道折子为允禵遮掩："他最近很低调，我去西大通的时候，还没见过他。因为我之前上了折子，他们就对我怀恨在心，这也是他们畏惧律法的原因。我已经安排了人手，时刻关注着他的动静。"

但是雍正并不放心，在朱批上提醒年羹尧："这人城府极深，廉王爷和允䄉都比不上，希望他们两个都能为自己的所作所为感到后悔。"当年羹尧说起自己监视允禵时，他又道："这才是最重要的，这才是最好的。"

年羹尧放松了对允禵的监视，放任其经商，甚至让其有机会接触到穆景远等人。可以想象，京城里的雍正得知这件事后，是何等的焦急与不解！

年羹尧之所以这么做，可能是因为允禵是康熙的儿子，年羹尧受康熙恩惠很大。年羹尧未必会为了讨好新皇而虐待一个恩人的儿子。其次允禵出手阔气，在这个烧钱的战场上，说不定还能派上用场。最后还有一个可能，或许年羹尧想借允禵来牵制雍正。但不管怎么说，年羹尧的想法都是错误的。不过这件事是发生在雍正与年羹尧关系和睦的时候，雍正就算是不高兴，也就只能这样了。雍正信任年羹尧，所以才会派年羹尧看管允禵。当年羹尧和雍正关系恶化时，雍正对待此事的态度就发生了变化。对雍正来说，年羹尧占据西北，手握重兵，身边还有一个心机深沉、身家丰厚的允禩，这对他来说是极大的威胁。

因此，为雍正看管允禩成了年羹尧的一个错处。

由于没有料到年羹尧能够这么快就将青海平定，所以，在这段年羹尧与雍正的"蜜月期"中，雍正写给年羹尧的朱批可以说是各种甜言蜜语。雍正生性多疑，对年羹尧的赏识与感激实在是很难得，这里举一个例子：

> 谕大将军，此一番事，乃国家翻手合手之事，如此迅速好好如意完结，实梦寐亦不敢望之事，可见尔我君臣必然上天有可怜处，方能邀此殊恩也。但你此番心行，朕实不知如何疼你，方有颜对天地神明也。立功不必言矣，当正西宁危急之时，即一折一字，恐朕心烦惊骇，委曲设法，间以闲字，尔此等用心爱我处，朕皆体到，每向怡、舅朕皆落泪告之，种种亦难尽述，总之，你待朕之意，朕全晓得就是矣。所以，你此一番心，感邀上苍如是应朕，方知我君臣非泛泛无因而来者也。朕实庆幸之至，上慰我皇考在天之灵，成全六十年美政，再永保国家，可以免兵革之事，天下苍生蒙平安之福次，凡有怀蠢动之心者，胆烈而潜踪，谁不诵朕之福，畏朕之威也。此皆尔忠诚所致，赖尔之力也。我君臣惟将此一心，对越天地，以邀永永如是如是之福庇耳，可喜、可喜、可喜、可喜。(《雍正朝汉文谕旨汇编》)

这段朱批的意思是说，谕大将军，这次青海蒙古叛乱，事关国运，乃是举国大事，可是这么快就顺利结束，实是难以想象之事，足见上苍怜悯我们君臣，赐下如此恩德。但是你的行文让我不知道该怎么疼爱你，才能对得起天神。且不说你立下的功劳，就是西宁危难之时，你的每一份折子、每一句话，都是唯恐朕厌烦慌乱，千方百计地在军情之中加上一些闲言碎语，你对朕的关心，朕看在眼里。每次看到怡王允祥和隆科多，我总是热泪盈眶，千言万语难以表达，总之，我明白了你对我的关心。所以，你所做的一切，就是要让老天给我一个回应，让我知道，你我都不是等闲之辈。朕万分庆幸，以慰父皇在天之灵，成全60年美政，并且永远保佑我的国家不再受到战争的伤害，天下人得享太平之福，那些想要造反的人，都会吓得躲起来，谁不念朕之福、畏朕之威？正因你的忠心、你的强大，所以我们君臣才会一心一意，能够得到永恒的福泽，最后连说四个"可喜"表达自己的喜悦之情。

再比如另一个朱批，也是十分的"肉麻"："从来君臣之遇合，私意相得者有之，但未必得如我二人尔。尔之庆幸，固不必言矣，朕之欣喜，亦莫可比伦。总之，我二人做个千古君臣知遇榜样，令天下后世倾慕清涎就是矣，朕实实心畅神怡，感天地神明赐佑之至。"

"尔等此一潜效力，是成全朕君父未了之事之功。具理而言，皆朕之功臣，拘情而言，自你以下以至兵将，凡实心用命效力者，皆朕之恩人也。此言虽粗鄙失礼，尔等不敢听受，但朕实实居如此心、作如此想。朕之私庆者，真真造化大福人则可矣。惟有以手加额，将此心对于上帝。以祈始终成全，自己亦时时警惕，不移此志尔。"

大概意思就是，自古至今，君臣虽有私情，但如咱们这样的，还真没有。你为之欣喜，不言而喻，而我也为之欣喜不已，总之，咱们俩在一起，就是要做一个君臣相交的模范，让后世子孙羡慕不已、垂涎三尺！朕当真是心满意足，感觉到了上天的眷顾。你所做的一切，为的就是完成父皇最后的心愿。从逻辑上说，你们都是我的功臣；从感情上讲，你们从上到下，乃至对我死心塌地的士兵，都是我的恩人。这句话虽然有些粗俗，有些不合时宜，相信你们也不会接受，但我说的是真心话，这就是我的本心！我心中暗自庆幸，自己才是真正的有造化、有福气之人。每每想到这一点，就会以手抚额，感激上天的眷顾。我可以对天发誓，向神发誓，我们之间的感情永远不变。我也时时告诫自己，不可有丝毫动摇。

年羹尧将自己带兵归来的消息汇报给了雍正，雍正朱批道："十年来，从未有如此大的功劳，总而言之，这都是你的功劳，如果我这辈子辜负了你，那古往今来，再也没有比我更负心的人。朕的旨意，每一句话，都是发自内心的。若是我的任何奖惩，有一点笼络之意，把你们当牛马，那我也就成了犬马之主。"

时间可以腐蚀一切，但我们也能感受到，雍正的这些话都是肺腑之言。不过结尾隐约暗示出，雍正和年羹尧之间的关系不会有什么好结果。

正因为平定青海的功劳，雍正才对年羹尧说，他们二人要做历代君臣之典范，我如果不是一代明君，就不会奖赏你这样对我，如果你不是出类拔萃的臣子，就无法报答我这样对你。唯一能做的就是共同成就，永载史册。——朕不为出色的皇帝，不能酬赏尔之待朕；尔不为超群之大臣，不能答应朕之知遇。唯有互相勤勉在念，做千古榜样人物也。

从年羹尧的谢恩折子来看，雍正元年（1723）的正月到第二年九月，雍正赏赐了他很多东西，往往每个月都会赏赐几件，比如荔枝、茶叶、三鸠砚、扇子、手帕、鼻烟壶等。同时会在年羹尧谢恩折子旁写上朱批。

比如说年羹尧谢赐珐琅鼻烟壶的奏折,雍正朱批说:"当真是天才,如不悲失一年熙(年羹尧之子,被雍正下旨过继给舅舅隆科多,改名'得住'),贺舅舅添一得住之句,朕很是欣赏,十分佩服,若不是锦心秀手,怎会如此赏心悦目呢?"

在这个折子里,又加朱批,可能雍正只是随口一说,还问了问年羹尧的脚疼好了没有。说自己不舒服但是也好些了,让年羹尧放心,再送一柄扇子,让他不必再上奏折。

雍正二年(1724),雍正又在年羹尧的谢恩折子上说:"实在是块好香,做四件玩器,赐怡亲王、舅舅两块,给你带一块来,朕留一块,现今不时把握。"另一道谢恩折子上说,你我君臣辛辛苦苦,为的就是让天下变得更好,全赖圣祖遗恩,你我君臣庆尽心力。共勉。

看得出来,雍正很宠爱年羹尧,除了国事之外,还会和他聊一些家常,二人就像是好朋友写信一样。但是,雍正是皇帝,不可能真的只是年羹尧的朋友。而年羹尧常常忘了这一点,被雍正的"迷魂药"迷得神魂颠倒,这就不可避免地表现在奏章上。雍正自有一套应对之策,他大都是对年羹尧赞不绝口,但也有几分犀利,偶尔也会插上几句真心实意的劝告,不过,这些忠告,心高气傲的年羹尧并没有察觉到。

就包括前面所说的十分"肉麻"的朱批,雍正在最后说"自己亦时时警惕,不移此志耳"。他的意思自然是指自己,但也是在提醒年羹尧,让他时刻保持警惕。而且,在这段话之前,还有一段"告诫":朕实无心作不骄不满之念,出于至诚,惟天可表,此一番事,若言朕不福大,岂有此理,上天见怜,朕即福人矣。但就事而言,实皆圣祖之功,自你以下,哪一个不是皇父用的人？哪一个兵不是数十年教养的兵？大意是我没有狂妄，没有怨恨，一切都是真心实意，有上天为我作证，这件大事，如果说我的运气不好那是假的，上天垂怜，赐福于我。但平心而论，这都是圣祖的功劳，从你开始到现在，谁不是父皇亲自任命的？每一名士兵，都是经过数十年磨炼出来的。

这是雍正对年羹尧的又一次忠告和警告，但年羹尧只听出了其中的好意，并没有听出雍正话里的弦外之音。也许是因为年羹尧的实力变得强大了，政敌也越来越少，所以他的野心越来越大。但年羹尧并不知道，他与雍正之间的"蜜月期"很快就要结束了。

年羹尧的威望达到了顶点，他所获的封赏更是历朝历代几乎无人能及。年羹尧腕部、臂部的伤口，以及其夫人的身体状况，都受到了雍正的重视，并被赐予药物。雍正偶尔也会给年羹尧写信，告知他在京一家人的近况，包括年贵妃与雍正所生的儿子。各种奇珍异宝，也是源源不绝地送来。曾有一次，雍正下旨，六日内将荔枝由京城运至西安给年羹尧，以保证荔枝之美味。

到雍正二年（1724）九月，也就是年羹尧二次入京之后，类似这样亲昵的朱批开始减少，逐渐被雍正的不满与责难所取代。一是年羹尧并没有意识到自己功高震主；二是雍正也听过不少有关自己与年羹尧的荒谬言论，譬如有些大臣认为，某些重大决策，其实是雍正得到了年羹尧的指点，而非雍正本人决定。所以他对年羹尧的态度也发生了变化。为什么人们会产生这种想法，其中一个原因就是"年选"。年羹尧因受雍正皇帝宠信，获得举荐官员的特权。他举荐的官员无须经过正常程序即可被任用。因此年羹尧利用特权大肆举荐官员，谓之

"年选"。

雍正时常和年羹尧交换人事安排方面的意见,并给了年羹尧很大的权力,甚至年羹尧的部下皆由他亲自挑选。而年羹尧在平定青海中的表现,更是得到了雍正皇帝的信任。除四川和陕西以外,雍正在任命其他地区的官员时,也经常征求年羹尧的意见。甚至有一次雍正问年羹尧,愿不愿意把陕西的将军调到其他省份去,让他"据实情奏来,朕依尔所请敕行"。

其实,早在康熙朝中后期,年羹尧就提出在用兵打仗的时候用人方面可以更加灵活。康熙六十年(1721),时任四川总督的年羹尧,以前线战事吃紧、各级官员缺人为由,上疏"嗣后陕省将备、千总缺出,亦许臣于川省武职内遴选题补",康熙同意。所以雍正也就顺理成章地学着康熙的样子,放权给年羹尧。

年羹尧后来还更改了吏部下达的人事决定,把奏折直接送到了雍正皇帝那里,雍正应允。从这一点就可以看得出来,兵部、吏部并没有什么实权,因此兵部、吏部也不能插手"年选"。

年羹尧受封抚远大将军时,不忘部下,推荐苏丹、岳钟琪等人为参赞大臣。雍正朱批道:"大奇,朕谕即此三人。"后来年羹尧命鄂赖去处理蒙古的事情,也是先斩后奏,雍正非但不生气,反而欣然应允,还说了几句肉麻的话:"我也是这么想的,你我之间,究竟是怎样的命运,真是数不胜数。实在是可喜可贺之事。……我们两个人,相距千万里,居然能够知道彼此心中所想,真是奇怪之极。上天保佑,终于把这事儿给办妥了……"

年羹尧与雍正这一脱离吏部和兵部单线联系的用人模式,成为川陕两省官吏任免的主要方式。但是年羹尧也不是傻子,表面上还是遵守君臣之道的，他在处理人事问题的奏折中，在结尾的时候总是要说一句"是否可行，出自圣恩，非臣所敢擅便""升与不升，圣上决断"之类的话，这说明没有雍正的点头，年羹尧的建议根本就无法实施。年羹尧任用亲信，不是没有根据的。因此，"年选"的产生，很大程度上还是由于雍正太过相信年羹尧，将权力下放到他的手中。

年羹尧嚣张跋扈，除了在军队和川陕揽下人事大权外，还干涉朝廷和当地的政治事务，把川陕以外的一些人事权也纳入其中。"川陕两省将弁经此一番用兵行走学习，将来可用之人甚多。俟秋间诸事大定，臣始能指名开列某某留陕、某某可用他省也。"意思是说川陕两省的将领，经此一役，都可派上用场。等到秋间尘埃落定，臣再指定谁留陕、谁可用。他还特意列出了一些人的名字。

在人事任免上，雍正对年羹尧如此放心，最主要的原因还是年羹尧看人的能力很强。雍正夸赞年羹尧的眼光："朕就知道你的眼光不错，只是没想到会这么好。你又进一个活宝矣。实在是上上好的。当巡抚绰绰有余。朕甚嘉善。立刻有旨用他巡抚。"年羹尧向雍正汇报王景灏的情况后，雍正仍是赞不绝口："甚好。此人是一个大人物。像你和他那样的人，如果能有十几个，我也心满意足了。"

雍正对年羹尧推荐的几个人也很赞同："这些人都是你进的活宝，好生爱惜着，如珍宝相似的用。必令他们心满意足的，方符朕意，一点儿忽略不得。特谕。"

看得出来，年羹尧看人的眼光还是很准的。如果年羹尧能秉公推荐雍正朝的官员，也许就没有"年选"一说了。但事实上，年羹尧曾说过："至于题补保举官员昏谬错误者，臣何能免？"说的是他怎么能控制别人犯不犯错呢。

年羹尧以川陕总督的身份作威作福，但凡有什么官职空缺，他就挑跟自己走得近的，上折子让那几个人补上，有时候甚至题补几十个人，这样一来，兵部和吏部就成了摆设。巡抚这样的高官，一般都是皇帝钦点的。然而有时巡抚之位没有空缺，外面就已经有传言说某某是巡抚，没过多久，果然这个职位空缺出来，传言中的那个人果然得到这个职位。

雍正二年（1724），"年选"已经接近尾声，年羹尧又要进行一次人事调整，这次雍正对年羹尧的态度与以往截然不同，说年羹尧匆忙写下了题参，可能会有一些疏漏，此人仍留任。去年年羹尧入京，在朝中挑了许多官员，命他们陪同。只是让他们学习，不是让他们来当官的。而且他们经验不足，不适合当官。年羹尧要用他的人，那是万万不能的。传旨年羹尧，凡是被派去的人，若有空缺，不得补上。虽被委以印绶，亦著请旨再行。

又有一回，当年羹尧想要干涉官员罢免时，雍正回复："你怎么能对朕说这种话？"这态度与之前真的是完全不一样，年羹尧也感觉到了不对劲，连忙上疏询问："此必臣之愚昧有不能仰体圣怀、宣扬圣德之处，伏祈弘慈宽宥，仍赐明白指示。"希望雍正给出一个明确的态度，雍正却回了一句："还要如何明白事。"最后，随着雍正态度的改变，"年选"逐渐销声匿迹。

等到青海的形势稳定下来，雍正给年羹尧写了一大篇朱批，意思是：朕已有谕旨，将年熙过继给我舅舅隆科多为子。春天的时候，年熙病倒了，脸色很不好，时好时坏，各种治疗方法虽有效果，但收效甚微。朕觉得此子非如此完人，最近找人给他算了一卦，说他不但没有厄运，反而有几十年的好运气。不过你如今命里克长子，所以我才提了这件事，连你的父年遐龄我也没商议，就挑了个良辰吉日，下旨了。反正他跟你没关系了。年熙改名字得住，他的身体也就好了。年熙生病的事情，我早就应该告诉你了，只是千里之遥，徒增烦恼，毫无意义，但是我并没有说谎，一年前我就对你说过，老少皆安。从今年夏春开始，我就说你父亲康健，再无别的话。我连一句谎话都舍不得说。你听到这话，自是欢喜，他日得住得功名富贵必有口中生津时也。舅舅听到这件事，非常高兴，又道："我两人若少作两个人看，岂不对不起皇上，何况我本有三个儿子，如今只得二子，皇上这份恩宠，简直就是天赐之福，正好就是三个儿子了。年羹尧应了克者己克，我命应了得者又得，以后得住病好了，他日定会得到皇帝的恩宠。"你父亲接了圣旨，心中甚是欢喜，但祖孙之情，却是难以割舍。这是我的旨意告诉你一下。

从没有见过自己的上司，会帮助自己的下属领养一个孩子，但是雍正不知道是出于什么样的考虑就这样做了。年羹尧与隆科多见雍正这样的态度，也只好表示从今往后大家都是一家人，一定会全力扶持雍正。更加戏剧化的是，雍正在年羹尧被判罪之后，却认为吏部对他的惩罚太轻了，公开指责隆科多包庇年羹尧。

年羹尧和隆科多的关系尚且如此，那他和雍正最宠爱的弟弟怡亲王允祥之间的关系，又会是怎样的呢？允祥和年羹尧的矛盾属于职务上的矛盾，是不能轻易调和的矛盾。前面说过允祥管着户部，但是年羹尧打仗需要钱，二人自然是不对付。

雍正对允祥和年羹尧也下了一番功夫，亲力亲为，从中斡旋，可谓用心良苦。雍正元年（1723），他在写给年羹尧的朱批中，首先谈到自己近来的情形，接着说道："近日怡亲王甚怪你自春不寄一音，近日年兴与送饷部员回来，你又寄东西来问好,他才喜欢了。有便当时常问候,亦当闲寄手札才是。他甚想念你,时时问及,你当深知他待你才是。"意思是说怡亲王近日一直埋怨你春天没有来信,直到年兴和带着粮草的人回来,你又送了些东西来问候,他才高兴。有空的时候可随时问好,也该带些书信。他这样想念你,常常打听你的情况,你应当知道他待你如何。

尽管雍正嘴上说着好话,极力促成此事,可是允祥与年羹尧非亲非故,平日里见面不会超过两次,哪里谈得上想念?就连年羹尧,在雍正做雍亲王的时候,对雍正态度都十分冷淡,更何况这个年纪比雍正小的怡亲王呢?而且年羹尧疏远允祥,还有一些政治因素在里面。允祥身为亲王,辅佐雍正,而年羹尧在外地带兵,又是贵妃之兄,若是两个人时常有书信往来,未免有些不妥。因此,年羹尧最终也没和允祥走得很近。

年羹尧平定青海之后,立下了汗马功劳,要官、要人、要钱,这使得和允祥的关系更僵了。雍正无奈之下,只能再次充当和事佬,想要缓和一下两个人之间的矛盾。雍正赏给年羹尧一只珐琅鼻烟壶,说:"这是怡亲王亲手制作的两个新制的珐琅烟壶,寄来赐你,再者怡亲王可以算得你的天下第一知己!他敬你、疼你、怜你、服你,都是发自内心的。即去年西边大事,有许多可向你说处,话多,书不尽意,后明岁秋冬来京陛见时再向你面言。奇得很!况王此一种真实公忠血诚,实宗藩中之难得者,朕当日实不深知,自即位来,朕惟日重一日待之。再户部中之吏治,若可有补于王者,只管随便写来,想王领会得来的。这道旨意,不用让王知道。"

雍正为了拉近二人之间的关系,什么事情都做得出来,这一次他把话说得很清楚,说允祥对年羹尧敬爱疼爱怜惜又佩服,允祥是年羹尧的第一知己,而且对允祥也是赞不绝口。对于年羹尧接掌抚远大将军一事，允祥主张对年羹尧绝对信任。雍正说的去年西边这件大事有许多可讲之处，便是这个。可见允祥与年羹尧之间虽有矛盾，但在大是大非问题上，他并没有被情绪左右。而这也间接体现了年羹尧对允祥的傲慢和不敬，这是年羹尧不知好歹。雍正最后还谦虚地表示，由年羹尧就户部人员的分配问题给允祥一些忠告，但若是年羹尧真依言而行，擅作主张，只怕两个人之间的关系会越来越僵。因此，雍正在末了还嘱咐年羹尧，这道旨意不用让怡亲王知道。

雍正为了让两个人交好，不惜打感情牌，在常人看来，他已经失去了皇帝的威严。可是年羹尧一点面子也不给，甚至没有任何动作，也没有任何回应。雍正二年（1724），年羹尧返京赴朝，其间终于去拜访了怡亲王，可是效果不甚理想，年羹尧转身向自己的亲信、直隶总督李维钧说道："怡亲王府外面富丽堂皇，内里却是寒碜得紧。如此虚伪，其心可鉴。"这句话，他并没有说给雍正听，但是凭着雍正的能力，他又怎么会不知道呢？很明显，雍正为了缓和两个人之间的关系做了很多努力，但并没有起到什么正面作用，反而适得其反，使年羹尧更加不喜欢允祥。这不免让他想起了年羹尧对待允禩的态度。

物极必反，满盘皆输，年羹尧再也不会这么猖狂了。

3. 实实心寒之极！

这一天，年羹尧接到被免去川陕总督一职的旨意，心中十分不甘。他心里明白，一旦被赶出川陕，这辈子都别想回来了。所以，他在谢恩折子上说，自己资质平庸，长年在边疆，身体虚弱，时常犯错误。现在被皇帝任命为杭州大将军，既是爱惜他，也是为了给他一个休息的机会，自然是十分感激。事实上，如果年羹尧真是这样想的话，也许后来的结局还会好些，谁知年羹尧却借着"民意"对皇帝施加压力。

对于年羹尧的言行，雍正十分生气与寒心，写了一大篇朱批给年羹尧，其中有一句："再你明白回奏二本，朕览之，实实心寒之极！"

年羹尧与雍正的"蜜月期"彻底结束了，并且也撕破了脸皮。其实年羹尧和雍正只见过几次面，他是在康熙四十八年（1709）成为雍正的门下，年羹尧之妹也是在那两年成了雍正的侧福晋。此时年羹尧正在外地任职，到年羹尧被处斩，这15年里，年羹尧回京4次，最后一次已经沦为阶下囚，再无自由之身。

年羹尧在京中为官的时候，雍正只是个普通的皇子，平日里二人也不会有什么交集。年羹尧在康熙年间第一次回京的时候，雍正虽然贵为亲王，却很低调，年羹尧只是个普通的外派官吏，所以两个人见了面只是保持基本的礼节，没有什么过深的交集。而且当时雍正对年羹尧也没有什么好感，前文提到过，因为三爷门下孟光祖那件事，雍正还写信批评过年羹尧。

当年羹尧二度进京时，年羹尧与雍正之间的关系算是"蜜月期"，雍正刚登基没多久，当时年羹尧已任川陕总督，回京为康熙送葬，又与雍正商议青海军务。年羹尧在北京也不过短短几日，再加上种种布置，日程太满，一身傲气根本没有施展的空间。刚登基的雍正希望能够在西北建立功勋，为自己的皇位再添一份保障。年羹尧也刚刚成为抚远大将军，也想建功立业。这段时间，两个人之间的感情一定非常深厚。

年羹尧平定青海半年后，于雍正二年（1723）年末第三次回京，雍正命礼部准备了欢迎大将军的仪式，其中礼部侍郎因疏忽被革职。显然，年羹尧进京，得到了雍正的高度重视。

雍正还特地将各省大员都召入京朝议，并特别命人沿途护送年羹尧，以突出年羹尧的与众不同。从这一点来看，年羹尧第三次进京以前，雍正对他的态度并没有太大的变化。

雍正是从什么时候开始对年羹尧的态度有所变化了呢？六月的时候，雍正还在朱批上说："我君臣努力措天下于至理，但数年内卿难辞劳心力。"这句话的意思是说，君臣虽竭尽所能治理天下，但数年之内，仍须你尽心尽力。七月间，朱批上又道："京师内外太平，各地皆有丰产，京师内外群臣赞叹，感念天和，而你一人的功绩就占了一半。"中秋将近，雍正不但没有忘了给年羹尧吃的，还把苏东坡的那句诗"但愿人长久，千里共婵娟"写成对联送给了他。但在年羹尧的谢恩折子上，雍正写了一句意味深长的话："览此奏，朕实喜庆。但不愿我君臣一德之小人，恐以为粉饰谀辞之举也。虽然，螳螂伎俩，亦不能阻天恩浩荡，频加赐佑也。"意思是雍正看到这道奏折很满意。但有些人却不希望看到我们之间关系融洽，甚至会觉得你是在拍马屁。不过，这样的手段不会阻止天恩浩荡。

雍正二年（1724）十一月，年羹尧再次上疏，向雍正奏请有关官吏的调职事宜，得到了雍正的首肯。这个时候雍正还是信任年羹尧的。雍正还特地下了一道谕令，让各部大臣做好年羹尧于来年进京的准备工作。但这之后，雍正忽然连发两道谕旨，都是关于廉亲王允禩勾结党羽的，说其中有人曾用银子贿赂年羹尧。此时，雍正仍然认为年羹尧并非受贿之臣，此乃小人为离间自己与年羹尧之关系所致。

但没过两天，雍正就发布了两个新的人事变化，这一次，他并没有听从年羹尧"法海止可为学院"的建议，法海被任命为浙江巡抚。另一个变动就是陕西巡抚范时捷随即调回北京。雍正想要从他这里找到对付年羹尧的突破口。范时捷果然不负

众望,第一个站出来参年羹尧。这与先前对年羹尧大加赞赏的态度截然不同,可谓是二人之间感情变化的证明:

> 夫为君难,为臣亦不易。岂惟为君必亲历始知其难,即为臣不易亦非亲历其境者不知。如不为诸王,岂知诸王之难?不为大臣,岂知大臣之难?即如年羹尧建立大功,其建功之艰难辛苦之处人谁知之?舅舅隆科多受皇考顾命,又谁知其受顾命之苦处?由此推之,廷臣不知外臣之难,外臣不知廷臣之难,总之非身亲其境不知其难也。夫为君须实知其难,为臣须实知其不易,然后能各尽其道。如朕谓予无乐乎?为君便是一言丧邦也。如舅舅隆科多、年羹尧谓予无乐乎?立功便当祸不旋踵矣。以至大臣官员莫不皆然。
>
> 凡有保举,不过各就其平日所知,岂能尽保其将来?如广西布政司刘廷琛,原系年羹尧所举,今行罢斥矣。即如黄叔琳为朱轼所举,今亦处分矣。在年羹尧、朱轼不过一时误举,无大关系,而朕任使不得其人,费无数焦劳筹画。大臣中如年羹尧、朱轼可谓公慎无私,仍属知人者,然即使尽其所举,亦不能充满庶位,试问二人亦必以不能周知为对。朕令大臣辈各举所知,其不知者即可以意中无人覆奏。若朕则统理天下政事,有一职即需一人,岂得以无人充此职而可推诿乎?
>
> 如近日岳周一案,岳周为工部司官,廉亲王始而参劾,继又帮银数千两代完公项。岳周身家有余,廉亲王力量有限,而如此作为,不知何意?且岳周将现银二万两向年羹尧求荐布政司,人皆知为廉亲王典铺

中物。以廉亲王之所为，虽竭府库以与之，亦不足以供其要结之费。

然用人理财之难，总莫难于使人人尽去其私心，私心一萌，狡诈百端。即如近日赏兵，则相与谣言曰："此大将军年羹尧所请也。"夫朕岂冲幼之君，必待年羹尧为之指点，又岂年羹尧强为陈奏而有是举乎？此不过欲设计以陷年羹尧耳。去年皇太后宾天时，外间谣言朕欲令允禩总理事务。允禩奏云：若欲令我总理事务，须将舅舅隆科多、年羹尧二人摈斥，再发库帑数百万赏赉兵丁，我方任事。因朕吝此数百万，又不肯斥此二人，故允禩不从任事。其荒诞无稽、骇人听闻至于如此！以后九门提督八旗都统一闻此等谣言，即当立拿，究其根柢，以惩奸究，不可轻贷。

前朕所颁谕旨发阿灵阿、揆叙之奸，乃朕数十年来真知灼见，定成爰书，闻亦有疑为年羹尧所为者。朕之年长于年羹尧，朕胸中光明，洞达万几，庶务无不洞烛其隐微。年羹尧之才为大将军、总督则有余，安能具天子之聪明才智乎？朕因年羹尧为藩邸旧人，记性甚好，能宣朕言；下笔通畅，能达朕意。且秉性鲠直，不徇情面，故朕早有此意，待其来京陛见，令其传达旨意，书写上谕耳。而外人遂造作浮言，加年羹尧以断不可受之名，一似恩威赏罚非自朕出者，妄谬悖乱一至于此，深可痛恨！

雍正在这道诏书中，罕见地提到了自己即位以来的功绩，并高度赞扬了自己的才智。最令人惊讶的，是雍正将自己与年羹尧比较，认为年羹尧充其量不过是一个武将，绝不可能有皇帝那样的智谋，唯有自己才是一个真正的明君。他讲了很多往事，例如，他在做雍亲王时，可以做王公大臣做不到的事。如今他登上帝位，要进行改革，要改变传统，怎么可能甘心做一个任人摆布的庸才？

接着雍正又指出三点：第一，举荐"市恩"，本就有结党营私之嫌，年羹尧选错广西布政使，乃是一时过失，究其根本，是雍正用人不当所致。第二，军功的分配很难，必须要一视同仁。而有关西北军功一事，表面上看起来是年羹尧提出的，实际上是他自己决定的。第三，坊间传闻，当年雍正处置两位大臣是年羹尧提出的，但其实上这一切都是雍正调查清楚之后作出的决定。在诏书的结尾指出，年羹尧虽然被人陷害，但恩威赏罚皆因雍正一人而起，年羹尧并没有皇帝那样的聪明才智，而那些混淆是非之辈，更是令人深恶痛绝。

一国之君，突然在众臣面前大谈其才能，只因有传闻说雍正是年羹尧控制下的傀儡皇帝，年羹尧拉拢大臣，结党营私，雍正却丝毫不知，任由他摆布。这是雍正所不能容忍的。当然，雍正在驳斥此点时，也提到了年羹尧可能是被陷害的。

不过这道旨意中，雍正却是一改往日夸奖年羹尧的语气，而是警告年羹尧要小心行事，如果年羹尧稍有留意，说不定就会被他的话惊出一头的冷汗。因为雍正在有关奏折中写道："近日年羹尧陈奏数事，朕甚疑其居心不纯，大有舞智弄巧、潜蓄揽权之意。"言下之意，近日年羹尧陈奏数事，朕怀疑他另有图谋。可惜年羹尧对雍正的"甜言蜜语"已经习以为常，根本不把这道圣旨放在心上，次日便返回西安。从那时起，年羹尧的境遇每况愈下。

之前就说了，年羹尧看管允禵不够用心，跟雍正想要的结果完全不同。允䄉不仅没有受到任何监督,反而混得风生水起,还获得了一个"九贤王"的称号。而且年羹尧对怡亲王允祥的态度,也让雍正很不满意。

雍正三年(1725)三月,朱批上质问年羹尧:"允䄉之为人,外柔诈而内险狠,西大通之兵民尚未得知,但见其不短价强买食物,又不出门行走,竟似守分之人,是以不说允䄉不好。人称贤王。"但是年羹尧一一否定,他说:"我与允䄉从未来往,所有的书信以及他的回信,都放在一个信封里,现在,我把我的信和允䄉的信,一起送到皇帝面前。人们对他的称呼是'贤王',这是我所不知道的。他手下的那些人,虽然没有闹事,脸上却是一副有恃无恐的样子,实在是让人费解。"可是到了这一步,雍正再也不相信年羹尧的话了。

年羹尧此时也意识到了雍正心中的不快,只是已然迟了。而就在这短短两个多月的时间里,年羹尧在北京的骄横行径,更是令雍正怒火中烧,忍无可忍,这才有了"倒年"的打算。不久之后,年羹尧作为川陕总督、抚远大将军的任务也就结束了。

"年选"相关的所有事宜都是靠密折进行的。年羹尧用密折上奏,得到了补授官职的权力。雍正在给他写的朱批上,往往会征询他对朝廷用人的建议。对于川陕之外的人事任命,年羹尧也用密折发表意见。有了这么大的权力,年羹尧才能在西北培植自己的党羽,将各方的力量都压制下去。他任川陕总督时,横行霸道,凡有文武缺官之事,就任用自己手下的人补上。年羹尧因深得雍正信任,取得了密折专奏权,权倾朝野。凡是被他弹劾过的大臣,一个个都要对他百般殷勤、百般巴结方能脱身。

这给年羹尧提供了便利。但是年羹尧渐渐变得自负起来,为了在朝中站稳脚跟，他不断地上奏折攻击那些他认为是敌人的人，其中就有雍正的亲信。比如雍正曾经说过，年羹尧才华出众，而傅鼐（1758—1811）忠厚，想要重用傅鼐。年羹尧得知此事后心生不满，和雍正说如果用傅鼐的话将"耳目杂矣"，这就导致他与傅鼐决裂。甚至连河南巡抚田文镜都曾被年羹尧诬蔑过。

年羹尧凭借密折专奏的特权，在朝中拥有极大的权力，但也正因为如此，他在朝中孤立无援。在"倒年"的时候，其他大臣也都用密折弹劾他，这就是成也密折、败也密折。

年羹尧的九十二款罪名中，绝大多数罪名都是由相关人士以密折举报的，而雍正也是通过密折暗示和鼓励大臣秘密举报年羹尧，策反年羹尧的亲信。雍正还利用奏折的隐秘性，故意隐藏了一些有利于年羹尧的证据，毕竟没有人知道密折上写了什么。真相如何并不重要。甚至可能，这件事情的真相，雍正知道得一清二楚。他刻意隐瞒了密折里的关键信息，准备在除去年羹尧以后，将那些不守规矩的人也一并除去。最后年羹尧被定九十二款罪名，被置于死地。

实际上，年羹尧在京期间，雍正身边的亲信都劝过雍正，千万别让年羹尧回陕西。因为在川陕已经没有什么势力可以制衡年羹尧了，就算是满朝文武中，也没有几个能与年羹尧一系相抗衡的重臣。如此，将年羹尧留在京城，才是最安全的做法。但这显然是不合理的，而且还会影响到雍正的名声。要想保全自己的名誉，最好是让年羹尧先回川陕，然后再搜集证据。只是万一事情闹大了，那可就不妙了。不过，雍正对自己的能力还是很有自信的。于是雍正将年羹尧调回陕西。雍正的"倒年运动"全面展开，而这些就是通过密折制度进行的。

起初，雍正并未明言要处置年羹尧，直到年羹尧离开北京返回陕西之后，雍正三年（1725）初之前，所有公开的诏书与公文之中，并无年羹尧的负面消息，倒是雍正在与一些官员往来的密折里，隐隐流露出对年羹尧的不满，并且他已经开始让这些大臣赶紧表态，最好是把自己认为年羹尧不好的事都说出来。

当然，并不是所有的官员都会被暗示，雍正也是经过精心挑选的。他最先挑选的，就是那些和年羹尧接触不多又与年羹尧有矛盾而且为雍正所器重的官员。雍正一下就把矛头对准了湖广总督杨宗仁（1661—1725）。年羹尧离开京城后，雍正在写给杨宗仁的朱批中写道："年羹尧何如人也？就尔所知，据实奏闻。'纯'之一字可许之乎？否耶？密之。"这句话问得很直接，直接问年羹尧是个什么样的人，说出你知道的一切，秘密告诉我！

在雍正的印象中，这两年多的时间里，年羹尧一直都是忠贞不渝、铁面无私的。然而此时，雍正一反常态，质问其他官员年羹尧到底是怎样一个人，有没有资格担"纯臣"之名，分明就是对年羹尧抱有很大的怀疑。

到了十二月，雍正又向另一位官员，就是前面提到过的齐苏勒暗示，让他远离隆科多、年羹尧。还说隆科多说你品行不正，年羹尧又说你不能治理水患，无能。但是我知道你是好的，怡王对你赞不绝口。

这个朱批很有意思，上面提到了雍正年间的三位大佬——隆科多、年羹尧、怡亲王允祥。雍正直接表示自己对年羹尧的不满，说年羹尧曾背地里骂过齐苏勒，并且让齐苏勒多和怡亲王接触。

总体来说，就是让他和杨宗仁只要在适当的时候站好队就行了。还有一些被雍正重点关照过的大臣，这些人大都是年羹尧的亲信,或是年羹尧举荐的大臣,想必他们心中一定很忐忑。他们或有才能,或与雍正交好,或有利用价值,所以雍正想将这些大臣从年羹尧从这条线上拉下来。雍正自然也是通过密折,给这些人一次机会,也算是对他们的一次试探。如果他们能够明确表态,将矛头指向年羹尧,那么他们就可以保全自己的小命。如果不是,恐怕只能和年羹尧的下场一样。

之后雍正便着手搜集年羹尧的犯罪证据,在各项谕旨、奏疏中,对年羹尧进行了详尽的指摘和批判。

年羹尧到达西安之后,立即向雍正上了一道谢恩的折子,雍正在奏折的最后,留下了意味深长的朱批:

"据此不足以报君恩父德,必能保全始终,不令一身置于危险,方可谓忠臣孝子也。凡人臣图功易,成功难;成功易,守功难;守功易,终功难。为君者施恩易,当恩难;当恩易,保恩难;保恩易,全恩难。若倚功造过,必致返恩为仇,此从来人情常有者。尔等功臣一赖人主防微杜渐,不令置于危地;二在尔等相时见机,不肯蹈其险地。三须大小臣工避嫌远疑,不送尔等至于绝路。三者缺一不可,而其枢要,在尔等功臣自招感也……"

年羹尧见此朱批自是糊涂,连忙说自己生性愚钝,多有过失,皇上没有责罚他,心中大是感激,必会尽力补救。对于年羹尧的回复,雍正的态度稍缓,只是雍正对年羹尧仍心存疑虑,说只怕年羹尧不听自己的劝告。若真是如此的话,"可惜朕恩,可惜己才,可惜奇功,可惜千万年声名人物,可惜千载奇逢之君臣遇合,若不知悔,其可惜处不可枚举也"。

三月,北京发生了"日月并合,五星连珠"的吉兆,按照惯例,大臣要向皇帝呈送贺表,一般皇帝也不会亲自去看,只是走个形式而已。然而这一次,雍正却是有意找碴儿,他发现年羹尧在贺表中将"朝乾夕惕"写成了"夕惕朝乾"。雍正觉得年羹尧不是个不谨慎的人,肯定是故意的,仗着自己的功劳显露不敬之意!这话一出,满朝文武皆知雍正的用意。

而那些曾经得到雍正暗示乃至明示的官员,纷纷或明或暗地参劾年羹尧,将他的种种"恶行"一一揭露出来。于是,雍正便命人到各处搜集年羹尧的罪证。提供年羹尧罪证的人中有些人和年羹尧无关,有些人是年羹尧的亲朋好友,有些人是年羹尧举荐的,有些人是被人说动了直接弹劾年羹尧的,有些人表面上弹劾年羹尧,其实说的都是些无关痛痒的话,当然,也有些人根本就不肯弹劾年羹尧,这样一来,雍正便名正言顺地将年羹尧缉拿归案。

此时年羹尧握有兵权,一旦动怒,极有可能引起军队哗变,这是雍正的亲信最担心的事情,他们纷纷劝说雍正,对待年羹尧要留有余地。不过,雍正对此并不以为意,因为他已经成功整合了反对年羹尧的力量,特别是一些相对关键的人物。

就拿史贻直(1682—1763)来说吧,他和年羹尧是同年进士,年羹尧对他很是器重,还举荐了他,现在他是吏部侍郎,就连在王公面前都不下马行礼的年羹尧,见了他都要下马。雍正虽然有些忌惮史贻直,但也很欣赏他的才能。所以,雍正直接问道:"是年羹尧推荐你的?""是年羹尧举荐我的,但是是陛下重用我的!"听到这句话,雍正很是高兴,对于史贻直的疑心也就放了下来,派他到山西河东盐场去查年羹尧私开盐引、做私盐买卖的罪证。

年羹尧有个同年叫伊都立(生卒年不详),可谓"倒年"的先锋。伊都立姓伊尔根觉罗氏,是权臣索额图的外孙。由于索额图倒台,他在康熙朝时仕途不顺,在康熙驾崩时不过五品官而已。雍正登基之后,伊都立平步青云。他的儿子娶了怡亲王的女儿，再加上他和年羹尧关系不错，所以得到了雍正的重用。如今雍正要抓年羹尧，伊都立当然不可能站队年羹尧。

为解除年羹尧的戒心，雍正任命伊都立为山西巡抚，伊都立到任后，雍正让他统领山西太原、大同军事重镇，并将山陕两省的经济命脉——河东盐矿交给他，让他与史贻直里应外合。雍正又命伊都立继续与年羹尧交好，保持联络，甚至亲自教伊都立怎样称赞年羹尧，令他放下戒心，使伊都立可以在年羹尧眼皮底下搞小动作。这些交流自然也都是通过密折。

雍正的"倒年"运动雷厉风行地进行着，从雍正二年（1724）十一月到第二年四月，这段时期是"倒年"的前期准备阶段，主要是通过密折让各类官员站队以及瓦解年羹尧在川陕地区的势力。年羹尧刚刚回川陕半年多，就接到圣旨："免去年羹尧川陕总督之职，调任杭州将军，川陕总督一职由甘肃巡抚岳钟琪代为署理。"

十一月底，雍正根据《大清律例》，以种种罪名免去了年羹尧的一切官爵，将他押回北京。

此时，满朝文武都在参劾年羹尧，各种罪名都已是铁证如山。于是，雍正便和年羹尧展开了一场对质，他将所有弹劾年羹尧的奏折都送到年羹尧手中，要求他一条条地交代。此时，年羹尧还处于一种浑浑噩噩的状态，根本不明白为什么会发生这种事情，更不敢想象，雍正竟然会把自己当成敌人来看待。年羹尧有心脏病，以前也犯过病，当时雍正还赐他一粒天王补心丹。如今，面对雍正一而再、再而三的诘问与指责，年羹尧神经绷得很紧，他的心脏病再次发作。他在奏折上写道，从春天开始，他便吃不下饭，睡不着觉，二月里又吐血三次，此后身体越来越虚弱。三月的时候情况好了一些，但体质依旧很虚弱。但雍正如今对年羹尧已经没有多少信任，自然不信，认为他是以身体不好为借口,不肯承认自己的过错,便训斥道:"谁说你身子不好,我都不会相信,别再说这种事,徒增我们之间的隔阂。"

雍正三年(1725)四月十八日,年羹尧接到旨意,被免去川陕总督一职,却借着"民意"对北京施加压力,表明西安的官员并不希望自己走。雍正对年羹尧的打算嗤之以鼻:"总督只有二品,大将军才是一品,朕都给你升了一级,你还在坚持做什么?"

对于年羹尧的言行,雍正早已有了思想准备,应付起来也是得心应手,在年羹尧谢恩的奏折上,写了一大篇朱批:

> 朕闻得早有谣言云"帝出三江口,嘉湖作战场"之语。朕今用你此任,况你亦奏过浙省观象之论。朕想你若自称帝号,乃天定数也,朕亦难挽,若你自不肯为,有你统朕此数千兵,你断不容三江口令人称帝也。此二语不知你曾否闻得?
>
> 再你明白回奏二本,朕览之,实实心寒之极!看此光景,你并不知感悔,上苍在上,朕若负你,天诛地灭;你若负朕,不知上苍如何发落你。你我二人若不时常抬头看,使不得。你这光景是顾你臣节,不管朕之君道。行事总是讽刺文章,口是心非口气,加朕以听谗言、怪功臣。
>
> 朕亦只顾朕君道,而管不得你臣节也。只得天下后世,朕先占一个"是"字了。不是当要的主意,大悖谬矣!若如此,不过我君臣止于贻笑天下后世,做从前党羽之畅心快事耳。言及此,朕实不能落笔也。可愧!可怪!可怪!

大概意思就是，很早之前就有传闻，天子会现身于三江河口，嘉湖将成为战争之地。我今天就让你担任这个职务，而且你之前也上了一篇关于浙省现象的奏折。我本想，你登基，乃是天意，我拦不住，你若不想，就带着我这数千大军，永远不能让人在这三江口称帝。不知道你有没有听懂这两句话。

这段话中是有个典故的。三江口岸位于浙江绍兴，当时清兵在江南到处烧杀掳掠，当地百姓便有了"反清复明"的想法，甚至有传言说"帝出三江口，嘉湖作战场"，这里的"帝"指的是非清朝皇帝。雍正将年羹尧贬至杭州，与此传言联系在一起，其实就是将年羹尧有心"称帝""造反"等对雍正造成威胁都摆在了明面上。

雍正后面继续说，你的回奏，让我很是失望！看你的样子，你仍是执迷不悟，老天作证，我若有负于你，必遭天谴。如果你背叛了我，老天也不会放过你的。你只顾着做臣子的本分，不顾我的为君之道。行事多带讥诮，口不对心，以为朕听信谗言，怪罪有功之人。我也只在乎君道，管不了你的臣节。那岂不是成了天下人的笑柄？说到这里，我还真下不了笔。可愧！奇怪！奇怪！

这部分将年羹尧先前的一切辩解全部推翻，就算是年羹尧认错，那也是讽刺皇帝，说皇帝听信奸佞之言，诬陷大臣。说明雍正所做之事并无不妥之处，后人自会理解。

年羹尧或许还抱有一丝希望，但现在看到这份朱批，一切都晚了。年羹尧深知自己在川陕的势力已被雍正彻底瓦解。那么现在就面临另一个重要的问题，雍正打算怎么处置年羹尧，要不要杀他。

一开始，雍正并没有要杀死年羹尧的意思，四五日之前，他还想着要对年羹尧网开一面。然而，一次突如其来的大变故，让雍正下定决心，要置年羹尧于死地。雍正的朱批中写道：

> 一件大奇事！年羹尧之诛否，朕意实未决。四五日前，朕宽意已定，不料初三白日，一虎来齐化门外土城关内地方，报知提督，带新满洲，虎已出城外河内苇草中。新满洲到已晚，伊等周围执枪把火看守。半夜忽然突出，往南去，从东便门上城，直从城上到前门下马道，入大城，并未伤一人，立入年羹尧家，上房。至天明，新满洲、九门等至其家，放鸟枪；虎跳下房，入年遐龄后花园中，被新满洲追进，用枪扎死。有此奇事乎！年羹尧，朕正法意决矣。如此彰明显示，实令朕愈加凛畏也。朕实惊喜之至！奇！从古罕闻之事也。朕元年得一梦景，不知可向你言过否？白日未得一点暇，将二鼓，灯下书，字不成字，莫笑话。

这段内容为雍正给直隶总督蔡珽的朱批。大概讲的是一日夜里，一只老虎来到齐化门土城，不杀一人，直奔年羹尧家，官兵要驱虎，可是猛虎不肯离去，反而跑到了年遐龄的院子里，结果被官兵刺死。雍正在讲完这件奇事后，又说已经下了决心，一定要杀死年羹尧。他又补充了一句他元年的时候做了一场梦，梦到一只老虎，"元年梦景"指的就是这件事。关于那只老虎所做的事情和有何预兆，都没有详细说明。但是，当时有传言说年羹尧出生时有白虎之兆。如此关联才能理解为何雍正欲置年羹尧于死地，因为这次被杀的老虎代表着年羹尧。雍正做了这个决定后，感觉心情舒畅。朱批的最后一句语气很轻松,说白日里没有一刻闲,将二鼓,灯火下读书,字迹潦草,勿笑。但除了这份奏章,再也没有任何关于这件事的记载。

可是,仅仅因一场梦境,雍正就决定了年羹尧的命运吗?大概率是不太可能,不过有一点是可以确定的,那就是他确实在犹豫怎么处置年羹尧。现在既然已经作出了选择,又不能让外界知道原因,自然要想出一个合理的理由。天意,便是最好的理由。雍正为何要将已经丧失兵权,又无党羽,再也无法对自己构成丝毫危险的年羹尧处死呢?年羹尧终究是有功之臣。这一点,史书上并没有记载,毕竟这是雍正的内心活动。若大胆猜测,也许是因为年贵妃的儿子福慧。

年羹尧一案中,皇子福慧是一个被忽视的人。福惠当时毕竟只是一个两三岁的小娃娃,雍正自然不能出于一己之私将他立为储君,但如果雍正有心栽培,倒也不是不可能。但恰好这个时候,福惠的舅舅年羹尧对皇位造成了威胁,雍正只比年羹尧长一岁,若是此时不除后患,日后福惠登上储君之位,年羹尧依然可以东山再起。也正是因此,那些在"倒年"运动中一直说年羹尧坏话的大臣,为了防止将来被报复,都拼命地撺掇雍正处死年羹尧。

雍正对年羹尧所犯之罪作了详尽的查证,"倒年"的合法性和合理性已完全成立,年羹尧亦被押解回北京监禁。雍正也决定将年羹尧处死。现在的问题是,雍正要如何做才能让所有人都接受这个决定,而不会被说成是过河拆桥?明朝杀功臣为后人所不齿。雍正特意在朱批中向自己的亲信田文镜说,如果杀年羹尧,自己就要背上千夫所指的骂名,到底杀还是不杀,实在是难以下定决心。田文镜立刻上折子,说年羹尧犯下滔天大罪,按国法理应治罪。可是关于如何洗清骂名,田文镜却是一点头绪都没有。

他需要一次正式的大规模的审判,让所有的官员都参与进来,这样才能让所有人都知道这件事是公平的、没有私怨的。雍正筹划并实施了一场"会审"。

所以,雍正一定要召开审讯大会吗?没错,他就是不想背锅。传闻中,雍正犯下了许多罪行。例如,他得位不正,康熙就是他害死的;他逼死了自己的亲生母亲,害得生母自杀。甚至,他还对自己的弟弟下毒手。这种谣言是压不住的,已经传遍了。最后形成公愤,逼得雍正作出回应。

七月十九日,雍正召开了一场史无前例的"全朝会审",声势之浩大空前绝后。关于杀年羹尧一事,朝臣大体达成了一致。虽说年羹尧是个功臣,但是如果年羹尧根本就没有做过任何有利于朝廷的事情,他便没有任何的功劳,也就不再是功臣。这才是雍正想要的。后来和年羹尧走得最近的岳钟琪上奏说,青海之所以能够安定,乃是皇帝天纵圣明,手下勇士奋勇杀敌,年羹尧不过是虚有其表、欺世盗名而已,并没有多大功劳。此言一出,当真是让雍正龙颜大喜。大臣们都会接受这个理由,概括起来就是"青海叛乱由年羹尧激变而发生。后西陲绥靖,皆由庙算高深,将士奋勇,年羹尧凭仗国威而已。……但他贪冒天功,略无忌惮,为所欲为",雍正趁机给年羹尧定了罪。

然而,雍正的如意算盘打得太好了,面对群臣的指责,年羹尧在给雍正的回奏折、乞恩折里,什么话都说了,唯独对他的功劳只字不提,如果年羹尧不提这件事,雍正也没办法否认他的功劳。由此可见,年羹尧在临死之前还算镇定,并没有为了活下去将自己立下的大功说出来,也许是年羹尧熟知雍正的心思。雍正最后在奏折的朱批中写道,"朕念年羹尧青海之功,不忍加以极刑""令其自裁"。

雍正三年（1725），年羹尧46岁的时候，这位炙手可热的权臣，终于走到了生命的尽头。

年羹尧是康熙朝末期至雍正朝初期的重要历史人物，在此期间，年羹尧为政治斗争、王权更迭等问题所困扰，并参与了两次大规模战争，是一位举足轻重的封疆大吏。他的政治抱负很大，但是他的仕途就像一颗流星，速起速落，在清史上留下了浓重的一笔。

除年羹尧外，还有一位同样被雍正"爱"过的人，他就是被雍正称为舅舅的隆科多。

第五章　舅舅隆科多

康熙六十一年（1722）十一月十三日，当天早晨康熙召见皇三子允祉、皇七子允祐、皇八子允禩、皇九子允禟、皇十子允䄉、皇十二子允祹、皇十三子允祥、理藩院尚书隆科多，到御榻前，说："皇四子胤禛，品德高尚，与朕颇有几分相似，将来定能继承皇位。著继朕登基，即皇帝位。"此时胤禛正在南郊祭天，闻讯赶来的时候是在上午，他入寝殿向康熙请安，康熙说自己病重。这一天，胤禛来了三趟，给皇上请安，康熙并没有交代他的遗言，而是告诉他，自己身体越来越差了。晚上的时候，康熙驾崩。这是《清实录》中的记载。胤禛继位后，曾上谕称："前岁十一月十三日，皇考始下旨意，朕竟不知。朕若知之，自别有道理。皇考宾天之后，方宣旨于朕。"

这里面有一个重要的人物——隆科多，他是除了皇子之外，唯一在场的重臣。隆科多（？—1728），镶黄旗人，是康熙孝懿仁皇后的弟弟，也是佟国维的第三个儿子。康熙在位时，隆科多官至步军都统，掌管京师驻军，管理京师的治安。

康熙十分信任他，因为孝懿仁皇后是雍正的养母，所以他也算是雍正的舅舅。隆科多因辅佐雍正登基立下大功，深得荣宠，任吏部尚书。后来，他因为与人结党营私，受到雍正的怀疑，因而失宠。最后因为玉牒案被囚禁至死。

他同年羹尧一样从备受荣宠到失去宠信，而他的人生与年羹尧又有什么不同呢？

1."三大巨头"之隆科多

在康熙后期，各皇子之间争夺皇位的斗争越来越激烈。一些皇子拉拢亲信，培植了自己的势力，因此皇室成员和文武官员也或多或少地卷入到这场政治斗争之中。隆科多的父亲佟国维是八爷党，后来因为支持立八阿哥允禩为太子被康熙治罪。不过实际上隆科多与大阿哥的关系要更好一些。《清实录》中记载："鄂伦岱、隆科多、舜安颜与大阿哥相善，人皆知之。"意思就是大家都知道这三人与大阿哥很亲近。这里面鄂伦岱是佟国维的侄子，隆科多是佟国维的儿子，舜安颜是佟国维的孙子。这件事发生在康熙四十八年（1709）第一次废太子的时候，康熙因"魇咒太子"一事，将大阿哥长期圈禁，隆科多和大阿哥之间的关系才开始显露出来。所以，佟氏一族因为太子被废或多或少都受到了牵连，不得不小心行事。佟国维去世之后，康熙对佟国维的爵位继承一事一直不予理会。

不过隆科多很会审时度势，虽然他也卷入了九龙夺嫡之中，但是在大阿哥被圈禁后，他并不像父亲佟国维那样倒向八阿哥一方，也没有加入太子党，相对来说比较中立，所以康熙还是让他做了步军统领。步军统领是从一品的官职，手中掌握着大量的军队，其重要性可想而知。所以康熙还是不放心地在朱批上说了很多告诫他的话。

康熙五十年（1711），康熙任命隆科多为步军统领，并且在朱批上谆谆叮嘱："此职得好名难，得坏名容易。即兄弟子侄家人之言断不可听信。此辈起初尚有一二好事令人相信，而后必行欺罔。前费扬古、凯音布、托合齐等皆因此堕落矣。著不时防备之！勉之！"（《康熙朝满文奏折朱批全译》）意思就是这个官职想要好名不易，想要恶名可就简单了。更不能听信自己兄弟子侄的话，这些人一开始还能做一两件好事，就是为了取得你的信任，然后再欺骗你。以前费扬古、凯音布、托合齐都因此而堕落，不得不防，一定小心！这几句话，足见康熙对隆科多是何等爱护。可是康熙又说，隆科多要想保持现在的情况，就得疏远他的亲人、朋友，不结党。又用前几任大臣的事例提醒他，以免他走上同样的道路。康熙的警告让隆科多心惊胆战，他是个聪明人，马上向康熙表忠心："奴才世蒙皇上重恩，以致亲朋、相识、家奴众多，甚至来投于我，我不能使遂愿而怨恨者亦有之。至于奴才家人利欲熏心欲与无涉外人结交为友者，奴才但有所知，即令重惩，使之远避。奴才甚为幼稚无知，唯铭记圣训，不时防备，始终如一殚心效力。倘一时疏忽，为人所欺，则奴才之重罪矣。"（《康熙朝满文奏折朱批全译》）隆科多说他因为受到皇上的恩宠，所以许多朋友都来投奔他，但是他不能满足他们的愿望，因此这些人对他怀恨在心。至于他的家人，若是想要结交外人，他知道了定会严惩。他一定谨记圣训，时时提防，尽心竭力。若不小心被人欺骗，那就是犯了大错。隆科多因此行事谨慎，深得康熙的信任。

康熙除了让隆科多担任步军统领之职外，还给了他一个秘密任务，那就是暗中监视被囚禁的废太子和大阿哥，随时向皇帝汇报这两个人的情况，同时也要他暗中监视在京的皇室和大臣的动静。正因为康熙对他的信任，再加上他的精明，康熙驾崩的时候，隆科多是除了皇子之外唯一在场的重臣，在新皇继位这件事上发挥了至关重要的作用。

胤禛在康熙去世之前还不知道自己就是皇位继承人，之前受诏的除了隆科多之外，其他七人都是皇子。关键时刻，隆科多接过遗诏，并在康熙去世后宣读遗诏，宣布胤禛继承皇位。胤禛因康熙的死痛哭流涕，还是隆科多提醒道："大行皇帝深惟大计，付授鸿基，宜先定大事，方可办理一切丧仪。"意思就是康熙皇帝深谋远虑，将皇位托付给你，在他葬礼之前，最好先把皇位的大事定下来。有了隆科多的提醒，胤禛很快就下了封锁城门的命令，《永宪录》中记载："上晏驾后，内侍仍扶御銮入大内。相传隆科多先护皇四子雍亲王回朝哭迎，身守阙下。诸王非传令旨不得进。次日至庚子，九门皆未启。"相传隆科多先护送皇四子雍亲王回朝，一面痛哭，一面守在宫中。各王除非有命令，否则谁也不许入内。从第二日开始连续几日九门都没有打开过。负责守卫九道城门正是步军统领的职责。关闭九门的目的是防止政变，把反对派限制在他们的势力范围之内。

当然关于雍正继位这一内容的记载有很大争议，有人认为这些内容是雍正杜撰的。雍正改诏直到今天仍被大家津津乐道，甚至将改诏的方法拍入电视剧，即将"传十四皇子"中的"十"改成了"于"。但这是绝对不可能的，因为官方的汉文版文书一般都是用"於"字。其次，清朝的皇子都是用"皇某某子"的格式来写的，不会出现"十四皇子"这个词。

但是不管是真是假，隆科多在雍正继位这件事中充当着重要的角色。康熙去世后，是隆科多宣的旨意，当雍正刚登基不知所措的时候，也是隆科多提醒，帮助他稳住京中的局面，将几位皇子牢牢地牵制住。如果遗诏是假的，那隆科多的功劳就更大了。

隆科多为雍正继位立下了汗马功劳，雍正刚登基的时候，曾经在写给年羹尧的朱批中夸赞隆科多："隆科多此人，朕与尔先前不但不深知他，真正大错了。此人真圣祖皇考忠臣，朕之功臣，国家良臣，真正当代第一超群拔萃之稀有大臣也。"（《雍正朝汉文朱批奏折汇编》）

隆科多在康熙时期，虽然一直兢兢业业，深得康熙信任，但他的官职也不过是从一品的理藩院尚书。雍正继位后，隆科多升为正一品，并加封世袭爵位，这些自然是雍正有意嘉奖他。

在雍正登基的第一天，便命隆科多主持国事，《清实录》中说："命贝勒允䄉、十三阿哥允祥、大学士马齐、尚书隆科多总理事务。"其中允䄉和允祥是雍正的亲弟弟，前面说过，雍正是为了控制、安抚允䄉，才让他总理事务，而允祥自然是被雍正真心信任。马齐是康熙朝的大学士，隆科多在四人中官职最低，雍正能把隆科多安排在他们三人身边，可见对隆科多的器重。没过几天，雍正下旨："佟国维袭公奏折，蒙皇考收贮，此公爵着隆科多承袭。"（《雍正朝汉文谕旨汇编》）之后，雍正又下旨："隆科多应称呼舅舅，嗣后启奏书写舅舅隆科多。"后来，隆科多在日常奏折中，自称"总理事务吏部尚书兼总管舅舅隆科多"（《雍正朝满文奏折朱批全译》）。虽然隆科多是雍正的舅舅，但其实他在奏折上也没必要写上这个身份。佟国维是康熙的舅舅，却从来没有在奏折中写过"佟国维舅舅"这样的称呼。雍正这是有意在称呼上凸显隆科多的尊崇地位。还是在这一年，隆科多除了继续担任步军都统，掌管京师守备军之外,还兼吏部尚书一职,执掌朝中人事任免。雍正元年(1723)三月初五,雍正加封马齐、隆科多、年羹尧为太保,隆科多在朝中的身份更加尊贵。在清代,太保一般都是赏赐给那些为朝廷立下汗马功劳的大臣。马齐是从康熙朝就在朝中任职的老臣,一心为国,鞠躬尽瘁。年羹尧在西北屡建奇功。从这里可以看出,在雍正心中,隆科多与另外两个人一样重要。雍正二年(1724)十月,青海一役年羹尧立下大功,雍正对他进行了赏赐,虽然隆科多没有参与这场战争,但是雍正还是赏赐了他,并且赏赐的标准与年羹尧是一样的,这是很多朝臣无法企及的,就连雍正十分信任的张廷玉都没有办法与隆科多相比,或许也就只有怡亲王可以与他比一比吧。

年羹尧把吏部当成了空气,几次对朝中大臣以及地方官吏的任免提出意见,但由于雍正的默许,吏部也只好照办。隆科多作为吏部尚书,对年羹尧大肆举荐亲信、严重破坏朝廷的正常用人制度的行为也是极为反感。隆科多眼看自己的权力被削弱,如何不恨年羹尧?

隆科多对年羹尧并没有什么好感,年羹尧对隆科多也没有什么好脸色,甚至在雍正面前,用"极平常人"来形容隆科多。隆科多和他的妾侍李四儿的事,许多人都听说过。李四儿之前是隆科多岳父的小妾,隆科多的妻子与李四儿的关系并不好,并因李四儿死于非命。年羹尧不知怎么也知道了这件事,在那个时候,权贵们的后院里发生的事情,都是大家茶余饭后的谈资,没有人会把这件事当正事,更别说将自己听到的消息告诉皇上了。但年羹尧在雍正二年(1724)年底进京的时候将自己听到的一切都告诉了雍正,"力言隆科多之妾在家所为"。不过雍正不以为然,也没有点名指责年羹尧,只是说"舅舅隆科多实心办事,恪谨尽职,近亦有人议及其家人者,凡人十事中九事皆善，而一事偶失检点，人皆舍其九事之善而指摘其一事之失，此因尔等互相妒忌不能同心为公之故耳"。

意思就是说隆科多为人正直，兢兢业业，身边也有人议论他的家人，普通人做的事情，十之八九都是好的，但只要有一件事情做错了，世人就会将他做的好事忘记，而只说不好的事，这都是因为彼此嫉妒，不能同心协力。

年羹尧和隆科多不和，雍正登基后极力调和，因为政敌未除，雍正需要借助他们的力量，绝不能让他们陷入内讧。雍正只好从中斡旋，反复提起隆科多对年羹尧的推崇和夸奖，又帮着隆科多说了许多好话："舅舅隆科多此人，朕与尔先前不但不深知他，真正大错了！此人朕圣祖皇帝忠臣、朕之功臣、国家良臣，真正当代第一超群拔萃之稀有大臣也！"不过，这两个人还是老样子，雍正知道，说再多好话也没有用，这两个人都是心高气傲之辈，根本不吃这一套。特别是随着年羹尧平定青海，通过"年选"做官的人不断增加，隆科多与年羹尧的矛盾也越来越深。

雍正实在是无计可施，为了维持局势的平稳，他左思右想，最后想了一个谁也想不到的主意：将年羹尧之子年熙过继给隆科多，并赐名"得住"，让这两个人成为名正言顺的"一家人"。

雍正解决完这两个人的矛盾，继续宠爱隆科多。但是隆科多在雍正的恩宠下，越来越骄横跋扈，不知道节制，滥用手中的权力，贪污受贿，独揽大权。他纵容家人敲诈勒索钱财，明目张胆，肆无忌惮，甚至敲诈一个人的金额就达到38万两。还收受其他人高达12余万两银子。甚至还有总督向隆科多行贿。隆科多的专权在军中引起了不小的争议，可见他有多贪恋权势，就连远离朝廷的军中也有关于他的传言。隆科多在吏部掌握用人之权。他所选的官员称为"佟选",与前面所说的年羹尧的"年选"相对应,甚至有过之而无不及。

隆科多完全无视礼制规定。有一次在宫中,隆科多见到了果亲王允礼,隆科多站起来向他行礼,允礼微微欠身走过去。在康熙朝的时候,隆科多见到皇子都会单膝跪地请安。果亲王允礼是康熙的儿子,是雍正的弟弟,隆科多见允礼起身行礼,这不但是对皇子的不敬,而且也是对礼制的蔑视,这和他以往对待皇子的态度完全不同。从这一点可以看出,雍正登基后,隆科多的身份发生了翻天覆地的变化。

隆科多因深得雍正的宠爱,已经迷失了自我,不仅独断专行,还作出礼法所不容之事,然而隆科多却没有发现这其中的问题。他和雍正之间的矛盾是不可避免的。

雍正也并非全然地单纯宠爱隆科多,他在登基的前两年对隆科多赏赐颇丰,这一方面是为了感谢隆科多,另一方面也是为了借助隆科多的势力。在雍正执政之初,由于政治上的动荡,各派系之间互相倾轧,他必须借助隆科多和年羹尧等人来稳固局面,所以才赋予他们很大的权力。隆科多却仗着皇帝的宠爱胡作非为,导致两个人的关系越来越差。

雍正二年(1724)九月,隆科多大概是觉得自己犯下的罪行已经不被雍正所容,想着只要把军权交出去,就可以免除皇上的怀疑,隆科多便主动提出辞去步军统领一职。但是之后依然独揽大权,行事越来越霸道。雍正二年(1724)十二月,雍正在其他人的奏折上朱批:"近来舅舅隆科多、年羹尧大露作威作福揽势之景,朕若不防微杜渐,将来必不能保全朕之此二功臣也。尔等当远之。"同月,雍正又在另一个官员的奏折上朱批:"隆科多、年羹尧皆非无瑕之器。于奏对之间,错乱悖谬,举止乖张,大露擅作威福、市恩揽权情状。"前面已经说过年羹尧在西北平定叛乱立下大功，深得雍正赏识，但后来因结党营私，屡有僭越之举，被雍正毫不留情地处置。雍正把隆科多和年羹尧相提并论，说他们独揽大权，警告大臣离他们远一点，就是把隆科多当成了年羹尧那样的权臣。雍正三年（1725），雍正解除了隆科多的步军统领职务。而隆科多的专权和结党营私已经为他的悲惨结局埋下了伏笔。

康熙时期，党争十分激烈，对皇帝的集权统治造成了极大的损害。雍正见识过派系斗争的厉害，深知其危害性，所以在登基之初，就告诫群臣，不可走朋党之路。雍正二年（1724）七月，雍正又写了一篇《朋党论》，批评群臣结党营私的弊端。但隆科多对这些明示或者暗示浑然不觉，一意孤行，不但独断专行，还与戴铎、年羹尧、允䄉的党羽等人沆瀣一气，为非作歹，雍正当然不会容忍。

雍正还是利用老办法，在密折中暗示与隆科多关系密切的官员举报隆科多。可见密折对于雍正来说多么重要，也难怪密折制度被雍正推广使用。雍正在给两江总督查弼纳（？—1731）的朱批中，不断暗示对方，要他揭露隆科多做的恶事。雍正三年（1725）五月十三日，雍正给查弼纳的朱批上写道："谕旨三次退回，一语不敢言隆科多恶劣过错，惟将眼前众所知不体面之罪，平淡具奏，惟具奏我今后再不行之此一语，朕确实惊览之，尔等伙党之顽固，朕稔知之，勾结年已甚久。朕惟可惜。"从这段朱批就可以看出，雍正早就知道这两个人结党，给他下三次谕旨让他说出隆科多的过错，查弼纳对隆科多的恶行只字不提，只将众所周知的隆科多不光彩的罪状说了出来，雍正当真是大吃一惊，没想到党派的势力如此顽固。这与年羹尧的情况完全不一样。

在怂恿查弼纳弹劾隆科多失败后，雍正干脆来明的。雍正三年（1725）五月二十二日，雍正直接公布隆科多的罪状，下令立即解散他的党羽，并对大臣说："自我登基以来，隆科多和年羹尧都是我的心腹，我对他们没有丝毫的防备之心，不料我将他们视为自己人，他们却另有图谋。我给他们荣耀，他们却收受贿赂、谋取私利……我岂能纵容奸佞之徒？这二人门下，向来有不少人投靠，不如就此散去，洗心革面。若他们仍念着党羽之间的旧情，就是对国家恩将仇报……若再被发现，定以叛逆之罪处死。"

从这段话中可以看出，雍正只是公布了隆科多的罪行，并没有降罪于他，此时年羹尧已经被调任杭州大将军，这两个人都是雍正的亲信，却不为雍正分忧，反而朋比为奸、为非作歹，这大大激发了雍正铲除朋党的决心。而且隆科多的党羽甚多，如果现在仍不知悔改，他定不会轻易放过这些党羽。雍正将隆科多的罪状公之于众，是为了压制结党营私的行为。希望此后隆科多能安分守己，杜绝结党营私，但他仍执迷不悟，一意孤行，使君臣关系急转直下。

雍正三年（1725）六月初，雍正认为隆科多干涉审查年羹尧一案，包庇年羹尧，导致对年羹尧的定罪过轻，十分震怒，下令将隆科多交都察院处置。同一天，雍正又说隆科多的儿子銮仪使玉柱行为不端，革去官职，交给隆科多。可见雍正不仅要打压隆科多，还要打压他的家人。一个月后，雍正因为隆科多和年羹尧勾结，对隆科多进行了惩罚，命他将之前赐给他的东西交回来，还说他之前因隆科多和年羹尧二人有功，赏赐二人，以示鼓励。现在二人结党，欺下瞒上，赏给他们的东西都不许用，都要上交。雍正也是个真性情的人，喜欢一个人的时候，给他最好的东西，讨厌的时候，就要将这些东西全部收回。还是在这个月，隆科多被革去太保职衔，原因还是因为他包庇年羹尧。从这一点可以看出,隆科多与年羹尧结党,让雍正大为光火,要知道,最开始雍正为了缓和两个人的关系,还将年羹尧的儿子过继给了隆科多。而现在又为他俩关系好而生气。而且,在此之前,雍正警告过二人的党羽,隆科多的所作所为,明显是故意的,所以雍正才将对他的警告变成了惩罚。

雍正三年(1725)七月,隆科多的罪行被送到都察院,最后得出结论,隆科多庇护年羹尧,隆、年之间是相互勾结的朋党。盛宠的隆科多最终还是被雍正铲除了。其实,隆科多非常明白,知道皇室秘辛的人,没有一个有好下场。所以之前他就将银子都藏在京西寺庙里,为的就是防止日后被雍正查抄。可是,雍正怎么会不知道呢?隆科多曾经告诉过儿子"诸葛亮白帝城受命之日,即是死期已至之时",隆科多把康熙的旨意传给雍正,将自己比喻为诸葛亮,这说明他早就预料到了自己的下场。这番话自然也传到了雍正的耳中。

于是雍正质问隆科多,应该怎么处理年羹尧。隆科多说应该处罚他,雍正却不满意,说太轻,然后隆科多又说治罪,雍正又说太重,所以就把这个案子交到蔡珽手里。蔡珽马上领会了雍正的意思,说隆科多对年羹尧所犯罪行的态度暧昧不清,有插手此案的意思,二人已结党。蔡珽上疏,要求皇上革除隆科多一切官职,发配边疆。雍正对蔡珽的意见做了一个小小的改动,免去了隆科多一些爵位称号,免去世袭之权。

后来隆科多被派到凉州等地修建城池、开垦地亩,雍正特地在朱批上吩咐署理凉州的总兵:"隆科多亦如年羹尧一般贪诈负恩,揽权树党,擅作威福,他到你处,尽管你曾做过他的属员,但似此诳上背主小人,相见时不许丝毫致敬尽礼。"(《雍正朝汉文朱批奏折汇编》)这里雍正又把隆科多与年羹尧放在一起，认定二人都是结党营私的奸佞之徒。到了这个时候，隆科多不再是雍正忠心耿耿的舅舅，而是一个背主小人。

年羹尧在雍正三年（1725）年底的时候已经自尽，但是雍正四年（1726）正月时，雍正再次把隆科多和年羹尧相提并论，显然是想要治他的罪。当时雍正宴请大臣，又一次警告他们朋党的危害：自古人臣之谊，公而忘私，不可有游移瞻顾之心，党援朋比之习……如年羹尧、隆科多营私挟诈，深负朕恩，不旋踵而事事败露。

隆科多的好日子马上就要到头了。

2. 玉牒关系紧要

雍正三年（1725）和雍正四年（1726），雍正都曾派隆科多赴俄交涉边界事宜。如果隆科多能将这件事办好，或许还有转机。但是偏偏发生了一件事，让雍正十分生气，而这件事和玉牒有关。

当时沙俄派遣军队进入大清境内建立城堡，勾结一小撮蒙古贵族谋反，奴役当地百姓，侵占国土。双方经过多次协商，最后决定进行关于边界问题的谈判。

在雍正三年（1725）的时候，沙俄政府派出大使正式出使清朝。雍正知道了这件事情后，立即派隆科多到边境主持谈判。双方会面后，沙俄大使请求入京，道贺雍正登基，隆科多同意，但是沙俄大使手下的商队和教士都要留在原地，等到商议之后再说。沙俄大使入京后，先是命令手下的人以最快的速度画出地图，并且尽可能地延缓谈判的速度。同时，他又利用法国传道士贿赂大学士马齐，马齐将朝廷的相关决定与行动一五一十地告知了沙俄。

马齐又是何许人呢？他是满洲镶黄旗人，出身官宦世家，是清王朝入关之后的第二代满族贵族、清朝重臣、乾隆帝皇后孝贤纯皇后的伯父。马齐成长于以汉文化为主的文化氛围之中，深受汉文化的熏陶，同时也深受满族传统体制和风俗习惯的影响。他的祖父去世的时候，他还没有成年。而他父亲在平定三藩的时候，殚精竭虑、日夜操劳，最终死于任上。马齐18岁那年，按照大多数满洲贵族子弟常用的方式"荫生"入仕，就是先进入国子监读书，通过考试成为工部员外郎。康熙二十五年（1686）马齐晋升为山西巡抚。第二年康熙命大学士举荐贤才，其中就有马齐。后来御史弹劾湖广巡抚贪赃枉法，康熙命于成龙、马齐等人前去调查此事。这位湖广巡抚是由大学士明珠举荐的，之前派去查这个案子的钦差，碍于明珠的面子，反而庇护湖广巡抚。现在于成龙和马齐证实湖广巡抚确实勒索下属、苛待盐商，之前来的钦差徇私。涉案之人全部获罪。马齐也因此名声大噪，大家都说他是个清官。此案圆满结案，为康熙二十七年（1688）罢免权臣明珠创造了有利条件。马齐因刚正不阿，深得康熙赏识，于同年三月擢升左都指挥使，这成为其仕途上的一个重大转折点。

这一年马齐参加了对俄边界划界的筹议，这也是为什么雍正时期沙俄大使来到京城后贿赂马齐，因为马齐之前就参与过这件事。马齐提出两国边界交涉关系重大，档案应兼用汉字，并派汉族官员参加。康熙四十三年（1704），康熙亲自题赠匾额"永世翼戴"赐给他。

康熙第一次废太子之后很快就后悔了，又想复立允礽。不过，他也觉得这样出尔反尔有失颜面，于是故意让所有的大臣在众皇子中推举太子的人选，其实就是希望大家都选允礽为太子。而且在这之前康熙还特意下了一道旨意，不许马齐参与这件事。然而，马齐并没有遵守这道命令。在他和国舅佟国维的暗中支持，还有其他大臣的配合下，众臣一致推举允禩为储君，康熙的如意算盘落空了。康熙四十八年（1709）年初，康熙严厉斥责马齐等人，革去马齐大学士之职，马齐全族均受牵连。这是马齐为官生涯中的头一遭，也是唯一一次大的挫败。

康熙四十九年（1710）年底，与沙俄互市，康熙命马齐管理沙俄事务，马齐的家人也很快再次被起用。康熙五十一年（1712），康熙又下令，说内务府之事积滞甚多，关系重大，由马齐署理总管事。之后马齐一直平平安安到雍正一朝，直到雍正驾崩后的第二个月马齐以生病为由引退。

乾隆四年（1739）五月，马齐病重之时，乾隆派遣太医为他诊治，又派亲王弘昼、皇长子永璜代替他探望。马齐死后，乾隆赏银5000两治丧，赠太傅，谥文穆，过了几年又令他进贤良祠。乾隆十五年（1750），加封号敦惠。

马齐的族人在马齐死后仕途继续一帆风顺。马齐的侄子傅恒和侄孙福康安的功绩，更使这个原本颇为显赫的满洲贵胄锦上添花。马齐是个能吏，在满洲贵族中并不多见。相对于大多数的清朝官吏和满洲王公，马齐经历顺治、康熙、雍正、乾隆四朝，从康熙中期开始，他一直身居高位，仕途可谓一帆风顺，最后也是一个皆大欢喜的结局。如果不是有被沙俄大使贿赂这一污点，相信后人对他的评价会更高。

回到雍正时期，当时沙俄大使在京城停留了大半年，其间双方就一些基本的原则问题达成了初步共识。沙俄大使回去后，也就是雍正四年（1726）年初，隆科多继续参与谈判。在边境问题的谈判过程中，隆科多尽职尽责，坚持要求沙俄归还清朝在喀尔喀地区被侵占的土地，隆科多还对侍卫说自己是戴罪之身，对于皇上的事，怎么敢不尽心尽力！之前马齐泄密这么大的事件，雍正一点也不知道，后来隆科多受审的时候，马齐也参加了。可见雍正对他已经失望透顶。

而沙俄大使以开战相逼，两国谈判陷入僵局。

到了雍正四年闰三月，雍正因为隆科多私自藏有"玉牒"，两个人之间的关系彻底决裂。玉牒是清代皇室的家谱，系统地记录了清代皇族子孙的繁衍情况，是目前中国唯一一部保存完好的皇室家谱，可以说是世界上规模最大的家谱。玉牒分为帝系、宗室、觉罗三个部分，每10年皇上钦点大臣编修一次。在玉牒中，最神秘也是最隐秘的就是关于历代皇帝的记录。里面详细地记载了与皇帝相关的内容，从生辰八字到被立为太子的时间，到登基年月，再到谥号、庙号、生母的姓氏，等等，最后还会有关于其嫔妃的记录，往往要占据两三页的篇幅。其中还有关于皇帝登基的秘辛。因为玉牒中的内容很重要，为了防止被有心人利用，对皇帝不利，所以玉牒被列为最高机密，严禁外传。清代有两套玉牒，一套玉牒藏在皇史宬，皇史宬是专门放档案的地方，一套存放在宗人府。

玉牒除了宗人府的人，任何人都不能私自翻阅，如果是公事，必须亲自前来敬捧阅看。隆科多将玉牒藏了起来，对于雍正来说简直就是不可饶恕，毕竟雍正登基一事一直是一个谜团。隆科多私自藏有玉牒一案，成了雍正处置他的契机。由此，雍正以"大不敬"之罪开始整治隆科多。

《清实录》中记载："宗人府议奏，辅国公阿布兰擅将玉牒底本私交与隆科多，应革去公爵，在伊家圈禁。得旨：玉牒关系紧要，隆科多向阿布兰将缮录清本要去，收藏在家，是何意见？著问隆科多，将情由回奏。"意思就是宗人府上奏，辅国公阿布兰私自将玉牒交与隆科多，理应剥夺他的爵位，并将他圈禁。雍正下旨：玉牒事关重大，隆科多向阿布兰要走玉牒，带回家私藏起来，是有什么意见吗？著问隆科多，让他回奏。

玉牒是皇家的族谱，非常机密，阿布兰是允䄉的心腹，雍正一直防备他，但是隆科多和他走得很近。而且雍正当初继位之事一直被大家质疑，隆科多或许是唯一知道雍正到底是怎么继位的人，现在他将玉牒私藏在家中，不管有什么目的，这都是雍正所不允许的事。之前隆科多对雍正的一再警告置若罔闻，目无法纪，最终落得牢狱之灾。

这件事发生的时候，隆科多正和沙俄的使节谈判边界领土问题。雍正在召隆科多回京的问题上，与朝臣意见相左。大臣们认为应该等沙俄边境之事完成后，再将隆科多革职问罪。但是雍正比较着急，隆科多擅长隐瞒真相，在那里胡搅蛮缠，没有好处，可以将他召回。雍正虽然担心谈判失败，但还是不顾众臣的反对，急切地召隆科多归京，可见雍正急于惩治隆科多，对他已经到了忍无可忍的程度。

隆科多走后，接替隆科多谈判的人员因路行太远不能按时抵达边界，由骁勇善战的将军策棱（1672—1750）暂时为清朝方面的代表。策棱并不明白谈判的技巧，对沙俄大使多次作出让步，使和谈局势急剧恶化，双方很快就根据沙俄大使所提议的边界问题，签订了一致意见。雍正五年（1727），双方签订了《布连斯奇条约》，根据这份条约，沙俄从中国取得大片土地，除了之前占领的土地外，沙俄以前没有占领的土地也都被划入沙俄境内。

在谈判进行到一半时，隆科多被革职，这是清政府谈判失败的主要原因。虽然隆科多在雍正眼中是有罪的，但他在边界谈判中兢兢业业，坚决主张收复失地，履行了使节的责任。而且隆科多被革职治罪，对清朝谈判成员的心理造成了负面影响。隆科多一直尽职尽责，现在却落得这样的下场，让所有人都为自己的前途担忧，大家互相猜疑，无法放开手脚进行谈判，这也是策棱一再让步的一个重要因素。策凌是一介武将，擅长的是打仗而不是谈判。雍正用一个武将去和沙俄外交经验丰富的"老狐狸"谈判，势必落入下风。

中俄边界谈判虽未演变为大规模的武力冲突，但也免不了一番尔虞我诈的角逐。对此，清朝必须给予足够的关注，要有很好的协调和保密制度，但还是出现了临时换将以及泄密的情况。雍正在其中有一定的责任，在面对皇权受到威胁、领土可能被侵犯的问题时，雍正倾向于皇权这一边。

雍正五年（1727）十月，雍正派人审问隆科多，最终定下四十一条罪名，其中有大不敬、欺罔、紊乱朝政、奸党、不法、贪婪等罪。

从年羹尧和隆科多被定罪可以看出，比起历代的皇帝，大清的皇帝似乎更加理智，却更加虚伪，更加善于给人定罪。宋朝的皇帝脾气都很好，就算被文臣逼急了，也不会杀人或者侮辱他们，最多也就是打发他们离开。这是因为在宋朝，皇帝与士大夫共治天下，不杀士大夫。而明朝的皇帝则要粗鲁得多，行事鲁莽、任意妄为，动辄就动手打官员，如果大臣伤口感染而没有得到及时的治疗，就会死掉。可若是皇帝无缘无故地打人，只能说明他是个昏君，而那些被打的人，却会得到人们的同情，认为他就是站在了大义的一边。清朝作为北方少数民族建立的政权，在建立初期，尚无规范的礼乐制度，但是自皇太极开始，就开始善于罗列罪名处理对手。皇太极为了镇压兄弟，关押了堂兄弟阿敏，为证明他把阿敏关起来是合情合理的，他列出了阿敏的十六条罪状。这一招用得最好的就是雍正,那些权臣被定的罪名都是非常详细的,数量也很多。比如年羹尧犯了九十二宗罪,允禩犯了四十宗罪,隆科多犯了四十一宗罪。

为什么雍正喜欢这样给人定罪呢?首先雍正登基的过程就饱受争议,更何况现在满朝上下都是流言蜚语。因此他所做的一切,都是为了表明或强调自己继位的合法性。随便对那些官员下手,会让人觉得他办事不够"合法"。事实上,若是换作一个脸皮厚的帝王,这种质疑毫无意义。他完全可以杀鸡儆猴,阻止这种流言蜚语,顶多落个不好的名声,但雍正很在乎名声。雍正无论遇到什么事情,都会力求合理,最起码要做到逻辑上的自洽,能够自圆其说,免得被人指出破绽。

在隆科多这件事上还有一个问题,隆科多和年羹尧都是雍正之前认定的"恩人",如果无缘无故地处置这两个人,无异于打自己的脸,而且极易失民心,使群臣心寒。这些都会让雍正的声望受损。于是,他命令群臣搜集年羹尧和隆科多的罪状公之于众,以证明雍正对这两个人的处罚是正确的。隆科多被定为死刑。最后,雍正以大臣之内承旨者唯隆科多一人这个理由赦免了隆科多的死刑,雍正在长春园的外面盖了3座房子,将隆科多禁锢。从隆科多的家产中追补数十万两赃款,隆科多的长子被革职,次子玉柱被发配到黑龙江。雍正六年(1728),隆科多含恨而终。

有些人认为,雍正之所以能够登基,是因为"内得力于隆科多,外得力于年羹尧",而雍正对两个人的态度截然不同,雍正面对年羹尧的背叛几乎是破口大骂;而雍正得知隆科多的罪状后,并未严厉斥责,反而进行了深刻的反省:隆科多辜负了皇考和我的恩宠,肆意妄为,我又错误地像之前一样信任他,又没有严格地规劝他,今唯有朕身引过而已。就像雍正所反省的，他和隆科多之间的矛盾日益激化不仅是由隆科多专权结党营私造成的。

而和隆科多相比，年羹尧的家人并不算最惨的，雍正三年（1725）十二月，年羹尧被赐死，其亲族被革职发配边疆，他的夫人也被遣送回娘家。不过一年多之后，雍正开恩放其一家入京，还把宅子还给了他们，年氏一脉这才得以保全。隆科多的家人被发配边疆为奴，直到乾隆十年（1745）才得以归京，但这一支血脉却基本已经断绝了。

纵观隆科多的一生，他身居要职，对雍正登基起到了重要作用。他手握大权之后，拉帮结派、贪污受贿，但在同沙俄的谈判中，始终坚持立场，捍卫国家利益，这使他的为官生涯多了一抹光彩。

如果没有雍正对他的过分宠爱，隆科多就不会一次又一次地犯下错误。

雍正继位之后，对隆科多赞不绝口，还在朱批上称隆科多为舅舅，这让隆科多更加肆无忌惮。隆科多的权力越来越大，最终对皇权统治造成威胁。雍正惩治隆科多是必然的结局。本质上皇帝衡量官员的标准，并不是看他有没有能力，而是看他有没有忠心。隆科多四十一条罪行中的奸党、不法、紊乱朝政等，均可归结为"不忠"。越是功臣越需要摆明态度，明白自己的位置，怡亲王做得就非常成功。隆科多要避免雍正的猜疑，就要保证自己的忠心，对于雍正的恩宠要越发小心。但是隆科多恰恰相反，他仗着雍正对他的恩宠，结党营私，对皇权造成了严重的冲击，最终和年羹尧一样未得善终。

三大巨头除了怡亲王得到善终，其他两巨头都家破人亡。而除了怡亲王外，还有一位大臣对雍正十分忠心，言听计从，这个人就是雍正亲口承认的"三大模范督抚"之一田文镜。

第六章　服朕之明鉴否？

夜深人静，已经 60 多岁的田文镜焦躁不安地来回走动，他万万没有想到自己也会看错人。之前他举荐了一个叫张球（生卒年不详）的人为县令，没想到被皇上派来的钦差查出是个地痞流氓，栽赃陷害无辜之人，他之前却袒护张球！田文镜深吸一口气，越发焦躁不安，他已经写了奏折解释这件事，就是不知道皇上会怎样斥责他。田文镜一夜没睡，一直熬到了第二天，拿到了雍正的朱批奏折。田文镜深吸一口气，打开奏折，仔细地看雍正的朱批："张球之事何如！朕早知其非端人矣，今种种欺隐俱已败露，服朕之明鉴否？"（《雍正朝汉文谕旨汇编》）田文镜大喜过望，明白皇上还是信任他的，不会治他的罪。

田文镜（1662—1733），汉军正黄旗人，他的仕途充满了传奇色彩，康熙二十二年（1683）田文镜以监生的身份出仕，任福建长乐县丞。明朝和清朝有资格进入国子监学习的人，称为国子监生员，在国子监毕业的都称为监生。进入国子监的资格可以通过学政考取，也有通过皇上特许获得资格的，还有通过捐纳而获得资格的。也就是说田文镜是没有功名的，他的监生身份在后来也引出了一件案子。田文镜历任福建长乐县丞、山西宁乡知县、直隶易州知州等，在底层默默干了20多年，后来被调到了朝廷任职，60岁时才升到从四品。雍正登基是他仕途的转折点，已经61岁的田文镜得到了雍正的赏识，他直接升为山西布政使，然后又升为河南巡抚，之后更是每年升迁，在数次的官场风波中毫发无损。当他去世的时候，已经是河南山东总督，成为封疆大吏。田文镜从政期间，先后发生过两起具有重大影响的政治事件——"封丘罢考案"和"田李互参案"。但这两个案子都被他果断处理，表现出极强的政治才能和决断力。此外，他又深得雍正的信赖，雍正曾多次破格提拔他，例如特别为他设置河南山东总督一职，并在河南为他设立专祠祭祀。

而他之所以被雍正重用，还要从雍正刚登基时说起……

1. "模范督抚"之田文镜

按照传统，新皇登基时，都要告祭山陵。田文镜奉命前往西岳华山告祭。也就是这场告祭，让他的仕途发生了翻天覆地的变化。田文镜途经山西，见天灾肆虐、民不聊生，山西巡抚德音隐瞒此事，致使灾民无法得到应有的救济和抚恤。当时田文镜只是一个小小的四品官员，冒着得罪满洲贵族和封疆大吏的风险，返回北京后，立刻将山西的情况如实报告给雍正，揭露了山西隐瞒灾情的事实，并且当地官员还催征赋税和粮饷。

起因是当时北方正值大旱，虽然已经实行了"雨雪粮价"、灾害奏报制度，但是山西巡抚德音连续报告山西情况很好，正月的时候下了一场厚达一尺的大雪，人们说："多年未有如此大的雪，全省小麦一定会有好收成。"这件事发生在雍正刚即位的时候，雍正很关心这件事。他为了查证德音所报是否属实，通过两位大臣进行查访。第一个就是年羹尧，另一个就是田文镜了。四月十四日，田文镜从华山归来，雍正问他沿途所经之地的情况。田文镜如实回答："山西雨水稀少，百姓难以生存，而当地官员如今还在征比钱粮。""征比钱粮"就是把那些不交钱粮的人关进衙门，由吏胥强制交钱，然后再放人。这种征收方式最容易引发民变。雍正见形势严峻，果断下旨赈济灾民。雍正说："巡抚的职责就是安抚地方，爱护百姓。现在山西既没有赈灾缓征，反而强行征收钱粮，那些百姓怎么生活？"当下便令田文镜前往山西与巡抚德音等人，带领当地官吏加紧救济灾民。可是德音还是振振有词地说："定例有五成的收成并不是灾祸。更何况，夏天的灾情是六月份上报，秋天的灾情是九月份上报。现在还不是汇报灾情的时候，我怎么可能撒谎？"但是田文镜并不管这些，第二天一大早就出发了。田文镜到了太原，巡抚德音借口要主持科举，拒绝与田文镜见面。所以山西的救灾工作实际上是田文镜一手操办的。田文镜并不惧怕德音，相反他可能觉得没有德音在一旁指手画脚他更方便行事。田文镜当即写了一封信，通知平定等州县，要他们尽快写下花名册登记灾民。历经一个多月的努力，田文镜救济了13万多名百姓，发放粮食1万多斤、银1万多两。田文镜办事效率很高，雍正很满意。雍正随即解除了山西巡抚和布政使的职务。

　　山西赈灾之事是雍正对从四品官员田文镜进行的一次重大考察，他发现田文镜敢于直言、能办事，因此想重用他。最开始，雍正是想在朝中选一个人去山西的，但是山西的灾情比预计的要严重得多，而且不仅局限于之前的几个州县，已经扩大到全省的大部分地区。于是,新上任的山西巡抚诺敏赶在州县尚未完成救灾工作之前,请求雍正将田文镜留在山西,主持救灾工作。而雍正则有另外一番考量,他要将田文镜推上山西布政使之位。他在诺敏的密折上朱批:"田文镜一到,朕就提拔担任要职。他人怎么样?他的心性如何?"

诺敏回复,田文镜"人勤勉,办事亦可",雍正便任命田文镜为山西布政使,并告诉诺敏:"田文镜向朕禀报山西之事,救了数十万百姓,山西百姓定会感激不尽。"

田文镜赴山西救灾4个多月之后,便由从四品侍读学士升为二品省级官员。田文镜在救灾工作结束后,正式担任河南布政使一职。这就是田文镜崛起的开始。9个月后,他被任命为河南巡抚,成为和年羹尧一样的封疆大吏。《清史稿》对田文镜的迅速晋升进行了解读:"上嘉其直言无隐,令往山西赈平定等诸州县,即命署山西布政使。文镜故有吏才,清厘积牍,剔除宿弊,吏治为一新。自是遂受世宗眷遇。"

这里面的"清厘积牍,剔除宿弊,吏治为一新"又是什么意思呢?

康熙朝时,一直实行的是宽仁的政策,造成了政务松弛、官员贪污腐败严重。当时的京官办事拖沓,经常偷懒躲清闲,入了衙门不久,便要回家歇息。地方上的官员也是沽名钓誉、贪图安逸。不仅内库被掏空,就连各省县的府库都出现了大量的赤字。因此就有了怡亲王要债之事,但是怡亲王也只是负责一部分。当时河南省出现了14万两白银、16万斤粮食的亏空,各府县的财政赤字更是达到了40万两。这部分亏空主要是地方官吏挪用和转借造成的,还有一小部分是民间积欠造成的,因此追讨起来十分困难。田文镜担任河南布政使以来,在清查追讨债务方面可谓殚精竭虑。田文镜久居官场,处理政务的经验十分丰富,他坚持以大局为重,不仅熟知民生之苦,还颇有才能。他并不拘泥于传统,大胆创新,发明了一种"审追之法"。就是把贪污受贿的官吏革职押送到省会,责令他们在规定的时间内补足亏空,并激励他们自掏腰包,乃至卖掉自己的财产抵偿债务,表现得好的,可以恢复官职。如果没有能力偿还,也不愿用私人财产来偿还,就会在审判之后没收其在任所和家乡的田产。他到河南追讨债务时,仍沿用他在山西时所创的"审追之法",对于前任高官在任期内欠下的债务,田文镜并没有徇私,也没有阿附权贵,而是让他们如数赔偿。

前河南巡抚在任期间亏空了5万两白银,田文镜就让他自己补上。至于平民百姓因灾荒而产生的债务,经皇上批准后可以减免。田文镜以迅雷不及掩耳之势彻查到底,不到两年时间便补足了河南布政司库、番库的赤字,并对地方州郡拖欠的债务进行了严厉的追查。田文镜为防止日后府库亏空,又制定了前后任官员交接时的程序:知府级别的官员离任时,必须在两个月之内,将各自任职期间的钱粮府库收入详细情况核对清楚,并登记入册,交到继任官员手中;其余各衙门主官必须最迟在3个月内将详细情况交接清楚。继任官员若发现之前有亏空,那么上一任的官员就要自掏腰包补足;如果过了期限还不补足的话,就要被弹劾。这就是现在离任审计制度的前身,可见田文镜的思想还是比较超前的。这样的制度,使得在豫的官吏不得不谨慎从事,不能有半分懈怠。对河南府库亏空的追缴,不仅使国家税收大为增长,也使地方上的贪污风气发生了很大变化。

田文镜还在河南地区推行漕运改革,把漕粮专属地从河北的大名府小滩镇转移到河南卫辉,并提出将大名府辖下的3个县划入河南,这些改革使得漕粮转运速度有了显著提高。

田文镜的主要政治活动发生在河南，他在河南任职期间，对雍正所推行的各种革新举措进行了有力的实践，树立了"刚猛"为政的典范，整顿了当时河南的官场风气，促使当时河南政治生态清明，农业经济迅速发展，使当地百姓受益。

在田文镜看来，贪污现象产生的根源在于吏治腐败，河南虽有不少清廉之士，但贪污腐败、张扬跋扈的官员也有许多。对于那些清廉有能力的官吏，田文镜会向雍正极力推荐。对于那些不称职的官吏，田文镜会进行警告和责备。对于那些违法乱纪、劣迹斑斑的官员，田文镜统统予以弹劾，这里面还有与他同科的进士、有背景的官员，其中有个人原是四川巡抚蔡珽的部属，在蔡珽的举荐下才来河南任职。但田文镜觉得他"狂悖贪劣，实出异常"，照样弹劾了他。最后，经过钦差调查，这些人都被判了刑。

不过田文镜的眼光也不是一直都很准，比如前文提到的张球就是田文镜举荐的。但是这一次雍正没有生气，当时田文镜大刀阔斧地整顿了河南和山东，是雍正的宠臣。因此，雍正只在朱批上开玩笑地询问："张球之事何如！朕早知其非端人矣，今种种欺隐俱已败露，服朕之明鉴否？"（《雍正朝汉文谕旨汇编》）意思是张球之事，又是怎么回事？我早就知道他不是个好东西，现在所有的谎言都暴露出来了，你可服气我的高明见识？语气颇为得意，可见雍正确实宠爱田文镜，并没有怪罪他。

田文镜认为，一些底层处理文书的小官吏，如里书、柜书等，用处并不大，而且还经常欺压百姓。这些小官吏是当地官员的助手，由于清朝地方官员事务繁多，往往需要有人帮其办事，所以书吏除负责文墨之外，还兼管钱粮、文书等事务。因此，他们虽然不像地方长官和州县官员那样享有很高的职位，但在实际中也有一定的权力，所以书吏收受贿赂现象很常见。而且他们的收入太少，所以他们只能用一些见不得人的手段来赚钱维持生计。他们的身份也比较特殊，并不享受朝廷俸禄，而是在办理案件时收取各种费用。由于有掌管文书档案的权力，他们常以篡改卷宗、伪造卷宗等方式滥用职权，牟取私利。

他们不仅诱使地方官贪污，还经常克扣赋税、剥削百姓，加重了当地的经济压力，在请示朝廷后，河南、山东两省的里书、柜书都被遣散了。田文镜对不法豪绅也进行了严厉的打击。如当时有个进士为祸乡里，田文镜要求削掉他的进士头衔，并将他的所作所为贴在布告上，警告世人。总而言之，田文镜在河南的一系列整顿，对河南贪官污吏的打击极大，使河南的吏治焕然一新，形成了良好的政治生态。

田文镜还制定了《严禁代女出气等事》的告示，用来处理民间婆媳纠纷，以此净化社会风气。

清代有句话，"三年清知府，十万雪花银"，河南官场亦不能免俗，向上级进献土特产已经成了一条众所周知的"规矩"。田文镜升任河南布政使之后，以身作则，谢绝一切礼品，并定下十二条清廉为政的标准，对家人严加约束，严禁豫省官员、家眷、下属接受任何形式的贿赂，一旦发现有人违规，就会严厉惩罚。田文镜以自己为例，对河南官吏进行了严厉的监察和制约，使得河南士民敬畏法度，地方安宁。

田文镜在河南严格执行"摊丁入亩""火耗归公""绅民一体当差"等政策。"摊丁入亩"是中国历史上一次重大的税制改革，它一改几千年来按人头计税的做法，将税款平均分摊到土地中，并根据田地多少征税。也就是说，拥有土地多的人要缴纳更多的赋税，而没有土地的贫民则可以免除赋税。很显然，"摊丁入亩"虽然有利于国家和百姓，但是损害了大地主的利益。虽然山西率先进行了这项改革，但是遭到了强烈的抵制，效果并不理想。田文镜治理河南以后，首先对各县的土地进行了一次大范围的清查，为实施"摊丁入亩"做好了充分的准备，他主动请求雍正在河南全面推行这一改革，雍正自然是同意的。雍正二年（1724），河南以县为单位实施"摊丁入亩"，田文镜又制订了十二项实施计划。

田文镜既勤政又爱民，十分关心百姓的疾苦。有些地主借着权势隐匿土地或将田赋转嫁给贫民，为了避免这种情况，田文镜又颁布自首隐田的法令，只要在规定的时间内如实上报自己隐瞒的田地数量，就不会受到惩罚；逾期未报者，不仅要被严厉惩处，还要对当地官吏进行问责。在此期间，河南共清理出了3万多亩被隐瞒的土地，为国家征收赋税提供了保障。

"火耗归公"是清代另外一项重大的税制变革，火耗即耗羡，说白了就是"差额"，是为了补齐正常税收而需要征收的差额。当时百姓所用的都是一些成色不纯的银子，交税之后地方官府统一铸造成银锭。铸造时难免会出现损耗，因此，朝廷准许各地对百姓多征收一些银子当作耗羡，但对耗羡收取比例无统一规定，以致耗羡成了某些官员谋取私利的一种主要途径。有些地区收取的耗羡竟超过了正税，令百姓痛苦不堪。雍正登基后就实行"火耗归公"制度，将耗羡全部收归国家。

田文镜把河南的火耗划分等级，按照等级收取火耗，不可以多收。这项制度实施之后，河南火耗下降了一大半，不仅减轻了民众的负担，还大大提高了国家的税收，雍正十一年（1733），河南布政使司库所存火耗银已达70万两。

"绅民一体当差"是清代废除官绅特权的一次变革。清代初期，官吏及有一定功名的士子享有免除丁役、差役的特权，这项权利的实质是"国家养士",是一种真正意义上的免税,同时也是社会地位的一种标志。但是,这项特权增加了民众的负担。于是,雍正登基后就进行了"绅民一体当差"的尝试,但由于触犯了既得利益者的利益,受到了极大的阻力。田文镜在河南执政之后,推行"绅民一体当差"的改革,对不法士绅进行了严厉打击。

田文镜全力支持雍正的一些改革,难怪雍正会对田文镜十分信任,并且因为"摊丁入亩""火耗归公""绅民一体当差"等改革在河南推行得比较成功,所以也逐渐在全国范围内推广开来。

田文镜还做过一件利国利民的事,那就是治理黄河。黄河自从宋、元年间频频发生严重的洪水灾害,明、清两朝都把治理黄河当作一件大事来对待。田文镜到河南后,曾数次下达命令,要加紧修缮、维护黄河大堤,凡有玩忽职守者,必严惩不贷。田文镜为确保治河成效,防止治河官员贪墨,制定了一套严谨的财务支出控制管理制度,并制定了六项检查工作材料的规定:"办物料宜有定限也;各河同知遇有紧急工程,转发银两代办料物,宜取承领人员印甘各结也;交收料物须厅汛互相称收、犬牙相制也;料物不可混行堆贮也;盘查不可不严也;领银官员预为扣留也。"(《抚豫宣化录》)大意就是:凡所用之物当有个限度;各河同知遇有紧急工程,领取银子时有规定;入库之物,须互相称量;材料不能混在一起堆贮;检查不能松懈;领取银子的官员暂时被扣留。

为更好地长期有效地维护黄河大堤,田文镜除了加固黄河堤坝,还对巡视黄河和保护堤坝的人进行了专业的训练。授课时,勤奋、成绩突出者,予以奖励;不想学习的人,则会受到惩罚。经过严格的训练和审查,年老体弱的人被淘汰,只剩下年轻力壮、勤勤恳恳的人，表现突出的还能得到提拔。田文镜还整顿了江南派出的上千名协助修建堤坝的河兵。

雍正五年（1727），固始县洪水泛滥，人畜被淹，房屋被毁，田文镜得到消息后，立即调走了库房中所有耗羡银两，命官员赈灾，以示抚恤。在田文镜多种措施的治理下，黄河水患有所缓解。

自康熙颁布"滋生人丁，永不加赋"以来，人口急剧增长，人多地少的矛盾日益尖锐。雍正登基以后，积极鼓励开垦荒地，而在各地总督之中，开垦荒地最为积极的当数田文镜。田文镜以垦田面积大小作为当地官吏的主要业绩衡量标准，以激励当地官吏努力开垦土地。朝廷还向农民提供了大量的资金，帮助购买耕牛和种子等，用于开垦土地。在田文镜的努力下，河南垦田数逐年增加。田文镜在河南执政9年来，河南的农业进一步发展，成为全国垦田数量最多的省份。田文镜在开垦土地的过程中十分注重农业生产，并组织河南地区人们兴建了大量的农业水利设施。他又命人在闲暇之余，组织青壮年疏通水渠，并绘制地图以备不时之需。

由此可见，田文镜从政风格中最突出的一点是"忠"。60岁时，田文镜得到了雍正的赏识，他将这份感激转化为对雍正的无限忠诚，他也因此成为雍正最忠实的拥护者和执行者。他本人也多次在奏折中表示自己的忠诚："心意之间，惟知皇上一人，爱敬之诚，亦惟知有皇上一人，不但不敢偏执己私，抑且不敢丝毫欺诳。""人臣事君，不但当以身事，更当以心事。此心惟知有君，而不知有人；此心惟知有君，而并不知有己。斯可以出其身以任封疆之重矣。若徒以清名要结乎外，而内以遂其巧宦之私，其心安可问哉？"（《抚豫宣化录》）

这些通篇说的都是自己只对雍正忠心，没有其他的私心。

田文镜对皇帝的绝对忠诚，让他不论在任何时候都不计后果、毫不犹豫地去执行雍正的命令，将河南打造成"摊丁入亩""火耗归公""绅民一体当差"等改革最彻底的省份，为全国树立了一个样板。正是因为这种忠诚，田文镜不仅做到了令行禁止，还做到了洁身自好，严格遵守了雍正提出的要求，不结党营私，全心全意为百姓服务，对那些结党营私的官员，不管他们有多大的背景，田文镜都会严惩不贷。

雍正二年（1724）正月，田文镜再次晋升，调任河南布政使，九月署理河南巡抚，十二月补授河南巡抚。他上了一道折谢恩："伏念臣一介庸愚，至微极陋，仰蒙皇上圣明独断，不次擢用，由内阁侍读学士署理晋藩，洊至河南布政使。到任半年，涓埃未报。雍正二年九月初一日，恭蒙特旨：巡抚河南印务著臣署理。臣以为暂时署理，犹可勉力支持。本年十一月二十三日，又蒙特旨：河南巡抚事务著臣署理，布政司事务著杨文乾署理。俾臣专心料理巡抚一任之事已邀非分之荣，不谓恭膺谕旨甫逾十日，又蒙圣恩补授河南巡抚，恩纶叠锡，简畀弥优。闻命之下，心神俱惊，手足莫措。臣不知何修何幸，而遭逢圣主恩遇之隆一至此极也。臣荷恩日重，图报日难，惟有益加勉励，洁己率属，殚臣心力，竭尽血诚，以仰报皇上高厚隆恩于万一耳。"（《抚豫宣化录》）

在这道谢恩折中田文镜先说了自己晋升的过程，表示自己的惊讶，以及对皇帝的感恩：听到晋升的命令，我大吃一惊，不知所措。微臣不知有何福气，竟能得圣主恩遇。如此隆恩，报之艰难，只能更加努力，以自己为表率带领大家，殚心尽力、鞠躬尽瘁，以报万一之高厚隆恩。对于田文镜这种一年来屡屡被破格提拔的60多岁的监生来说，这些话应该真的是发自内心的。

之后，田文镜屡获雍正擢升，身居高位，他的行事作风和雍正有些类似，因此得罪了不少有背景、有权势的人物。当时很多官员都对他怀恨在心，不过，田文镜还是受到了雍正的特别宠爱，不仅寿终正寝，还入了豫省的贤良祠。

史书中这样评价田文镜："老成历练，才守兼优，自简任巡抚以来，府库不亏，仓储充足，察吏安民，惩贪除弊，殚竭心志，不辞辛劳，不避嫌怨，庶务俱举，四境肃然。"给了田文镜很高的评价。可是，仔细一想，却很难完全说明田文镜为何能得到雍正的宠爱，雍正朝诸多能臣，为什么只有田文镜、李卫和鄂尔泰寥寥数人深得宠信？其中可能还有其他特殊的原因。

雍正二年（1724），田文镜因在河南执法太严，引发了民愤，希望允祥为他在雍正面前求情，雍正曾经在密谕中提到：

> 今在廷诸王大臣中，实心为国家爱惜人才者惟怡亲王。朕信其纯，汝（田文镜）倾慕王之公忠德厚，昨差人达意，未必不是。但此际命王代汝转奏事件，断然不可，何也？汝与诺敏（原山西巡抚）为举朝所怨，公议沸腾，论奏者指不能屈，而年羹尧殆有甚焉。朕乾纲独断，悉置之不闻。兹若因汝秉心与王相契，俾得时通音问，内外合一，共襄力政治，则舆论必指为借势私交，不但汝与王负谤无益，亦与朕用人大体有关，所以谕令拒而不动也。

大意是当今朝廷诸王之中，只有怡亲王是个真心爱才之人。我相信他的忠厚，你（田文镜）仰慕他的公平忠厚，昨日派人传话，也许就是这样。现在，却是万万不能让王代你上奏这件事,这是为什么呢?你和诺敏(原山西巡抚)被满朝文武所怨,舆论哗然。朕独断专行,对此事充耳不闻。假若你能与王有约定,随时联络,团结一致,共同执政,那么世人定会说你是狐假虎威,不但对你和王无益,而且与朕的用人原则也有关系,所以我才会拒绝。从这段密谕中可以看出,雍正确实信任允祥还有田文镜。

再看雍正对田文镜其他奏折的批复:

雍正二年(1724):"极当勉励职守,检点政务,平日舆论甚属平常……"

雍正三年(1725):"临事最忌犹豫,尤不宜迎合。设一味揣摩迁就,反致乖忤本意……"这是告诉田文镜遇到事情,最忌讳的就是优柔寡断。若一味迎合,只会适得其反。

雍正四年(1726):"但近日以来,每闻有人论尔有任性尚气之疵,当深自省察,切以为戒。"这同样是在告诫田文镜,近来听人说你有骄纵之风,要好好反省,引以为戒。

看得出来,这个时候雍正并没有完全信任田文镜,甚至还在质疑他的为人,但从那以后,雍正就很少批评田文镜了。

这一年来,田文镜屡遭弹劾,但是田文镜利用雍正最讨厌的朋党问题,顺利地进行了回击,赢得了雍正的信赖。他包庇手下的张球,应该受到惩罚,雍正却安慰他,"凡汝此等托累之事,乃天下督抚所罕见者""只观朕前旨,今日之悔非自取乎?……但此等无心不及之过,朕皆宽恕也。况尔原非私心袒护,其欺汝之巧,汝察之严,皆历历明白,何罪之有?但未免少乏识人之明耳。此等人,如此事经历过好,实可以增你识见,看透人情亦美也。""此等人此等事阅历一事,亦未尝无益!""朕心中实不罪汝也,经此一事,间非无益。""经历如是遭遇,正乃上天所玉成于汝也,无须愤口。"

田文镜趁机表忠心："臣目中惟知有皇上，君臣大义如父子天性，间不容发。"田文镜认为，"经此一番，复荷圣恩，赐以宽典，又焉敢不笃信凛惕，奉为章程……"

从两个人的奏折和朱批来看，雍正安慰田文镜，他经历的一些事情，未必就是坏事！有这样的遭遇，是上天对你的考验，没必要生气。雍正表现得十分宽容。田文镜回复，君臣之情，本就是父子之情，不容有失。皇上对我的恩宠和厚待，我定会谨记在心，等等。这时，田文镜已成了雍正皇帝的亲信。

雍正五年："今岁二麦丰收景象，叨蒙上苍慈眷，圣祖默佑，直省仿佛相同，竟可成为大省。惟汝河南最为第一……"意思是说，今年两次梦见丰收的情景，承蒙天恩，圣祖保佑，各省看起来都一样，都可成为一个大省份。只有你治理的河南可为第一……

其间，田文镜屡获提拔。雍正五年（1727）七月，升为河南总督加兵部尚书。六年（1728）五月，升为河东总督。

雍正六年："直省督抚如田文镜之存心行政，上天之赐应，朕可力保。""得卿如此不世出之忠良柱石大臣，但料理一省之事，实不足已尽卿志。""直省惟卿豫省能如朕意行之也，嘉悦览之。"意思是说各省总督，若有田文镜之志，必得天意，吾必保之。有你这等忠良的重臣相助，只处理一省之政，确实无法满足你的志向。各省之中，只有你的豫省能如朕所愿。

雍正七年（1729）："卿料理一应钱粮事件考核精明，出纳妥确，朕实笃信无疑，此奏不过闲览耳。"意思是说，卿处理钱财粮食之事，思虑周全，账目妥当，朕对此深信不疑，这份奏章，不过是随便看的。

雍正七年七月，田文镜加太子太保。雍正八年（1730）五月兼任北河总督，这是田文镜政治生涯的最高光时刻。

从雍正四年（1726）到雍正八年（1730），雍正给田文镜的朱批几乎都是夸赞嘉赏。

另外，在其他官员上奏的朱批中，雍正也经常提到田文镜，要大家向他学习。有的时候同时提到鄂尔泰、李卫、田文镜三人，有的时候鄂、田或田、李并称，也有的时候只提到田文镜。

田文镜之所以能够取得这些成就，除了他在基层工作中累积了丰富的执政经验，更多还是缘于他忠正清廉、爱民、有担当，以及善察圣意的为官之道。

2. 凭谁动你一毫毛，朕无能也！

书房中，田文镜认认真真地写好奏折后，将奏折放在匣子里封好，再将奏折匣子交给心腹。这一次，田文镜并没有那么焦躁不安，他相信皇上这次还会站在自己这一边。他为官这么多年，很清楚上位者想要的东西。他所面对的帝王是一个性格坚毅、精明能干的皇帝。现在他已陷入被群臣攻击的境地，而能救他的就只有皇上。很快田文镜收到了雍正的朱批："凭谁动你一毫毛，朕无能也！"面对这么宠溺霸道的话，田文镜能做的就是全力支持雍正！

雍正所做的一切都是为了改变现有的利益结构，剥夺那些既得利益者的权力，巩固自己的权力，这自然会遇到强烈的反抗。这种情况下，就必须任用有责任心的官员勇敢地面对这些问题，用最强硬的方式将这些政策落实。田文镜就是这样一位敢于迎难而上的官员，哪怕面临着巨大的风险，他也不会退缩。

田文镜在整顿吏治的时候，曾经弹劾过不少科甲出身的官员。比如说，雍正三年（1725）田文镜在密折中参奏了手下4名州县官员，说息县知县邵言纶任用柜书舞弊，收粮甚多，"不特日耽诗酒，抑且止知课孙，一切吏治，并皆废弛"；固始县知县汪诫向盐商借债，以14两小秤贩盐；信阳州知州黄振国"狂悖贪劣，实出异常"；汝宁知县张玢"浮而不实，渐加放纵"。他们4个都是康熙四十八年（1709）同榜进士，在河南任职数载，彼此间的关系错综复杂，田文镜得罪了这几个人，落得个"不容读书士子在河南立足"的恶名。还有人说田文镜在奏折中弹劾的十几个人中，有一半都是科举出身。

甚至有传言，田文镜因为自己不是科举出身才去弹劾科举出身的官员，这自然引起了那些读书人的不满。田文镜对此并不放在心上，直到后来"田、李互参案"引起了轩然大波。这就是"凭谁动你一毫毛，朕无能也！"这句朱批出现的背景。

其中"李"就是理学名士李绂（1675—1750），他上疏弹劾田文镜"有心蹂践读书人"。这场风波几乎让田文镜被"通省围攻"，但他毫不在乎。在前面说过的"士绅一体当差"改革中，出现了"封丘罢考案"，田文镜当机立断，将带头闹事的生员控制住，经过钦差审讯，几人被处以极刑，很快就把事情压了下去。田文镜在处理罢考一事时，不避亲贵，弹劾了当时权臣张廷玉的弟弟张廷璐（1675—1745）。当时张廷璐任河南学政，田文镜认为张廷璐不肯秉公处理闹事生员，张廷璐被罢官。田文镜深谙官场之道，却还是这样做，可见他对雍正十分忠诚。

雍正四年（1726），刚成为直隶总督的李绂在入京觐见的时候，直接弹劾时任河南巡抚田文镜祸国殃民。接着，又说田文镜信任奸邪，任用的人也是奸邪，贤否倒置。李绂是康熙四十八年（1709）进士，之前是广西巡抚，雍正四年（1726）

调任直隶总督。他路过河南的时候听说了前文提到的田文镜参劾手下州县官员之事，李绂立刻斥责田文镜残害士子："你已经是封疆大吏，居然想要践踏文人，这是怎么回事？"之后李绂进京参劾了田文镜，还为几个被弹劾的官员叫屈，并且他还怀疑田文镜说黄振国生病是要杀他灭口。

不过雍正并没有完全相信李绂，他将李绂的密折隐去姓名发给田文镜，让田文镜解释。田文镜据理力争，并且说李绂是因为被参官员都是他的同年才这样，表面是在申冤，实则为结党，是为扰乱京中审讯黄振国之事，请求雍正重新审查这件事。黄振国被押回京。正因为如此，雍正才更加信任田文镜。田文镜在奏折中很聪明地指出，这几个人都是康熙四十八年（1709）的进士，将这个问题上升到科甲朋党这件大事上，将矛头直指李绂，于是局势开始对李绂不利。

雍正对科举官吏结党营私一向深恶痛绝，田文镜的这番话更是激起了他的怀疑。雍正觉得重新审查这件事是个好主意，可以用这件事来警告那些造谣生事的人，并且借此打击朋党。

过了几个月，田文镜在密折中明言李绂等人结党营私、包庇同年，这与雍正严禁朋党的政策相违背，并且说黄振国生病是假的。雍正将这道密折中与李绂有关的部分抹去，并在朱批中吩咐田文镜："照朕所改，另书进览。"也就是说按照雍正的意思修改，另拟一份呈上。这道密折就变成了一份并不是针对李绂，而是针对科甲朋党的檄文。到了这一步，田、李二人互参一事的性质已经完全变了，不再是简单的官员互相弹劾，而是以雍正为首，由田文镜冲锋陷阵的一场镇压朋党的运动。

紧接着雍正派了钦差到河南重新审理这几件案子。又在其他官员的奏折上写道："任凭有人说，朕总不信，叫他只管放心，包管他'平安'两个字。"并让人暗中告诉田文镜。很快钦差向雍正报告了田文镜被河南官绅群起而攻之的事情，这更加让雍正相信并且支持田文镜。或许在最开始的时候，雍正还想要维持中立，但是现在，他摆明了要维护田文镜，不仅赏赐他食物，还表彰他是"模范督抚"。也就是这个时候，发生了前面说的张球事件，雍正在朱批中说朕早知其非端人矣，今种种欺隐俱已败露，佩服朕之明鉴否？可见其中袒护田文镜的意图很明显。而雍正也更加厌恶李绂。鉴于李绂与蔡珽之间的亲密联系，雍正不免疑心这两个人也结党营私，于是将李绂调走，将蔡珽降为奉天府尹。田文镜赢得了这场政治斗争的初步胜利。

这个时候又有新的官员卷入到这场风波中，浙江道监察御史谢济世（1689—1756）于雍正四年（1726）十二月上疏弹劾田文镜"营私负国，贪虐不法"，并"列举十罪"，雍正看后将奏折扔了回去，但谢济世还是坚持上疏。《雍正起居注》中记载，雍正看了他的弹劾之后十分震怒，说里面的内容无一是真的。公道在人，是无法掩盖的。他还在上谕中斥责谢济世，说他为御史，背公怀私，朋比结党，竟造作并无实据之言。谢济世当然没能逃脱被革职的命运，被发往军前效力。

谢济世，字石霖，号梅庄，清朝文学家，在《清史稿》中有记载。他自幼聪颖，12岁就曾代父亲撰写《观风制艺》，并著有《梅庄杂著》《大学注》《经义评》《西北域记》等。谢济世性格刚烈，疾恶如仇，一心为百姓谋福利，丝毫不惧权势。他的人生经历了四次被陷害、三次入狱、两次丢官、一次陪斩、一次充军，经历坎坷，充满了传奇色彩。

谢济世自幼勤奋好学，为求能静下心来，常常到一里之外的龙隐岩看书，还在上面写下许多诗词。有一日，谢济世的舅舅来家中做客，上楼的时候，见谢济世抱着柱子转来转去，心中一动，想考考他，就说："外甥，我来出一副对联，你来对：外甥抱柱团团转。"济世看见舅舅在楼梯上，便答道："舅舅上楼步步高。"舅舅闻言，十分高兴："有这样的外甥，我还有什么可奢求的。"

谢济世"眼观十行，过目不忘"，有一次，他去舅舅家借了一本很厚的书回家，坐轿子回到家后，谢济世将那本书交给轿夫，让他带回去。轿夫诧异道："你不看这本书了？"谢济世回答看完了。后来轿夫将那本书带回去，又说谢济世已经读完了。他的舅舅听了，说道："坐轿子走10来里路，就把这么厚的书看完了，我才不信呢！"数日后，舅舅特地拿了那本书考谢济世，问其中某一篇、某一行所说内容，岂知谢济世对答如流。舅舅终于相信谢济世所言不虚，确实过目不忘。

可惜这样聪慧的人，却缺乏政治斗争的经验，他的奏折不仅不能改变当时的情况，反而让雍正更加相信李、蔡结党营私，不然谢济世为何要上奏折帮李绂呢？他还认定是黄振国、张玢、邵言伦三人暗中勾结，颠倒黑白。而谢济世则是心狠手辣，听从李绂的命令，说田文镜纳贿受贿，肆意污蔑。借直言敢谏之名，行其排挤倾陷之实。雍正认为谢济世参田文镜之事，必是李绂在背后指使的。

后来谢济世被捕，刑部尚书问他是谁指使的，谢济世回答是孔、孟。谢济世被发配到阿尔泰军前效力后，依然坚持讲学著书。到了雍正七年（1729），谢济世的住处被搜查，因为他在《大学》《中庸》的注释中有毁谤程朱的内容，而且还肆意毁谤时政，雍正大怒，谢济世再次被关到牢里。他想要绝食自尽，但是绝食5天后没有死成。谢济世不堪重压，违背良心，承认了弹劾田文镜乃是受李绂等人指使。没过几天谢济世和陆生楠一起被押上刑场，陆生楠首先被砍了脑袋，这时，行刑官问谢济世："汝见否？"谢济世答道："吾见矣！"之后官员在刑场上宣读圣旨："谢济世从宽免死，交与顺承王锡保，令当苦差效力赎罪。"

到了乾隆元年（1736）谢济世重新被起用，任湖南粮储道，在长沙发现有两个知县不遵朝廷规定，加征税粮。因此，他向湖南巡抚写了一封举报信，揭露了两位知县的不法行为。但是这两位知县都是巡抚的亲信，巡抚自然不会理会谢济世。谢济世见巡抚没有什么动作，便上门拜访。谈话间，巡抚几次试图将谢济世招揽过来，但谢济世不为所动，巡抚看谢济世一点情面都不讲，还那么较真，所以他先下手为强，诬告谢济世，说谢济世是前朝的罪臣，后来被贬到边关，如今新皇帝登基，他才又恢复了官职。可他不仅没有为皇上尽忠之心，还整日酗酒，骄奢淫逸，对上级不敬，品行不端，没有一个官员的样子，还贪得无厌，索要贿赂，逼迫百姓出高价购买大米，从中渔利。

如果仔细看那些诬陷的话就会发现，这完全就是官方的说辞，随意往哪个粮储道身上一套都能站得住脚。但是乾隆毕竟远在京城，看见这道奏折，很是生气，将谢济世革职，打入大牢。谢济世入狱之后，先是京城有人议论那个巡抚是个妒贤嫉能的人，然后又说谢济世被弹劾的那天，长沙大街上出现了写着谢济世是"民之父母""正大君子"的小字报，再加上有官员进言，乾隆觉得这里面也许有猫腻，于是派了户部尚书调查，最后找到了谢济世被陷害的证据。

因此乾隆下令革去湖南巡抚和那两个知县的官职，谢济世则被免了罪名，并被任命为湖南驿盐长宝道。不过，被罢免的湖南巡抚门下子弟众多，都在等待着报复的机会。于是，谢济世要求调任广东，但新任湖南巡抚觉得谢济世离经叛道，秘密向乾隆报告说当地的乡绅都跟谢济世有过往来，而且谢济世年事已高，不能领导下属，又擅自请求调到广东。

乾隆觉得谢济世不知感恩，乖张自大，令56岁的谢济世辞官归籍。大凡当官的解甲归田，都会送些礼物给当地官员，而谢济世两袖清风，不能相赠。全州知州对自己得不到馈送很是不满，又怕被抓到把柄，于是想找人捏造罪名诬陷谢济世，却没有得到响应。谢济世回到家中，称病闭门不出，乾隆二十一年（1756）去世，终年69岁。

至于黄振国，田文镜又上疏说他认为黄振国是知县，皇上钦点他为知州，应当感念天恩，尽力报答。他居然敢依仗蔡珽势力，信口雌黄，恫吓官员，贪赃枉法，他上疏纠正，原无冤屈，上疏之后又以致死灭口之事造言诬蔑，结党营私。

田文镜参劾黄振国之事，到底是不是雍正皇帝指使，目前尚无确凿的证据。但是在田文镜与雍正的密折中，田文镜得到了雍正的明确指示，雍正要打击朋党，使这件事情从单纯的互相弹劾，上升到了雍正提倡的"肃清朋党"的政治斗争的层面，田文镜不仅善于揣摩雍正的心思，而且在执行雍正打击朋党、抑制绅衿的政策方面，也是功不可没。

田文镜也因此深得雍正皇帝的信赖，一路高升，雍正五年（1727）晋升为河南总督，加封兵部尚书，享有"抬旗"的殊荣。至此，这场政治风波田文镜大获全胜。

事实上，这次田、李互参案的源头就是田文镜不分青红皂白，错误地参劾了几个科甲出身的州县官。田文镜对雍正的心思了如指掌，他利用科甲官员都是同年这一共同点，找出结党营私这一敏感点，雍正最恨结党，他的政敌允禩就有许多科举出身的官员拥护，所以雍正顺势而为，田文镜转危为安，而且平步青云。李绂等人虽然没有结党营私，但是李绂的结局在某种程度上也是他自己造成的。雍正生性多疑，认为科举官员更容易结党营私，他在上谕中说过："乃科甲出身之人，不思秉公持正，以报国恩，相率而趋于植党营私之习，夤缘请托，朋比袒护，以至颠倒是非，排陷报复，无所不为。风俗人心之害莫过如此。"(《上谕内阁》) 意思是身为科举出身的人，不思秉公办事，不思报效国家，反而拉帮结派，假借他人之手，以朋辈之名，颠倒是非，图谋报复，无所不为。对风俗人心的损害没有什么比这更严重的了。

然而，雍正的谨慎并非没有道理。科举制度是文人向上攀升的阶梯，成为选官的"正规途径"，其弊端也由来已久。科举制度到明、清两代，已发展到了登峰造极的地步。首先要成为童生，之后再参加由当地知县、知府主持的考试，也就是府试，通过之后再参加省级的考试，就是院试，被录取的就是生员，这个时候才有资格参加科举考试。

首先是乡试，然后会试、殿试，在乡试之前还需要得到乡试的资格，乡试结束后还要有复试，总之要经历各种考试。不过，到会试这一步，如果落榜也可以通过"拣选"的方式获得官职，所以乡试和会试就成了读书人进入官场的关键。而考官也十分重要，是由皇上钦点的。主考官的工作是批阅试卷，确定考生排名。科举制度通过层层选拔得到人才，录取的人数比较有限，可以说考生的前途完全取决于主考官。考生一旦考试通过，即称主考官为"座师"，而与他同届的人，则称为"同年"。这些联结在一起的人员在以后遇到事情的时候，都会暗中相互关照。等到门生成为知府、知县之类的官员后，如果是与座师、同年在同一个地方任官，就必须要赠送银子，名曰"别敬"。这样，在科举考试中，很容易组成一些小团体，从而为后来的科甲朋党打下基础。而且考生所学习的知识，也只限于应对科举,他们很少有治国济世的情操,只在乎升官发财,科举反而变成了朋党与贪污的温床。

很多低级官员和朝中的权贵没有师徒关系,却愿意拜朝中的权贵为师。无论是何种原因形成的师生关系,都是官员出于自身利益考虑而结成的,必然会对朝局造成某种程度的冲击。事实上这种风气从唐朝就开始了,后来的每个朝代也都有拜师的风气,这种风气可不是皇帝的一道旨意就能禁止的!为了得到更多的支持,下面的官员开始投机取巧,想方设法地往上爬,疏通关系,寻找自己的政治支持,这已经成为官场上的一种普遍现象。所以之前雍正希望大多数官员与怡亲王允祥结交。

其实在田、李互参案发生前,清王朝曾发生过一系列朋党受贿案件,比如索额图案、明珠案,还有前面所说的年羹尧案和隆科多案。不过参与这些案件的主角是满洲勋贵和得宠的汉军旗官员,所以科甲官员朋党案与这些相比规模要小一些,主要为请托钻营、相互包庇等,对皇权的统治并无太大危害。但是朋党涉及人数众多,若是所有大臣都这样,也有碍于政治清明。

康熙晚年推行宽纵政策,使官场上的这些恶习越来越难以遏制。雍正一上任就想进行改革,必然要同这些不良风气作一番激烈的斗争。雍正和康熙的风格完全不一样,雍正以铁血手腕清理了科甲朋党,原因是他们互相勾结,给雍正推行新政带来了负面影响。而且雍正一登基,就亲手写了一篇《御制朋党论》,随后对年、隆结党一事,雍正严惩不贷。对于科甲官员结党营私之事,雍正更是厌恶之至,所以田文镜这份无凭无据的奏折,很快就扭转了局势。雍正对李绂等人的处罚可视为一种警示,显示出他对科甲官员结党的反对态度。

不过雍正对于科甲官员相互结交的事并不是完全反对。顺治帝曾经禁止考生拜主考官为师，而雍正对拜师一事并不反对，认为这是人之常情，但是师生之情、同门之谊，绝不可以作为结党营私的借口，既然是同门师兄弟，就应该相互告诫。康熙曾经禁止九卿保举同乡、师生、同年，但是雍正上任之初便下了一道"举贤不避亲"的上谕，上面说因为他在藩邸不与朝臣往来，不了解大小官员。现在不拘一格，有品行端正、清正廉明、精明强干的人才，大家可以通过密折告诉我。素日同僚共事，或同乡、同年、门生、亲戚、子弟，俱准保奏。雍正希望把有才能的人尽快提拔到重要位置。

之所以通过密折，就是因为虽然在推荐过程中可能有人请托营私，但是雍正也可以通过密折来询问其他大臣的意见，各大臣之间并不知道对方说了什么，这样就可以避免官员营私舞弊。

雍正虽然有意打压一些科甲官员，但总体来说，他对士子还是很好的。雍正四年（1726），田、李互参案还在继续中，因为清朝的乡试有副榜制度，副榜是指乡、会试因名额限制，未能列于正榜而文字优良者，于发榜时别取若干名，列其姓名于正榜之后，副榜的学子被称为贡生，田文镜就是贡生，不算正经科举出身。雍正当时下令："各省的副榜都可以当作举人参加会试。"这是前所未有的事情。所以，其实雍正对科举入仕的官吏并无反感，反而想要他们对自己忠心耿耿。田文镜之所以能大获全胜，就是因为田文镜和雍正一样是个"孤臣"，他是雍正最坚决的执行者，从不徇私，所以他时常被排挤、被孤立，这也是雍正皇帝最在意的地方。

在弹劾案之后，田文镜上了一道奏折，要求从雍正五年（1727）开始将河南的丁银均摊到地粮中，富户与平民平等纳税,各部同意了这个提议。雍正五年(1727),田文镜上奏称,黄河泛滥,江堤不稳。最好的办法,就是召集百姓修缮,每到夏至,方圆两里之内的村落,都会按照户籍派出劳力,完成之后便会被遣散。如果无法估算完工时间,那就按照人数来分配粮食。没过多久,田文镜又升为河南总督,加兵部尚书。田文镜原是汉军镶蓝旗人,后来被清廷抬入正黄旗。

雍正因田文镜清正廉明,于雍正六年(1728),晋升他为河南山东总督。这个官职是专为田文镜设立的,并不固定。田文镜上疏道:"山东和河南交界之地,经常有盗匪出没,官府越界追捕的时候,就会有盗匪劫走要犯,经常会有人因此丧命,对方省份还会包庇他们。请求以后可以越界查抄盗贼,若他省有包庇之事,许各省督抚呈交奏议参加审案。"雍正同意这一建议。

田文镜还曾上疏雍正建议:"山东粮饷亏空甚重,大都以移新补旧为主,要求根据河南的实际情况来征收,由下一任官员继续稽察,如果有亏空,先还一半,然后再调职。"还上疏说:"这些年来,山东的钱粮亏空已达200万之多,雍正六年(1728)应缴的还不到一半,因赋税太高,官员私吞太多,故请命山东巡抚和布政使协助臣清查亏空,如此半年左右,必能将其全部清算完毕。"雍正七年(1729),田文镜向朝廷请命,在青州设满洲驻军,驻扎于东阳城以北。这些建议雍正也一一同意。

很快,田文镜就被加封为太子太保,不久后,雍正又任命他为北河总督。那年,山东和河南都有水灾,雍正下令减免两省的钱粮。田文镜却上奏说,河南有水灾的州县,虽有不同程度的灾荒,但并不严重,百姓积极纳税,要求继续征税。朝廷商议之后,答应了田文镜的要求。

到了康熙后期,各种社会问题不断累积。雍正登基后,急需进行改革。他先是整顿官场,将允禩和允禟这两股势力彻底消灭,同时也将年、隆两系的势力扼杀在摇篮之中。在雍正四年(1726)的时候,基本实现了官员的重新整合,皇帝的权力得到了进一步加强。接着就是整顿朋党,他把一些不服从命令的官员换掉,换成一些服从命令的官员。田文镜便是一个榜样。他在督抚互参一案中的表现,让雍正十分满意,使雍正得以成功地改变了自己的用人方针。田文镜几乎是完全听从雍正的命令,依雍正之意,逐步将此案扩大,最终达到震慑官场的目的,肃清了官场风气,推动了雍正的改革。而且田文镜的知恩图报之心以及他在官场上的阅历,都让他得到了雍正的青睐,为日后的仕途打下了坚实的基础。田文镜之所以得到雍正的宠爱,不只是因为有机会表现自己,替皇上分忧,更重要的是他做到了雍正所希望的"与君同好恶",所以在官场上混得风生水起。

田文镜因直言山西隐瞒灾祸,被雍正赏识,平步青云。可惜,到了晚年,田文镜逐渐昏聩堕落,全无之前的操守,他后来也瞒报灾情,这是他一辈子都洗不清的耻辱。

雍正八年(1730),河南再次受灾,这次情况较重,雍正通过其他途径了解到河南的情况后,立即下达了免除受灾地区钱粮的命令。然而,田文镜不仅拒不赈济灾民,反而严苛地征收赋税。由于百姓受灾,无钱纳税,直至九月才征收完毕,逼得人们不得不离开家园,前往各省行乞。雍正责问田文镜:"山东灾民流亡到其他省,这是预料之中的事。但是湖北省麻城等地方,也有河南的饥民,这是怎么回事,朕不明白。河南以前从来没有听说过饥荒有这么严重的情况,为何抛弃乡井,到邻县去要饭呢?"田文镜却回答:"丰收和歉收都是很常见的，怎能确保每一年都是丰收呢？"雍正又说："如果让下属粉饰太平，不但不能免议论，亦无趣无耻事也。"田文镜虽然回复雍正，自己吓得汗流浃背，但依然上奏那里雨雪足够，收获颇丰。田文镜隐瞒灾情，造成河南和山东人民无家可归，引起了民怨，通过密折参奏他的官员络绎不绝。雍正本想着田文镜到底是个功臣，说他几年来一直在努力治理河南，我怎么能因为他一时的失误，就否定了他在河南的功绩呢？还是给了田文镜一个改正的机会。

直到雍正九年（1731）二月，灾情进一步扩大，不少州县甚至出现了抢掠大户的情况，卖儿卖女的更是数不胜数，社会秩序混乱。雍正大为震怒。山东的情况也好不到哪里去，山东上年发生了洪水，庄稼只有三四成的收成，当地官员却说收成有七成之多，没有灾害，又为了迎合上级的要求，取消了饥民的户口，驱逐外来乞讨的灾民，也不准本地的灾民去别处。雍正再次责问田文镜，田文镜在为自己辩护的时候，也承认了自己的失职，说是自己能力不足、管理不善造成的，请予罢斥。雍正十年（1732）四月，田文镜以身体不适乞休。雍正便将田文镜调到京中治病，又命钦差大臣赶往灾区彻查灾情，并命官员动用当地的粮饷，核实赈济，不放过任何一个细节。

这一次河南的灾情与雍正元年（1723）的那次相比更为严重。钦差大臣报告说："目睹灾民挖草根、采野菜，灾情严重，有30多个州县受灾。从三月初开始赈灾救济，持续了两个月，一直到收麦子的时候。"

而田文镜久病不愈，在雍正十年（1723）十一月去世。田文镜61岁任山西布政使，3个月后调任河南布政使，此后历任河南巡抚、河南总督、河南山东总督，70岁时在河南开封病逝，其仕途最大的成就与人生的高光时刻均在治豫期间。

"模范三督抚"中第一个深得雍正信任的重臣就是田文镜，然而，他在晚年的时候却犯了一个致命的错误，乾隆登基以后，明确地在诏书里说他隐匿灾情不报的罪责。这不仅是他50多年仕途上的一个污点，同时也是乾隆警示其他官吏的一个典型。

那么另外两个"模范督抚"又是怎样获得宠爱，又有怎么样的结局呢？

第七章　朕含泪观之，卿实为朕之知己

今日阳光甚好，鄂尔泰在书房中拿着雍正的朱批奏折，一字一字地读："朕含泪观之，卿实为朕之知己，卿若见不透、信不及，亦不能如此行，亦不敢如此行，朕实嘉悦而庆幸焉。"鄂尔泰看后心中也是一阵激动，他之前不过是对新任巡抚说了句"皇上用人无甚神奇，只是一个至诚"，没想到皇上就如此动情忘我，说他是知己。其实，皇上又何尝不是他心目中的知己！如果没有皇上，又何来现在的他？

鄂尔泰出生于康熙十九年（1680），字毅庵，出身于满洲镶蓝旗，姓西林觉罗氏。他的祖先早年投靠了清朝开国皇帝努尔哈赤，担任世管佐领一职。世管佐领这个官职属于满洲八旗佐领中的一种，具有世袭性质。他的祖父官至户部郎中，父亲鄂拜曾任国子祭酒。

鄂尔泰（1680—1745）6岁入学堂，苦读诗书，8岁能写文章，16岁参加童子试，第二年就中了秀才，20岁中举，正式入仕。他比年羹尧小1岁，可谓年轻有为。21岁时，鄂尔泰接替了佐领的世职，做了侍卫，从此在官场上活跃起来。不

过到了康熙五十五年（1716）他才当上内务府员外郎，这个时候他已经36岁了，和他的同年年羹尧相比，可以说是仕途不顺了。内务府员外郎是个闲职，换言之，他辛辛苦苦干了10多年，才从侍卫升到了从五品内务府员外郎，之后仕途又停滞不前。他对自己的处境感到十分不安。康熙六十年（1721）新年时，已经41岁的鄂尔泰自叹："揽镜人将老，开门草未生。"又写了一首《咏怀》："看来四十犹如此，便到百年已可知。"而与他同年的年羹尧，在40岁时已是正二品总督了。

他本极不看好自己的未来，料不到将来会成为重臣。雍正继位后，鄂尔泰的转机出现了。

1．"模范督抚"之鄂尔泰

鄂尔泰为人刚正不阿，据记载，他自幼不苟言笑，一举一动都有法度，宛若成年人。他的文章不拘泥于时兴，涵泳白文，领悟了通章的主旨，得了题目的精髓，笔势苍劲。处事上"性耿直，好奖励名节，恶偷合取容，以媚世者"。

雍正元年（1723）正月，鄂尔泰任云南乡试副主考官。五月，擢升为江苏巡抚，这种越级的提拔让他成为地方大员。为什么雍正会突然提拔鄂尔泰呢？据说，当初雍正还是皇子的时候，有事要托鄂尔泰帮忙。可是鄂尔泰婉言拒绝，说："皇子是不能随便结交外臣的。"从这一点上，也可看出鄂尔泰的性情，他的仕途坎坷或许也因此有关。但也就是因为这件事，使得鄂尔泰在胤禛心中留下了很好的印象。雍正登基之后，召来鄂尔泰，夸奖说："你当员外郎时，敢于拒绝皇子的托付，足见法纪严明。"

雍正三年（1725），鄂尔泰再次升职，被擢为广西巡抚，在前往广西的路上，雍正认为他可以干更多的事，就改封他为云南巡抚，并且负责云南、贵州、广西三省的事务。恰在这个时候，朝堂上就改土归流一事发生了争执。当时的云贵总督杨名时（1661—1737）只负责云南巡抚的事务，所以只是名义上的总督，而鄂尔泰初到西南时，雍正要他监管3个省，所以鄂尔虽然名义上是巡抚，事实上却是履行了总督的职责。鄂尔泰升官之快令人惊叹。

实际上，杨名时为云南做过很多实事。杨名时，字宾实，号凝斋。出生在江苏省的一个耕读之家，18岁师从大儒，潜心研究探索理学。康熙三十年（1691）考中进士，深受理学家李光地的赏识，颇有成就。杨名时为康、雍、乾三朝的重臣。曾任云南巡抚、兵部尚书、云贵总督、吏部尚书等职位。他为人正直，为官清廉，关心百姓，保护百姓，为百姓谋福利。康熙曾说："杨名时实好官，不徒清官也。"雍正为了表彰杨名时为官数十年勤政不息，亲书匾额"清操夙著"送给杨名时。乾隆说："杨名时为人诚朴、品行端方。"江阴的士人尊称他为"邑尊"。杨名时60多岁的时候，治理云南，整顿吏治，体察民情，敢于直言，深受云南人民的爱戴，被誉为"苗民青天"。

康熙五十九年（1720）冬，杨名时被升为云南巡抚，成为封疆大吏，从此开始治理云南。此时，朝廷正准备出兵西藏，军队在昆明驻扎，等候调遣。杨名时积极配合，主持军务。他把巡抚府衙的正厅让给了总督和将领。修建房屋百余所，供驻防及储粮之用，而且并没有向百姓摊派。杨名时觉得云南交通极为不便，屯兵屯粮的弊端十分严重，于是上疏请求减税，很快就被批准，此举极大地改善了云南征军粮的积弊，减轻了百姓的负担。

杨名时为整肃吏治，制定了《通行禁令示》十条，又不断发布整顿告示，其中以"整顿公件"最为人称道。所谓"公件"，是指各级官吏为民办公务所需的开支，其实质是各级官吏以各种名目向百姓摊派钱粮的手段。杨名时在巡视、查检各衙门账本时，发觉云南税收制度存在着诸多问题。杨名时核定各省、各州、各县、司道的合理"公件"，报总督核准后，发布公文于各州县削去"公件"，并将已核准的"公件"定数刻于碑上供人了解，民众的疾苦大为减轻。

杨名时还革除积粮之弊，各存粮里，择村中长者专管，地方官只监察，不可挪移勒借，每年青黄不接的时候借给百姓，秋收的时候再收回来。如果粮食丰收就会收取少量的利息；如果收成一般就不收利息；如果遇到收成不好的时候，就向地方官吏报告，然后发放救济。这样，就可以让云南的百姓在饥荒的年份里能够得到足够的粮食。与此同时，还实行了一种储仓法，就是在丰收的时候，官府把农民纳粮以外多余的大米集中到官方的仓库里，然后在饥荒的年份以更低的价格卖给百姓，这样就可以避免饥荒的发生。

云南百姓所需承担的无偿差役多而繁杂，负担之前设立的五处交通文书信件、货物杂件无偿运输的任务，这给百姓带来极大的负担。杨名时在云南各府、州、县广布告示，革除这项差使。还取缔了云南各地方的苛捐杂税。由于云南商贸不发达，杨名时经过数次巡查，才颁布了《禁换帖示》，规定牙行不用每三年更换一次牙帖，为的就是防止官府利用这种方式敛财，以保护商人的利益。杨名时还鼓励外商入滇做生意。强调在限额以外，应禁止征收过多的赋税，以保障商人的利益，从而推动了云南的商贸发展。

雍正登基后，杨名时继续担任云南巡抚。云南地区自战乱后，税收体系十分紊乱，有的时候人丁已经去世，田地也已被毁，但是户籍仍在，出现一个人要承担数十人赋税的情况，累代相仍，被称作子孙丁。后来，云南百姓人多无一寸田，但是还要交纳田赋。如果官府步步紧逼，百姓就不得不背井离乡躲避税收。雍正二年（1724），杨名时上疏主张请按直隶惯例，将通省的赋税分摊到田粮之中，然后增加的人丁不再增加赋税。奏请通过后，云南百姓的赋税负担大为减轻。

可惜的是，到了雍正四年（1726），杨名时因为在题本上错误地写上密谕的内容而被革职，还被扣上了向藩库借钱粮的罪名。雍正六年（1728）杨名时被抄家，家中财物不到两百金，可见他确实清廉。从那以后，杨名时从官场斗争中抽身而出，在云南待了7年，传道授业，专心写作。到了乾隆元年（1736），乾隆下令将其召回京。杨名时出云南的时候，滇黔百姓都为他高兴，或老少相迎，或设宴款待，以至于马都无法行走。杨名时于乾隆二年（1737）病逝。乾隆特赐谥号文定，追赠太子太傅，葬于贤良祠。"苗民青天"杨名时的事迹也在民间广为流传。

原来，苗、彝、僮（清朝时称僮族，新中国成立后直到1965年经周总理提议，国务院将"僮族"改为"壮族"）、白、瑶等少数民族居住在云南、贵州、广西等地，由于交通闭塞，经济文化相对落后，直到清代初期，仍然保留着土司制度。大大小小的土司就像部落的首领，土著居民都是土司的奴隶和士兵，土司占据了土地、森林、水源，土司和土著形成了一种永恒的主奴关系。土司无论走到哪里，土著都要顶礼膜拜。他们有权任意处置土著居民，如占有、转送、出售；饮酒作乐的时候，常常以射杀土著为游戏；还屠杀土著居民祭祀神灵和祖先。土著稍有差池，面临的就是割耳、断指、抽筋、剥皮等酷刑。至于夺其财物就更不用说了。而且土司都有自己的军队，有的时候附近的官兵对他们稍加盘问，土司的军队就立刻拔出兵器，对中央政权构成了严重威胁，阻碍了当地的经济和文化发展。在过去的几百年里，不是没有治理过这个问题，但是都失败了。

雍正刚登基，西南各省的地方官员纷纷上疏，要求解决这个棘手问题。大臣们都主张改土归流，"土"是土司的意思，"流"就是轮流当官，也就是废除土司制度，改为由朝廷派官的流官制度。雍正在这个时候让鄂尔泰去云南，就是要他去解决土司问题。

鄂尔泰在担任云贵总督时，始终奉行雍正的治国方针。鄂尔泰率领的部队刚刚扎下营寨，就遭到了土司甲兵的骚扰，营寨也被烧毁。可见"改土归流"并不是那么容易的。但是鄂尔泰经过研究后，认为出兵攻击只是一时之计，从长期来看，还是要彻底铲除土司制度，坚决实行改土归流。

但究竟怎样实行，其实质又是什么？在鄂尔泰和雍正的往来奏折里，对于改土归流的解释十分精彩。

鄂尔泰在奏折中对改土归流的看法如下：流土之分，原以地属边徼，入版图未久，蛮烟瘴雾，穷岭绝壑之区，人迹罕到，官斯地者，其于猓俗苗情实难调习，故令土官为之钤制，以流官为之弹压，开端创始，势不得不然。今至有明以来已数百年，中外一体，流土同官，既有职衔，宁无考察，乃仍以夷待夷，遂致以盗治盗，徒令挟土司之势，以残虐群苗，随复逞群苗之凶，以荼毒百姓，横征暴敛贡之。朝廷者百不一二而烧杀劫掳，扰我生民者十常八九。须控制有方约束有法，使其烧杀劫掳之技无能施为，而后军民相得以安。(《世宗宪皇帝朱批谕旨》)

鄂尔泰在这道奏折中指出，这里地处偏远，为蛮荒之地，瘴气弥漫，人烟稀少，其环境之恶劣，使人难以适应。由于这些气候和地理环境的原因，在过去的几百年里，政府不能对其进行彻底的管理，于是就让当地的土司来管理，也就是流土同官，因而产生了许多弊端。土司荼毒百姓、横征暴敛、烧杀抢掠之事时有发生。因此，鄂尔泰主张立即进行改革，消除这些根深蒂固的弊端，百姓才能安居乐业。

雍正在这道奏折中批复："流官有设立吏目者，职分卑微，无印信可行，无书役可遣，土司意中倘有轻忽之念，则未必肯遵其约束，今可否酌土司之大小，将微员如何改设，重其职守，使流土相适，地方各安。该督抚会同密议具奏。"（《世宗宪皇帝朱批谕旨》）

雍正的意思是说虽然设置流官，但流官的地位低微，既无印鉴，又无文书可派，土司若有怠慢之意，恐怕也不愿受其制约。现在能否视土司的情况，调整官吏的设置，让流官和土司的设置相适宜。

鄂尔泰按照雍正的意思，和有关大臣商量了一下云贵各省的改土归流事宜，向雍正奏报，说土司根本不听各府州官员的命令，因此，他提议对这些土司进行严格的管理：

> 流官固宜重其职守，土司尤宜严其考成，土司之考成不严，则命盗之案，卷日积大，凡杀人劫财皆系苗猓，虽一经报闻，随即缉捕，而潜匿寨中，已莫可窥探。所以无论吏目等微员，任呼不应，即使府州关移臬司牌票，亦置若罔闻，十无一解。非知情故纵，即受贿隐藏，其在流官束手无策，大吏深难其事，不敢咨。题多从外结，其实得外结者，亦复无几。故劫

杀愈多，盗贼益盛，掳人男女，掠人财物，苗子无追赃抵命之忧，土司无降级革职之罪，有利无害，何靳不为？此土司考成不可不严，当与文武流官画一定例也。

大意是流官固然要忠于职守，土司也要严格考核，如果土司考核不严，偷盗案件就会越积越多，杀人越货如果和土司有关，一有缉拿的消息，他们就躲在寨子里，谁也查不到。是以无论官吏如何寻找，都得不到回应，毫无头绪。不是知情放人，就是收受贿赂，官员们束手无策。是以劫杀之人愈来愈多，掳掠男女、掳掠财物，苗民无追赃抵命之忧，不受贬黜，何乐而不为？因此，土司的考绩不能不严，其考核标准应与文武官员划一。

这些关于在西南推行改土归流的奏折也成为研究的重要资料。但是里面经常会出现一些对少数民族的蔑称，例如鄂尔泰的奏折中，就有苗蛮、猓俗、苗猓、凶贼、蛮猓等不恰当的词语。

鄂尔泰又上奏折提出对土司、文官、武官划分职责，盗贼来到苗寨中，就由土司专门负责，如果土司平时管束不严，遇到事又推脱，这是土司的责任；盗贼来内地，责任在文官，如果乡保不能稽查，而捕快又不能缉获，这是文官的责任；盗贼发生在外地，是武官的职责，如果关卡处没有严加盘问，而兵丁又没有来支援，这是武官的责任。

鄂尔泰将土司、文官和武官的责任分开，一旦有盗贼作乱，就由相应官员来处置，如果他们处置不当，就会受到严厉的处罚，这一点非常明确。

鄂尔泰还在奏折中详细论述了改土归流的方针：先用土

兵当前锋,然后再根治土司问题;凡敢于反抗的土司,一律剿抚并施,顽抗到底者,一律消灭。若有悔过之心,就可以得到赦免。鄂尔泰提出要鼓励土司投降,表现良好者,可以在官府中做流官,最大限度地降低土司对朝廷的敌对情绪,减少他们对"改土归流"的抵制。鄂尔泰的奏折,促使雍正在实施"改土归流"这一政策上下了决心。

从鄂尔泰的奏折内容来看,他认为由于西南地区不能进行变革,导致许多历史遗留问题,所以需要通过"改土归流"的办法来根除这种弊病,并且要严格考核土官,把土司、书记、武职人员的职责划分清楚,等等。奏折中写了许多细节,雍正十分重视鄂尔泰的建议,在奏折上朱批:"兵部、刑部、都察院各议具奏。"

鄂尔泰在雍正四年(1726)十月被任命为云贵总督,获得了总督的实职,而且还加封兵部尚书衔。鄂尔泰出任云贵总督之后,就主动向云南边境的土司打听有关情况。在云贵一带,如何稳定地方局势、镇压暴乱、改革弊端是鄂尔泰执政的首要任务。

因为广顺长寨土司向朝廷挑衅,所以鄂尔泰对其发动了进攻,土司被打得溃不成军。长寨土司被灭后,鄂尔泰上奏请求以流官代之,在这里设立了长寨厅,即现在的长顺县。这对于鄂尔泰来说,是改土归流成功的开始。这件事定下后,雍正破格提拔鄂尔泰为云南、贵州、广西三省总督。由于这3个省份的改土归流任务最为艰巨,所以鄂尔泰上任之后,立刻摸清了3个省份的特点和土司的状况,并作出了改流方案和军事行动计划。长寨改土归流的时候,各土司十分凶悍,官军所到之处都是群起而攻。鄂尔泰命总兵长驱直入,迅速征服了上千个土司寨,取得了一场重大的胜利。

镇沅、沾益两地的土司都是前朝委任的土官，他们以朝廷命官的名义招兵买马，不仅扩大了自己的势力，还败坏了官府的名声。鄂尔泰发兵进攻，俘虏了两个土司，并设镇沅州和沾益州，以流官代替土官对当地进行治理。

这二人被鄂尔泰视为云南最难治理的人。鄂尔泰还专门写了奏折说明这二人为什么是最难治理的人。鄂尔泰在此奏折中说，经过仔细调查，"势重地广，为滇省土司难治者"。镇沅土司生性阴险狡猾、好色成性，终日为非作歹，不守法，强占土地，阻挠柴薪，威吓灶户，法不能究。沾益土司恃强凌弱、杀人越货，以杀人为游戏，以贿赂为生，以贪污为业，纵容私兵，纵容朋党，罪不可赦。

雍正四年（1726）两个人被逮捕。鄂尔泰觉得，这两个人是绝对不能放过的，一定要依法惩处，做到"上之尽其根株，次亦令其贪弱，庶渠魁既除，群小各知儆惕"，意思就是首先要铲除他们的根，其次要让他们变得贪婪软弱，除掉他们的头目，这样才能起到警示作用。雍正很欣赏鄂尔泰处理这两个人的做法，在这道奏折上朱批："是当之极，实慰朕怀。"

这两个土司被鄂尔泰逮捕、审问时，查明两部的田亩和户口银两，发现镇沅土司每年所收银粮都与实际情况不符，相差很大，将多出来的银粮占为己有。沾益土司则占用了大量土地。因此鄂尔泰愤怒地说："他私下征的粮食和银两，比正常的数额高出数十倍甚至上百倍，而放在仓库的，也就只有十分之一二，由此类推，他贪的岂不是更多？"

此外，鄂尔泰还查明，镇沅附近的乐甸，是一处山贼出没之地，地势险要，原为一名世袭土司管辖，但这位土司昏庸无道、为非作歹，惹得当地居民怨声载道。鄂尔泰觉得，如果不把这里改土归流，后面也很麻烦。鄂尔泰随即发兵到乐甸。

乐甸土司投降，表示愿意接受改土归流。鄂尔泰将这件事禀报给雍正，雍正朱批："朕中心嘉悦竟至于感矣，有何可谕，勉之。"

后来鄂尔泰写信劝乌蒙、镇雄两地的土司主动投诚，但是两地的土司非但没有投降，反而联手反抗，不等这边有所行动就袭击了官兵军营，气焰嚣张至极。鄂尔泰命游击率兵前去，与川军配合，击溃了两大土司的联军，这两个地方随即改为乌蒙府和镇雄州。

将乌蒙、镇雄和东川划归云南一事，雍正让鄂尔泰与四川总督岳钟琪一同办理。这期间的事，自然也是鄂尔泰通过奏折与雍正沟通。鄂尔泰在奏折中说，这件事需要等相关事宜办妥后，再根据时机来办。鄂尔泰先是派遣有关人员勘察、了解当地的情况，比如土地、营汛、矿山等，拟定派兵到东川驻防。建议将东川的其他6个营寨改土归流，"凡属顽梗滋扰者，或须擒拿，或令投献，悉为归辖流官。其一切土目尽行更撤。待六营既靖，党羽已除，然后计及乌蒙"。意思就是若有顽劣反抗的人，或逮捕他，或令其投降，全部改归流官管辖。等到这里所有土官都被流官更替再撤走士兵。这里平定后，再对付乌蒙。

由于暂时不能和岳钟琪见面，鄂尔泰给岳钟琪写了一封信，告诉他如何对付东川和乌蒙，又请岳钟琪告诉他乌蒙到川省的要道和旁斜道路都在哪里，由谁管辖，应该做什么准备，等等，只要能查到的，都用密信告诉他。雍正在这句话旁边写了朱批："岳钟琪已请身到成都，就近料理凉山、普雄等事，朕已允其请，此一大事，全赖二卿协衷勉力为之也。"

鄂尔泰还认为四川的镇雄土府与乌蒙土府都是穷凶极恶之辈。如不改土归流，三省边境都要遭殃。因此他主张首先征服乌蒙，徐图镇雄，打敌人一个措手不及，或令两土府互相吞并，然后将他们除掉。不过这件事要亲自考察，然后才能决定。过了几个月，鄂尔泰告诉雍正自己收到了岳钟琪的来信，岳钟琪赞同他对乌蒙事务的处理方法。雍正十分高兴，回复："相同甚好，因事情重大，又有梁山进剿之役也，命岳钟琪来川就近料理。"

鄂尔泰指出东川新立，人心不稳，待营寨迁走，一切都办妥，再来对付乌蒙，一次就可以解决了。并且要将东川和乌蒙的土司都抓住，改土归流方能顺利。何况乌蒙、镇雄两地相连，要趁此机会，将镇雄的土司也剪除。还有广西泗城的土府官员，也是桀骜不驯，不将这三个地方的土府铲除，这几个省很难平定。首先要解决乌蒙、镇雄两府，然后再派人到广西，请他们配合，改土归流。

不过也并非所有人都同意鄂尔泰的看法，四川永宁协副将张瑛（生卒年不详）就向雍正提出了一些问题。雍正将他写的密折内容发给鄂尔泰，让鄂尔泰斟酌，他还特意在朱批中解释这件事："此人愚蠢，但向日声名甚好，而亦不可以人废言。"大意就是张瑛虽然笨，但他的声望极高，也不要因为他的为人而觉得他说得不对。

因此鄂尔泰看了张瑛对乌蒙改土归流提出的意见后，在奏折中逐条详细解释。首先，关于各军营盔甲问题，鄂尔泰认为，除盔甲外，火器和弓箭都是最重要的，但由于边关战事持久，士兵军纪涣散，情况和张瑛担心的一样。鄂尔泰又说，最近他见所造的甲胄和兵器，数量虽多但大都是不能用的，于是请朝廷下令，让总督和提镇大臣尽最大的努力，把这些甲胄修好，以儆效尤。

其次，张瑛认为改土归流后，乌蒙地区的百姓不能沿用以前的旧俗，比如扎发髻等，应该让他们剃头，设立里长和甲首,轮流管理当地居民。对于张瑛的建议,鄂尔泰有不同的意见,当地已经有几千名士兵自愿剃发,都是真心的,并没有被官府强迫,但如果强迫本地人剃头,他们肯定不情愿,会觉得朝廷官员和那些凶恶的土司没有区别,心中恐惧。关于设立里长和甲首,鄂尔泰担心这会造成双方的矛盾,使双方的关系难以调和,所以,他建议"抚夷之法,须以汉化,以夷治夷"。虽然本地官员多残刻,但当地人敬畏,不敢有其他的想法,这正好是一个改变的机会,一旦流官破除当地旧习,再全力开导他们,时间长了,他们就会"知尊知亲,生杀惟命,而形迹名目之间,俱无庸置议矣"。雍正在朱批中对此表示赞同。

张瑛还建议可以考虑合并永宁、乌蒙两地,这一点鄂尔泰持反对意见,因为贵州永宁县是黔、蜀两省的交界处,这里设置一个县,是为了使两个省份间互通消息。如果将这个县归为川省,就需要在贵州再划分一个县与川省接壤。这样的话不但城邑、学堂、官衙、货栈都要再设立,而且还必须增加汛营。因此,永宁县不能改归四川省。雍正在这段文字的末尾朱批:"好。"

张瑛还提出几个对土官的处理方式,但是并不公平,如"严于阿底,恕于乌蒙,请宽禄万钟,不及刘建隆等"。鄂尔泰认为,张瑛的这一建议是有私心的。乌蒙的土官抢了阿底土官的女儿,所以两个土府结仇,双方大打出手,威宁和川省的官员都阻止不了,为了防止双方再次发生冲突,鄂尔泰吩咐两边的官员立下约定,要双方都要遵守,谁也不能轻举妄动。至于张瑛提到的这两个人,一个是奸佞之徒,一个残害毒杀百姓,无恶不作,若不将他们绳之以法,难以收场。雍正对此自然也是赞同的。

张瑛对黎州和其他地区的少数民族,建议宽容处理,禁止汛防将士贪图蝇头小利,挑起事端。鄂尔泰对此还是持反对意见，他主张应采用"雕擒之法"来对付当地少数民族，张瑛所说的问题是边省之通弊，这也是治理当地的大事。4个省份的官员，都要仔细调查，严格督促下属官员，严加管教。雍正在这一段文字旁边朱批："原当如是者。"

基本上张瑛所说的几条意见，鄂尔泰都一一进行了分析，并且说清楚了他反对张瑛的缘由，而雍正基本上也都赞同鄂尔泰。如此看来，鄂尔泰确实深得雍正的心。

广西泗城土知府拥有士兵4000多人，并且兵器精良，因此鄂尔泰决意对他进行招抚。鄂尔泰许其优厚的待遇，泗城土知府在鄂尔泰的再三劝说下，终于同意招安，因此这里被改为泗城府制。鄂尔泰大力推行改土归流，梧州、柳州和庆远等地都大力支持鄂尔泰，为鄂尔泰提供粮草，与官军一起打击土司，对广西改土归流起到了很大的推动作用。

但是改土归流并不是一帆风顺的。贵州省内的苗疆地区，有1000多个土寨，群寨环绕、地势险要，鄂尔泰觉得要在这里改土归流更加困难，于是找到贵州按察使。贵州按察使熟悉当地地势，鄂尔泰与他商议应对之策。雍正四年（1726），贵州按察使派兵击退苗司兵马，直逼古州城。虽然苗疆土司屡遭挫折，但还是不停地反击，就算官兵首领有胆识，也很难成功改土归流。雍正也曾遣人来"宣谕化民"，但始终不起作用。多年来这里总是反复发生动乱，被驱逐的土司总是煽动土著居民造反。叛民还攻下了几个已改土归流成功的地方，雍正派广西、四川两地的兵力与鄂尔泰联合镇压叛乱，又派了抚苗大臣来帮助鄂尔泰。但是这位抚苗大臣却密告鄂尔泰，说他改土归流的策略是完全错误的，结果不但没能平定叛乱，反而造成了官军内乱。不过鄂尔泰在奏折中，只承认自己没有把改土归流做好，但坚持认为改土归流的政策是正确的。直到抚苗大臣被罢免，鄂尔泰继续派贵州按察使镇压叛军，这里的改土归流这才完成。

至于两湖地区的改土归流，则是随着云贵的改土归流有序进行。这里虽然也有土司，但是各民族杂处，这里的土司对流官制度也很熟悉。并且其他地区改土归流的态势慑服了两湖的土司，两湖地区的大部分土司主动要求改土归流，也有少数土司顽强抵抗。湖北有一土司拒不改土归流，雍正命鄂尔泰出兵镇压，结果这个土司众叛亲离，畏罪自杀，所在地区成功改土归流，实行流官制。

四川地区群山连绵，是少数民族世世代代生活的地方。但是土司制度给他们带来了极大的苦难，他们的生活极为悲惨。四川的官员因害怕当地百姓抵触改土归流，踌躇不前。直到云贵地区的改土归流取得了一定成绩，才使他们派出军队，比较顺利地将这些地方改土归流。

改土归流是中国历史上一项重要的改革，鄂尔泰在这次边疆官制改革中起到举足轻重的作用，从制定改革方针，再到具体实施，这些内容都是通过密折与雍正沟通的。鄂尔泰历经多年艰辛，终于得以实现改土归流。

雍正六年（1728），鄂尔泰被任命为云、贵、广西三省总督，第二年又加衔为少保，终于在雍正十年（1732）被召回京城，出任保和殿大学士，以内阁首辅的身份出现，并因改土归流的功绩被封为伯爵。不过雍正十三年（1735）的时候，贵州已改土归流的地区发生叛乱，雍正因他对叛乱处置不当，削去了他的爵位，但依然很信任他。

2. 即此二句，天上鉴之矣

与康熙朝相比，雍正朝的奏折内容更加丰富，涉及很多关于国事的讨论和计划,也涉及一些地方上的问题。很多重要的变革,都是雍正与大臣通过密折商量,之后再实施。鄂尔泰在推行改土归流政策时,也是经过密折上奏、批示,反复斟酌之后才作出决定。

比如说改土归流中,鄂尔泰还奏请裁撤土官,这些官员在云贵地区横行霸道,给当地造成了许多不安定因素,他在奏折中写道:"这些苗猓逞凶,都是因为土司在暗中支持,土司横行霸道,不遵守官府的律法,仗着土官和土目的名头,互相残杀,还残害汉人和少数民族,是边疆最大的祸患,要实行改土归流,必须铲除他们。将这些土官中蛮横残暴的人都抓起来,软弱无能的逐步换掉。实行'计擒为上策,兵剿为下策,令自投献为上策,勒令投献为下策'的方针。也就是先诱敌,让他们自己投降,如果达不到目的,再出兵对付他们。"鄂尔泰在处理云贵事务上尽心尽力,他的态度是:"稍有瞻顾,必不敢行,稍有懈怠,必不能行,不敢与不能之心,必致负君父而累官民。"(《世宗宪皇帝朱批谕旨》)

雍正对此态度非常赞同,他在"稍有瞻顾,必不敢行"这句一旁朱批:"即此二句,天上鉴之矣。"

朝廷在云南推行改土归流的政策,需要选拔有才干的官员来协助和解决问题,光靠鄂尔泰是不可能完成的。鄂尔泰曾经向雍正上过一道奏折,说自己是如何用人的:

"……用人一事,自大吏以至于一命,皆有其责。而一身之分量等级,庶政之兴废优劣,胥视乎此。……政有缓急难易,人有强柔短长,用违其材,虽能者亦难自效,虽贤者亦或致误公,用当其可,即中人亦可以有为,即小人,亦每能济世。因材因地因事因时,必官无弃人,斯政无废事。"(《世宗宪皇帝朱批谕旨》)

大意就是用人这件事，各级官员都有自己的职责。政事的兴废好坏，都体现在这一点上。政务有快慢难易，人有长处和短处，如果不懂得利用这些，那么即使是最有能力的人，也很难发挥应有的效用。即使是贤明的人，也可能会耽误公事。如果用人得当，即使是一个普通的人，也会有所作为，即使是一个弱小的人，也能够济世。要根据材、地、事、时等方面考量，只要用人得当，都能发挥其作用。

雍正在这道奏折上的朱批是：

> 治天下惟以用人为本，其余皆枝叶事耳……览卿之奏，非大公不能如是，非注意留神，为国家得人不能如是，非虚明觉照不能如是。……仍必明试以功，临事经验，方可信任。……朕前批谕田文镜言用人之难有两句：可信者非人何求，不可信者非人，而何不明此理，不可以言用人也。朕实以此法用人。卿等当法之，则永不被人愚矣。……阖省窥伺，投其所好，百计千方掩其不善，而著其善，粉饰欺隐，何所不至，惟才之一字不能假借也。凡有才具之员当惜之教之。
>
> 　　　　　　　　　　　　（《雍正朝宫中档奏折》）

雍正最后谕示鄂尔泰：

> 只以留神用材为要，庸碌安分洁己。沽名之人，驾驭虽然省力，唯恐误事，但用材情之人，要费心力，方可操纵。若无能大员，转不如用忠厚老成之人……究非尽人力听天之道也。
>
> 　　　　　　　　　　　　（《雍正朝宫中档奏折》）

在朱批中，雍正还分享了自己的用人方法，既要观察，又要考验一个人的能力和经验，并且这个方法之前他也曾告诉过田文镜。按照他说的方法去做，就不会被人愚弄。治国之道，最重要的是用人，其他都是次要的。在最后又告诉鄂尔泰，他要留心用人，要选择安分守己、洁身自好的。沽名钓誉的人，虽然易于驾驭，但是很容易耽误事。有情有义的人，要费心力才能驾驭。如果没有能用的人，就不如选择老实稳重的人。

可见雍正宁愿选才能普通但安分守己的人，也不愿选那些贪图虚名的人。就算这些人有本事，他也不会用。雍正这番话是谕示鄂尔泰，任用合适的人才，对于改革的成功与否，起着至关重要的作用。

后面鄂尔泰还以云南土司为例阐述自己治理的方针，如前面所说的镇沅和沾益两地土官。

雍正十分看重乌蒙、镇雄两个地方的改土归流，他还告诉鄂尔泰和岳钟琪"徐徐斟酌为之，此事急不得"。鄂尔泰上疏，说岳钟琪请求罢免乌蒙土府并请雍正派人审问，到时候前面张瑛提到的几个土官都要出庭受审，以示惩戒，如有不从者，即派兵捉拿。乌蒙的军队只有1万人左右，武器也很少，鄂尔泰在路上布下了大量的兵力，并告诉乌蒙土司，如果他不遵守命令，就进攻围剿。乌蒙、镇雄两地土司听说雍正已经允准将东川府划归云南，表示愿意把乌蒙、镇雄两个地方交给云南，之前的纳粮银也交到云南。可是岳钟琪派出的一名官吏，却犯了一个错误，那就是在他随身携带的文书中，并没有提到这两个人，也没有写两个人要被撤职查办，所以二人就找借口推三阻四，不肯接受审讯。不过好在其他土司在有关官员的晓谕之下削发换装，以示臣服的诚意。虽然乌蒙、镇雄两土官不愿意出庭受审，但他们已经是强弩之末，若是朝廷派兵攻打，他们定不敢反抗，半月之内就能解决问题。这样改土归流也更容易进行。改土归流之后的后续问题还需要进一步地谋划，但是岳钟琪留在陕西，怕是鞭长莫及，鄂尔泰担心川省的巡抚和其他官吏只听说过但是没有见过，很难调度。所以鄂尔泰要求把乌蒙和镇雄两府划归云南，以便他能就近处理，或者等这件事解决后，仍归四川管辖，请雍正速下指示，好做安排。雍正在这段话旁边写道："有何嫌疑，岳钟琪已奏从滇料理为便，自然就近归滇为是，题到有旨，只管奉此旨筹划料理。"同意了鄂尔泰的提议，并且对鄂尔泰处理乌蒙土司一事十分赞赏，在奏折末尾朱批："为此一事，朕不能释怀，万不料其如此完结，实非人力，朕惟以手加额心叩苍穹，我圣祖君父在天之灵赐佑耳，此事岂不用张弓持矢所能了者，国家祥瑞之事，卿之奇功也，朕之庆喜笔难书谕。"这些话其实很像雍正当初写给年羹尧的甜言蜜语："这件事情，我始终放不下，万万没想到，这件事情竟然就这么结束了，实在不是人力所能做到的，唯有以手抚额，向苍天祈祷，圣祖君父保佑。这都是卿的功劳，是我的荣幸。"

　　鄂尔泰得了雍正的朱批谕旨后，又上了一道关于乌蒙土府的奏折，大意就是乌蒙、镇雄为三省之祸，数千年来积祸不浅。上天显灵，拿下两个土府，百姓都很高兴。这两个土府的土司投降归顺，实非人力所能办到，他决计不敢居功。但是岳钟琪却珍惜这些恶人，这些人罪大恶极，是自取灭亡，既然他们犯了逆天之罪，怎能逃得过惩罚？所以鄂尔泰建议，这些土官虽然交出印鉴，但是之前的罪过不可饶恕，须依法惩处这两个恶人，斩草除根，以绝后患。最后，鄂尔泰在末尾说，须尽最大的努力，使此事一劳永逸，以慰陛下之忧，而两土府之事，另有奏报。奏折里提到了岳钟琪，岳钟琪对两土司的态度与鄂尔泰不大一样。

可见鄂尔泰并没有像年羹尧一样被夸得晕头转向，鄂尔泰继续兢兢业业地办事，他查明川省官吏失职之事后，又写了一道奏折给雍正。鄂尔泰先将这件事完整地说了一下，他曾派遣官吏到乌蒙，让乌蒙土司到省会听候审讯，可是乌蒙土司却说："我拿着岳钟琪的印鉴带领乌蒙的军队协助攻打凉山，可以赎罪，请求宽大处理。"鄂尔泰便让人向川省官吏查证这件事，证实是川省总督岳钟琪签发的命令，调动乌蒙的军队，但印鉴上没有任何乌蒙土司被提审的内容，所以乌蒙那边的人说印牌上有革职的内容但是没有写被提审，也没有人过来审问，他们属于四川省，不必理会云南和贵州的官吏。这里就出现了问题，鄂尔泰的态度一直都是要将这些人革职，并且要提审他们，但是岳钟琪传达的命令里却没有这些，应该是岳钟琪考虑到土官之间的复杂关系，所以暂时答应了让他们将功赎罪的要求。但是这样承诺，使得朝廷日后不好追究，之前说的会审也难以完成，最终失信于当地百姓，这是一件很严重的事情。最后鄂尔泰还说他和岳钟琪都是按照以诚办事，务求万无一失的命令来处理事情。他们二人"两地一心原无同异，但岳钟琪远驻陕西，难知此地虚实，不得不少有迟回。而他身经其地，亲见事机不敢不勉效神速，总期宁谧边方"。这里的意思是他们两个人虽然在两个地方，但心是一样的，不过岳钟琪远在陕西，不知道这里的真实情况，所以有的时候回复会比较慢。而且他在其他地方，眼见良机，不敢怠慢，总归是期待得到安宁的。

从这道奏折的内容来看，其实问题并不是出在官员写错印牌内容，而是岳钟琪想宽大处理。鄂尔泰只是很圆滑地说是岳钟琪指派的人写错了印牌内容，而且最后也没有说岳钟琪的坏话。其实根本原因在于他们两个人在乌蒙相关事务的处理意见和方法不同，而且鄂尔泰对岳钟琪颇有微词，甚至担心对乌蒙的改土之举产生不利的影响。

雍正自然也能看出这道折子的真实用意，因此在结尾写道："所奏知道了，禄万钟已投到川省，岳钟琪即奏闻欲问罪正法，改土归流。朕已批谕审明定案，一面奏闻，一面解送，与卿明白。云贵未了案件，后方可定拟，连奏有二折待回缴时将朕批谕随便发来，卿可密观，便知朕办事之道理矣。此事在岳钟琪略务巧些，彼意以凉山冕山之事，不就乌蒙未能轻了，见卿调拨神速少有怪意，但皆存为国效力之心，即便争功亦属快事，朕亦欣悦嘉之耳，内外大臣但患不争功也，戏笔。"

雍正其实就是打了个圆场，说你和岳钟琪都是为国效力，行事方法虽然各有分歧，却都希望尽快处理好乌蒙的问题。你虽然并不认同岳钟琪的做法，对他也颇有微词，但他仍期望二人不要因此而破坏关系，反而要同心协力为国家效力。你们现在出现争议其实也没有关系，因为都是为了国家的利益，哪怕是为了立功，也是一件好事。雍正并不害怕他们争功，他反而害怕不争功。

雍正五年（1727），鄂尔泰看见这段朱批后，也迅速上奏表明自己的态度："仰见圣主用人办事，顺应曲成执中行权一归时，措读至即便争功，亦欣悦嘉之句，不胜感切。读至内外大臣但患不争功句，不禁汗下，及读至'戏笔'二字，不禁心折神悚，继以起舞，实不能窥测高深若止。为臣更进一解也。窃两土府之役，岳钟琪难于乌蒙、镇雄未暇及，慎重缓图，是其本意，臣以预筹数月，亲见情形不敢坐失事机，遂尔进取，虽事迥不侔，然心应无二。"

整体来说鄂尔泰从奏章中，看出了雍正对自己的期待，也看出了雍正要自己和岳钟琪冰释前嫌、同心协力的意思。鄂尔泰激动地表达自己的想法，他佩服雍正知人善任，并感慨万分，读到雍正说只怕大臣不争功的时候心惊肉跳，随后又为之一振。总之就是认同雍正的想法，但是鄂尔泰还是解释了一下他与岳钟琪出现分歧是因为岳钟琪因乌蒙、镇雄两土府难以应付，所以一直很慎重，而鄂尔泰筹划了几个月，亲自观察情势，不愿错失良机，所以才主动出击，虽然立场不同，但心意是一样的。

鄂尔泰又说，他觉得岳钟琪是被别人蛊惑，所以才这样做。如今乌蒙土司被擒，镇雄土府也被击溃，云贵的军队也都驻扎在那里安抚百姓，局势已经稳定。但是四川的官吏仍敛息而不发，静观其变。从鄂尔泰的叙述来看，他对岳钟琪和四川的官员还是很不满意，觉得他们袖手旁观。雍正则回复道，岳钟琪也曾为此辩解，他已经明白了。然后鄂尔泰又说他已经把四川官吏做事不主动的情形，通过书信详尽地告诉了岳钟琪，二人还约定见面商谈关于乌蒙的所有事宜。只是岳钟琪那边始终没有回应，这件事也就不了了之了。鄂尔泰在奏折中还打了个小报告，说关于岳钟琪给他带来的这种小阻碍有很多，他就不一一说了。

不过镇雄归属四川、乌蒙归云南管辖一事，得到了岳钟琪的赞同。鄂尔泰和岳钟琪在处理乌蒙问题上的分歧，可能使二人都心存芥蒂。于是鄂尔泰在奏折中有所感叹："凡封疆要务惟知一遵训示，竭力尽心，能与不能，俱不遑计，不但无（有）功，不但不敢（注：不敢两字被雍正删去）争功，即或存一不立功之心，已是负我慈父，天良难昧，人事何尤，岳钟琪即使怪他，他固应自愧，也应自我反省也。"

雍正在奏折的末尾朱批："卿只可尽卿之心，岳钟琪只尽伊之心，少存私意者，不能逃朕之觉，照卿之赤忠，上苍自然洞照（鉴），而卿（之）诚之一字，实内外大臣（之）所难能者，勉之。"

鄂尔泰的意思就是凡是封疆大事，唯谨遵教诲，尽力而为，能不能做好，都是没有功劳，也不敢去争功，若有不立功之心，那就辜负了你，天理难容，纵然岳钟琪怪罪他，他也该羞愧难当，好好反省。在这段话里，鄂尔泰称雍正为慈父，可见他对雍正的敬重。而雍正也删除了不敢争功中的"不敢"二字，表明自己的态度。

对于鄂尔泰在奏折中道出的心里话，雍正自然还是扮演和事佬的角色，想要化解鄂尔泰与岳钟琪之间的矛盾。于是对鄂尔泰说你只需尽你的心，岳钟琪只会尽他的心，不要有私心，否则都瞒不过我的眼睛，而你的诚意，内外诸臣都难以企及。

云南的边防事务到底有多不好处理呢？鄂尔泰在一道奏折中写出了当时的情况："滇省边疆大局，东则东川、乌蒙、镇雄，西则镇沅、威远、恩乐、车里、茶山、孟养等处，都有穷凶极恶之徒，危害百姓，若要规划全省边陲，肯定要让这些地方永保安宁，这才为长远之计。车里、茶山、孟养一带地方，常有蛮贼出没，十分残暴，难以寻其踪迹，不但抢人烧寨，杀人伤官也是常有的事。在他没有到任之前，当地的官员都拿他们没有办法。至于为什么会放任他们肆意祸害地方百姓，那是因为文武官员各有所长，胆小的人用托词隐瞒，机灵的知道利害关系，就算是告诉督抚和提镇，也都是相互隐瞒，以为妥当。间或有人提出剿匪，大家并不认为这是好事，又指责提议的人是为了邀功，这是几百年来形成的一种恶习。十多年来，也不乏这样的人。这是因为盗贼种类繁多，巢穴极深，难以进入，一旦开战，他们便可召集异族，将消息传递出去，蛮国酋长也可响应。因此从元朝到明朝，官府每一次出兵，都要调动数万兵马，支起四五个省的军饷，才能进入孟养之界。只是办得不妥当，一直拖到现在。"

自鄂尔泰上任以来，他对各地情况进行了深入的调查，扫平各地的动乱。只有这样，才能让这些地区的百姓永远臣服于朝廷，才能保证云南的稳定。之后鄂尔泰向雍正禀报了如何征讨、如何平定地方动乱。

雍正看了之后十分满意，在朱批上说："凡卿所办之事，朕实至无一言可谕矣，在廷诸臣皆与观之，人人心悦诚服，贺朕之福，庆国家得人……感上苍圣祖赐朕之贤良辅佐耳。卿如此居心行事，不但得卿一人之力……凡见闻臣工实亦莫不奋励，国家得力处多矣。……我朝之福洵不可限量，卿功实大。"

在结尾处又说："凡封疆大臣能保全名禄者，即为上上人物矣，不但孰能如此，且亦肯如此，此人情分明眼前者，天、祖自然昭察，朕庆悦之怀实难笔谕勉之一字，朕皆不忍书矣，嘉之一字，实亦有负卿之心也，特谕。"

雍正不但认为鄂尔泰的所作所为无可挑剔，而且还夸赞他足可做朝中大臣的楷模，能有这样一位能干的臣子为国效力，全赖上天和康熙的恩赐。凡是封疆大吏，能够保住自己名声的，都是一等一的人物，朕的喜悦，难以用笔墨来形容，朕实在不忍心写下"勉"这个字。"嘉"这个字，实在是辜负了你的心意，特下谕旨。由此可见，雍正对鄂尔泰的器重是任何一个大臣都比不上的。

面对有功之臣，雍正向来是体贴入微、关怀备至的。鄂尔泰有一道奏折是关于气象的，雍正在这道折子的朱批中对鄂尔泰的关心表现得非常明显。雍正称早些时候听说鄂尔泰病了，觉得是鄂尔泰过于忧思造成的，等到云南驻军一事一办好，鄂尔泰就自然痊愈，如今云南各地的战事都有了好消息，鄂尔泰的病也该好了吧。现在鄂尔泰身体情况怎么样了，要如实禀报给他，不要有半分隐瞒。雍正认为鄂尔泰的病是因为他在云南的政务、军事上操劳过多而造成的。

雍正怕鄂尔泰再生病，还特意嘱咐鄂尔泰，让他量力而行，不要勉强自己，免得操劳过度伤了元气，这对自己和对朝廷都是一种损失，要保重身体，不必勉强；凡人能一念专诚，聚精会神，"勤劳"二字实不妨，然忧心焦思则万万不可，且亦于事无济，当切戒之。况世情冷暖，人事参差，明天理，达人情者有几，只可尽一己之心以对越上天，则修齐治平之道，俱备于中矣。……当酌量精神，体察能否，不可任力不能胜之事，不可费思所不及之心，夜眠若稍觉不静，日食若稍有不美，则当慎节而不可勉强从事也，可必遵朕谕行。

鄂尔泰看到雍正所说的话后，说雍正"如慈父之怜弱子，无以加此"，感动得失声痛哭，他表示一定按照雍正的吩咐去做。慎重节制、戒掉忧虑焦躁是治病的良药，而明天理、达人情是医治心病的医生，他会注意自爱自重，以免再让雍正操心和忧虑。

云南位于中国西南边陲，各民族聚居，风俗习惯差异很大，土官在这里有自己的势力范围，如何处置滇省土司对清廷来说是一个挑战。而鄂尔泰在这次边疆官制改革中起到了举足轻重的作用。他大力坚持改土归流，提出了最好用计抓，不行的话再用兵剿的方案。他还提出了云、贵、川三省边界划分的问题，以实现事权的统一。这些都赢得了雍正的大力支持。

鄂尔泰在云南推行改土归流的政策，也遇到了一些阻力，土司的反抗很激烈。但是鄂尔泰态度坚决，利用各种手段。那些罪孽深重、血债累累，在改土归流过程中不断反抗的土司，不是被处死，就是被囚禁。那些主动投降的土官，则可以担任流官。表现优异者，还会受到嘉奖。而那些无法做流官，但态度良好的土司，则拨国库银两，妥善安置，分给他们土地、房子，以绝其反叛之心。

鄂尔泰从拟定改流政策，到具体执行，历时数年，过程极为艰难。改土归流的成功完成，终结了土司制度，大大减轻了当地百姓的痛苦，也稳定了清朝的西南边疆，鄂尔泰是值得称赞的。

曾任两江及云贵总督的尹继善，一次觐见雍正时，被雍正问到，当时朝中有几个大臣可供地方总督效仿。尹继善沉吟片刻，回答说，鄂尔泰、田文镜、李卫，这三个总督都曾受到皇上的嘉奖，他们勤勤恳恳、铁面无私，为地方总督树立了榜样。尹继善还说："李卫，臣学其勇，不学其粗；田文镜，臣学其勤，不学其刻；鄂尔泰大局好，宜学处多，然臣亦不学其愎也。"尹继善对鄂尔泰等三人的评价，可谓一针见血，将三人的性格分析得十分透彻。而从雍正朱批中可以看出，雍正对这三人最是关心。

鄂尔泰深得雍正的器重，虽然鄂尔泰的所作所为受到了非议，但是他一心为国，坚持雍正改土归流的政策，任劳任怨，这也是雍正器重、赞赏他的原因之一。此外，乾隆也对李卫、田文镜、鄂尔泰三人进行了评价："鄂尔泰、田文镜、李卫皆皇考（指雍正）所最称许者，其实文镜不及卫，卫又不及鄂尔泰。"可见，乾隆对鄂尔泰的评价也是极高的。

鄂尔泰坚决贯彻恩威并施、剿抚并举这一方针，几年下来，在西南地区收到了很好的成效，为少数民族地区的社会和经济发展作出了贡献。

雍正十年（1732），雍正加封鄂尔泰为保和殿大学士兼兵部尚书、军机大臣，地位在张廷玉之上。鄂尔泰又因平定苗疆的功劳，晋世职一等精奇尼哈番，授世袭一等伯爵。

雍正末年，雍正常召鄂尔泰入宫，有时还会让他长居宫中数月，可见雍正对鄂尔泰的信任绝非一般人所能及。

雍正在弥留之际曾颁布遗诏，说鄂尔泰忠贞不贰，有济世之能，死后可配享太庙。雍正十三年（1735）八月，雍正驾崩，夜深无马可骑，鄂尔泰心急如焚，找来一匹驮煤的老马，匆匆入宫。

鄂尔泰和张廷玉拿着雍正亲笔写的密诏，拥立皇子弘历继位，即乾隆。鄂尔泰为了维护朝廷的稳定，在宫中待了七天七夜这才离开。

乾隆即位后，任命鄂尔泰为总理事务大臣，晋一等精奇尼哈番，以示对他的重视。乾隆十年（1745），鄂尔泰因病请辞，乾隆不允，安慰并挽留他，又加封他为太傅。没过多久，鄂尔泰便病逝了。乾隆遵雍正遗诏，让鄂尔泰的牌位配享太庙，祀于贤良祠，并赐他"文端"的谥号。

鄂尔泰虽然一生功勋卓著，死后却多有憾事。乾隆二十年（1755），乾隆在内阁大学士胡中藻（1711—1755）所写的诗集《坚磨生诗钞》中，发现了一句"一把心肠论浊清"，指称"浊"字在国号之前另有居心。胡中藻师承鄂尔泰，后与鄂尔泰之侄、甘肃总督鄂昌（1700—1755）在诗歌创作上有往来，鄂昌也因此受到牵连。乾隆十分痛恨此事，下令把鄂尔泰的灵位移出了贤良祠。

鄂尔泰死后被定为重罪，他的庞大家族也随之土崩瓦解，所以很明显这不仅是一场文字狱，实际上也是乾隆为了打压鄂氏豪族势力而罗织的鄂尔泰"朋党"案。

从前面说的种种就可以发现，鄂尔泰炙手可热时，形成了一股以他为中心的政治势力。这种情况也是很正常的,因为鄂尔泰十分珍惜人才。据记载鄂尔泰临终时,雷鋐(1696—1760)坐在鄂尔泰榻前,两个人说了很久的话,鄂尔泰问雷鋐哪些人有才华,雷鋐说了几个他知道的有才华的人,鄂尔泰说:"这些都是常在我心中的人。"可见鄂尔泰的惜才之心,即使到了生命的尽头,也没有忘记!鄂尔泰几次被派去做主考官,有一次,他在云南乡试中任副主考时,当时有一个考生的卷子已经被拿走批改,他找到这个考生的卷子查看,然后感叹不已。他门下的弟子,也都是有头有脸的人物。

鄂尔泰遇到人才会极力推荐,胡中藻是他最看重的门生,他喜欢胡中藻的诗文,好几次举荐他。在他的举荐之下,胡中藻官至内阁学士、广西学政。由于鄂尔泰常常提携后进,这些人对他充满了感激之情,后来这些人都担任了重要的职务,不可避免地唯鄂尔泰马首是瞻,这样逐渐建立起一股强大的势力。

鄂尔泰不仅重视文人,还提拔了一批武将为他所用。可以想象一下,他从雍正四年(1726)起任云南巡抚,开始推行改土归流政策,一直到7年后回京,在这段时间里,他用人唯才、赏罚分明,有许多将领都是靠着自己的努力,以平苗之功出人头地的。当雍正让鄂尔泰推荐武将的时候,鄂尔泰自然会从这些人中举荐,这些人自然也对鄂尔泰忠心耿耿。其中就有一个叫哈元生(1681—1738)的武将骁勇善战、无人能敌,被鄂尔泰举荐为元江协副将。在乾隆元年(1736)的时候,张照(1691—1745)想和哈元生密谋弹劾鄂尔泰,哈元生一口回绝,并向乾隆告发张照,张照被定罪。在西南用兵期间,鄂尔泰擅长发现、重用青年将领,在军中建立了绝对的威信。

鄂尔泰当权的时候,家族十分显赫,他的弟弟和儿子都担任重要职位。鄂尔泰的长子鄂容安（1714—1755）深受宠爱，鄂尔泰死后，他继承了伯爵之位，鄂尔泰一家在朝廷里是一股不可忽视的势力。而且与鄂尔泰家族联姻的也都是显赫家族，比如说鄂尔泰第五子与庄亲王的女儿结为伉俪。这些姻亲让鄂尔泰家族的实力更上一层楼。这些都是他死后被判"朋党"罪名的根源所在。

其实乾隆之前也警告过鄂尔泰，李卫于乾隆三年（1738）十月去世时，无人提出李卫进贤良祠一事。直到乾隆五年（1740），直隶总督奏请李卫应该入祀贤良祠。李卫之前弹劾过鄂尔泰的弟弟，所以他与鄂尔泰不和。李卫的儿子认为是鄂尔泰暗地里使绊子，便向乾隆告发了这件事。

乾隆便借着这件事向鄂尔泰发出警告，在上谕中说："臣子最大的缺点，就是趋于奉承，揣度上意。大学士鄂尔泰和张廷玉，都是先皇重用的大臣，也是我倚重之人，自然要想办法保护他们，他们也不敢存有结为朋党相互庇护的念头。而无知的人会妄加揣测，比如满人就想投靠鄂尔泰，汉人想要投靠张廷玉，不只是小官，就连侍郎、尚书，也不能免俗……若是一味地巴结，久而久之，就会害了他们。……朕自登基以来，用人之权，从未旁落。这些年来，因二臣之荐而用者为何人？因二臣之劾而退者为何人？……如果我要是如你们所想的那样，那这两个大臣都是有权势的人，他们为什么还会把我当主子呢？"

从这段话中也可以看出，乾隆并未认为鄂尔泰和张廷玉两个人已经结党，他表明自己的权力没有受到威胁，警告朝中大臣鄂尔泰和张廷玉没有实权，只有自己有权，不要盲目依附于他们。但是不可否认的是，这两个人在朝中势力甚大，为防他们结党营私，故乾隆此谕有警告之意。

但是到了乾隆七年（1742），乾隆的态度就变了，因为这一年发生了仲永檀密奏外泄案，仲永檀将密折的内容泄露给鄂容安，乾隆得知后十分生气，认为二人有结党的嫌疑："仲永檀是个不守规矩的人，鄂尔泰又在朕面前屡次奏明他是个光明磊落的人，很明显是在庇护他，这一点，朕早就看出来了……仲永檀得朕深恩，由御史特授副都御史，结果他密奏之事，都是与人事先商量好的，他与人暗中勾结，排斥异己，情罪甚属重大。鄂容安在内廷行走，又是大学士的儿子，应该谨慎行事，闭门读书，与御史商议密奏之事，罪无可恕。"那么，仲永檀到底密参的是谁呢？

仲永檀泄密事件的缘起，应追溯至雍正十三年（1735）苗疆案，其实前面也提到过这件事。这一年，西南地区改土归流后，苗疆再次叛乱，鄂尔泰请罪，雍正对他只是略施惩戒。但是张照不知其中利害，无端弹劾鄂尔泰。乾隆元年（1736），张照又想联合哈元生等人弹劾鄂尔泰，未能得逞，反而获罪。这件事使鄂尔泰和张照结下了梁子，从而引发了乾隆七年（1742）的仲永檀密参张照案。

仲永檀，山东济宁人，早年因在步军统领鄂善贪贿一事上敢于直言，深得乾隆的喜爱，被擢升为左副都御史。后来被鄂尔泰赏识，两个人走得很近。《啸亭杂录》中有关于仲永檀密奏外泄案的详细记录：当时张照为内廷大臣，尝预乐部之事，被仲永檀弹劾，说张照身为九卿之一，亲自弹大鼓。张照怀恨在心，说仲永檀泄露禁中语，仲永檀被下狱。张照恐其报复，在酒中下毒，仲永檀被毒死。

在《啸亭杂录》中，将仲永檀之死推到张照的头上，不过，官方的史书并没有这方面的记载，只是说仲永檀病死在牢里。不过可以看出仲永檀与张照有很大的矛盾。至于仲永檀是否受鄂尔泰指使弹劾张照，从一道关于审理仲永檀和鄂容安的奏折中，大致可窥一二。

乾隆七年（1742）年底，乾隆命庄亲王、履亲王及大学士张廷玉等人对此案进行了严密的调查和审问，调查仲永檀有没有向鄂尔泰和他儿子透露过密奏内容。后来在《奏为遵旨严审仲永檀鄂容安结党营私一案按例定拟事》这一奏折中说明情况。仲永檀、鄂容安在审讯时，都竭力否认这件事情与鄂尔泰有关，仲永檀说："密奏的事，我只对鄂容安说了，没有对鄂尔泰说，这不合常理，可是我却从来没有对鄂尔泰说过。"鄂容安说："因为我和仲永檀交好，见面的时候，他告诉我他要弹劾张照，我听父亲说仲永檀只是个热血青年，不通情理，对他有点不满，因此他对我说的那些话，我从来没有对父亲说过，那天仲永檀对我说的时候，也只是当作闲话而已。"关于仲永檀为什么要把这件事透露给鄂容安，奏折中说是因为这两个人关系好。两个人都没有把对话告诉鄂尔泰，鄂容安也没有把鄂尔泰的话告诉仲永檀。而这一次鄂容安因一时不谨慎，将话泄露出去，后悔莫及。所以应该以泄露机密事务律将他们论罪，不应该以结党营私论罪，否则不合律法。仲永檀泄密一事，对乾隆来说是一件极其重大的事情，所以在审讯时，调动了亲王和大臣进行审讯。但是乾隆不赞同以泄露机密事务为罪名论罪，而是坚持以"党庇"的罪名定罪。鄂尔泰既与仲永檀有师徒之谊，又和鄂容安有私交，因此，乾隆除了肯定仲永檀与鄂容安结党外，还怀疑鄂尔泰有"党庇"的嫌疑。

这是乾隆再一次对鄂尔泰的行为予以严厉的警告，表明他已经怀疑鄂尔泰结党，因此乾隆警告鄂尔泰："鄂尔泰自思之，朕从前能用汝，今日能宽汝，将来独不能重治汝之罪乎！"但乾隆对鄂尔泰的处理方式，则表现出一种宽大的姿态：鄂尔泰是皇考时期的重臣，政事经验丰富，我不忍心追究。这件事若是追究下去，必是重罪，鄂尔泰也担待不住，而且国家也因此失去了一个能干的官员。但他不能判断门生是否贤能，奏荐不实，也不能教导他的儿子，我不能一再宽恕，鄂尔泰著交部议处，以示薄罚。

乾隆对鄂尔泰的警告转为实际惩处。

而乾隆则始终认定仲永檀弹劾张照一事是由鄂尔泰一手策划的。仲永檀在此之前，曾经不惧权势，敢于向朝廷进言，乾隆亦对他大加赞赏。仲永檀乃是鄂尔泰的门生，鄂尔泰对乾隆说他光明磊落，也在情理之中。在此案审理期间，无论是仲永檀还是鄂容安，都不承认向鄂尔泰泄露过密奏之事。而最后鄂尔泰受到的惩罚很轻，所以鄂尔泰参与这件事的证据并不充分。对于泄密一事，鄂尔泰只是疏于管教。用这个案子来证明鄂尔泰结交党羽，显然是错误的。乾隆二十四年（1759），乾隆在上谕中说："尚忆仲永檀参劾张照一事，实由其座师鄂尔泰指使。"乾隆十年（1745）鄂尔泰逝世，看来他的结党案也就这样结束了。

但乾隆二十年（1755），也就是鄂尔泰逝世10年之后，胡中藻案发，这件案子也成了乾隆以"朋党"罪名定罪鄂尔泰的标志性事件。胡中藻，江西新建人，时任陕西学政，因才华横溢得鄂尔泰青睐，又与鄂昌关系密切，在文字狱案中被判处死罪。乾隆在上谕中表明："胡中藻是鄂尔泰门生，所有人都知道他文辞险怪。鄂尔泰却对他大加赞扬，以致他恣意妄为。鄂尔泰还让他和自己的侄儿鄂昌交往，饮酒作乐，现在酿成了苦果。胡中藻依附师门，甘愿做他的走狗，诗中所说的'苍蝇'，指的就是张廷玉和张照，可见其门户之见牢不可破……大臣立朝当以公忠体国为心，若各存意见，那些附庸的人就会胡乱猜测，互相迎合，最后变成水火不容的局面，古来朋党之弊悉由于此。"

乾隆还反复强调："若鄂尔泰还活着，必将他革职，重治其罪，以儆效尤。"之后鄂尔泰因为这个案子被撤出贤良祠，从那以后，鄂尔泰"朋党"之名就坐实了。可是纵观鄂尔泰朋党案，为何鄂尔泰生前没有被判"朋党"罪名，死后10年才受到惩罚？而且既然要惩罚他，为什么仅仅将他撤出贤良祠？还有乾隆从最初否认鄂尔泰结交朋党，再到觉得鄂尔泰有党庇之嫌，最后认定他有"朋党"罪名，乾隆为何会有这样的态度变化呢？

胡中藻案与文字狱有着密切的联系，又为乾隆铲除"朋党"势力提供了一个关键的证据。这起案件的起因是胡中藻和鄂尔泰的侄子鄂昌唱和，又写了"一世无日月""一把心肠论浊清""天非开清泰"等诗文，被乾隆扣上了大逆不道、诬蔑皇上、攻击张党的帽子。因胡中藻是鄂尔泰的门生，又和鄂昌有密切联系，因此鄂昌与鄂尔泰皆受牵连。

鄂昌本就不是个安分的人，早在雍正时期鄂昌就已有结党营私的嫌疑。雍正十二年（1734），果亲王允礼参劾鄂昌，说鄂昌所写的书信内容皆是结党营私之类的话。第二年雍正下令对鄂昌展开调查，最后鄂昌因"枷毙人犯，容隐旗人，并审案宽纵，受属员银币等物"等罪名受到处罚。鄂尔泰死后的第二年，时任广西巡抚鄂昌向乾隆上疏请求让鄂尔泰入祀广西贤良祠，遭到乾隆的严厉斥责，说两个人是叔侄关系，鄂昌这样做明显是有私心，而且这样做对鄂尔泰的褒奖太过，降旨切责。后来，鄂昌因为举荐广西布政使李锡秦（1685—1754），又遭到乾隆的斥责：今鄂昌即举李锡秦自代，岂可免于朋党的嫌疑？自今以后，督抚不能举荐本省的人。乾隆十八年（1753

鄂昌又因审理"伪稿"案不当而遭罢黜。

可能自从果亲王弹劾鄂昌结党之后,乾隆就疑心鄂昌有"朋党"之嫌,所以胡中藻一案,乾隆认定鄂昌和胡中藻之间有勾结,也就变得合情合理。乾隆说得很清楚:"鄂昌看了胡中藻的叛逆诗,不怒反而跟着唱和,实在是丧心病狂。"最后,鄂昌被处死。不仅如此,这件案子也为鄂尔泰"结党营私"提供了最好的证明。

在乾隆看来,鄂尔泰对有大逆不道行为的胡中藻独加赞赏,就是因为鄂尔泰有私心。胡中藻依附鄂尔泰利用诗句攻击张党,就是在结党营私,胡中藻所做的每一件事,都是因鄂尔泰而起,所以鄂尔泰有"朋党"之罪。可是胡中藻案发的时候,鄂尔泰已经死了10年,就算胡中藻写诗攻击张党,也不可能是鄂尔泰主使的,而是胡中藻"依附师门",所以才会如此肆无忌惮。

总之,如果说有鄂派的人攻击其他人,那也是由鄂尔泰门人主导的。鄂尔泰活着的时候,经常被政敌弹劾,但是他并没有采取任何具体的措施诬陷对方。他并未因谋取私利而贪污腐败,更无篡权之心。他虽然身边有一定的势力,但是并没有发展成"朋党"。不过,鄂尔泰在主观上虽不结党营私,但他的权力之大,使其门生故吏竞相攀附,最后成为一支庞大的力量。

鄂尔泰之所以被定为结党,一是因为他的权力太大,影响力太大,妨碍乾隆专权。鄂尔泰平苗疆,对西南改土归流立下了汗马功劳,乾隆曾夸赞鄂尔泰是"不数见之材"。鄂尔泰回到京城之后,他在朝中的势力也越来越大。而且哪怕在鄂尔泰死后,鄂派势力也依然有一定影响。乾隆十四年(1749)直隶总督方观承(1698—1768)治理永定河时,打算按照鄂尔泰当初挖新河的例子根治永定河，结果受到乾隆的严厉批评，乾隆在朱批中对方观承说："鄂尔泰究竟物故，即使筹办未当，亦不必问及后嗣。其所勘或就当时情形定议，或本属无益空言，俱姑置弗论。"意思就是鄂尔泰已经死了，当时的准备未完成，也不必问后人。他们的调查，可能是根据当时的情况而定，也可能是没有用处的空言，不要再议论了。

其实方观承之所以选择鄂尔泰之前治理河道的方案，肯定是他通过实际情况反复考虑以后，觉得鄂尔泰之前提出的计划更适合。而且当时鄂尔泰已经成了群臣心目中的榜样，方观承也是如此，所以他才会采纳鄂尔泰的治理计划。但是乾隆本来就对鄂尔泰起了疑心，对方观承的建议很是不满，还说要改变路线，须得慎重，就连鄂尔泰勘测的结果，也不能完全相信。

鄂尔泰重才，对满汉大臣一视同仁，有识之士纷纷依附，在朝中颇具影响，乾隆已感觉到了威胁。为了削弱鄂尔泰在朝中的影响，乾隆尽最大努力消除鄂尔泰在群臣心中的印象，这也证明鄂尔泰对朝廷的影响很深。

其实乾隆对鄂尔泰的某些行为非常反感。鄂尔泰本身就是一个骄傲的人。雍正以前问过尹继善，督抚中有谁是值得学习的，尹继善对鄂尔泰的评价是"鄂尔泰，大局好，宜学处多，然臣不学其愎也"。由此可见刚愎自用是鄂尔泰性格上的一个缺点。乾隆五十年（1785）的时候，乾隆回忆说鄂尔泰固好虚名，近乎傲气。这就导致鄂尔泰在处理许多事情时不够慎重，引起乾隆的反感。

在乾隆初期，鄂尔泰请求把雍和宫赐给和亲王弘昼居住，乾隆对此很不满意。清朝的王府，皇子只拥有居住权而没有所有权，弘昼是在雍和宫中出生的，而且雍正二年（1724），雍和宫升为宫殿，所以弘昼对雍和宫是没有继承权的。乾隆认为鄂尔泰的请求是有意为之，到了乾隆五十九年（1794），乾隆仍对此事念念不忘："其意不在见好于和亲王，乃在得时誉耳，大臣居心，岂宜若是！"

所以，在乾隆初期发生的许多事情上，尽管乾隆始终袒护鄂尔泰，但他对鄂尔泰仍存有偏见。这些事件的累积，再加上鄂尔泰妨碍了乾隆行使皇权，使得乾隆对鄂尔泰心生反感，也激发了乾隆要惩罚鄂尔泰的念头。不过虽然乾隆对鄂尔泰有偏见，但是作为乾隆手下的重臣，鄂尔泰对朝政尽心尽责，功勋卓著，无人可以替代，其在朝堂上的影响也是一时无法抹去的。就拿仲永檀泄密一案来说，仲永檀和鄂容安两个人死不承认向鄂尔泰泄密，乾隆对鄂尔泰只是从轻发落，所以，乾隆在鄂尔泰在世时，并没有严重打击他。

鄂尔泰死后，他的影响力还在。鄂派势力正处于鼎盛时期，并没有因为鄂尔泰之死而消减。鄂容安在仲永檀案后又被重用，历任河南巡抚、山东巡抚、江西巡抚、两江总督等职。鄂容安在任期间，虽有些行为引起了乾隆的不满，但都被他在官场上立下的功劳抵消了。鄂容安的官职节节高升，显然鄂尔泰已逝，但鄂系势力仍有余威，对乾隆皇帝来说，这是一个巨大的威胁，因此乾隆以胡中藻一案为借口，将鄂尔泰定为"朋党"，加以严惩。之后鄂尔泰家族迎来了他们命运的重大转折。由于胡中藻一案，鄂尔泰的牌位从贤良祠迁出，自此，他的家族连续遭受打击。由于胡中藻一案，鄂昌被赐死；鄂尔泰的长子鄂容安因此受到牵连，后来出兵西北的时候被杀；鄂尔泰的次子也死于战事；鄂尔泰第四子由于办事不得力，接连降级。由于没有鄂尔泰的庇佑，鄂尔泰家族最终陷入了悲惨的境地。

鄂尔泰势力的形成与其个人意愿无关，与当时的政治环境密切相关。鄂尔泰虽然在朝廷中的地位和影响力很大，但是他的行动并没有对国家产生什么危害，也没有导致皇帝权力的流失。其实鄂尔泰本人并未结党，他被扣上"朋党"之罪名有些站不住脚。

但是，由于鄂尔泰的势力太大，对乾隆的专权造成了极大的威胁。乾隆二十年（1755），鄂尔泰虽然死了10多年，但是他的势力还在和各大派系明争暗斗，为了铲除这个潜在的威胁，最终乾隆以胡中藻案为契机，将鄂派势力拉下马。鄂尔泰的"朋党"之名是乾隆强加给他的，其本质是为了巩固皇权。

鄂尔泰本人的结局或许还不错，但是他的家族结局并不好。那么最后一位"模范督抚"李卫，又会有怎样的结局呢？

第八章　此等事览而不嘉悦者
　　　　除非呆皇帝也！

府衙书房，门外的小厮听见屋内传来哈哈大笑的声音，知道李卫指不定又想起了什么事，也都不觉得奇怪。其实李卫是看到了自己给雍正报喜的奏折上，雍正朱批的一句话："好事好事！此等事览而不嘉悦者除非呆皇帝也！"李卫看着"呆皇帝"几个字忍不住大笑，心中也忍不住说，若是"呆皇帝"必然不会成为我的主子。

李卫是雍正朝推行新政的关键人物。雍正刚登基的时候，先是任命李卫为云南盐驿道，后来又提拔李卫，历任云南布政使、浙江巡抚、浙江总督、直隶总督等职。

李卫在实施新政和地方管理方面，一直都按照雍正的治国理念与政策取向执行，可称得上"楷模"，所以雍正亲口表彰他是"模范督抚"。李卫是解开雍正朝历史谜团，研究雍正的一个不可忽视的人物。乾隆三年（1738）李卫在任上病逝，乾隆称赞他"才猷干练，实心任事"，因此赐谥号敏达。

李卫不是科举出身，也不是官宦之子，为何在雍正时期却步步高升,一直受到了雍正的信任呢?他又为何与田文镜、鄂尔泰齐名,成为雍正王朝的三位重臣之一呢?

1. "模范督抚"之李卫

李卫之所以会得到雍正的青睐,能有如此成就,与他的家庭和成长环境是分不开的。李卫,字又玠,康熙二十七年(1688)出生,祖辈以战功起家,世代为锦衣卫,原籍河北,后迁居江苏徐州丰县。李卫从小就在徐州丰县长大,那里民风剽悍,重情重义重气节,这在一定程度上影响了李卫的性格。

李卫的出生也带有一定的玄幻色彩。据说他母亲怀孕的时候曾梦到一位神僧给了她一把宝剑,后来就生下了李卫。李卫出生的时候奇香满屋,李卫肋骨三轮,鼻孔中通,状貌奇伟,甚是不凡。李卫的长辈用魏晋名士卫玠的名讳作为李卫的字,就是希望他也可以做一个有才华的文人。不过李卫长大之后,身高还不到七尺,满脸的青春痘和疤痕。他对学问并不热衷,只喜欢练武,好在但凡是他看过的书,他都记得清清楚楚。显然李卫虽然没有像卫玠那样是个风流名士,却也是个聪明人。李卫家是本地望族,不过到了李卫的父亲这一代已经没落,但是李卫的父亲一直希望能够捐出1000亩田地,做族里的义田。可惜的是李卫10岁的时候,他的父亲和哥哥就去世了,他和他的母亲以及寡嫂相依为命。后来李卫实现了父亲的遗愿,捐献了义田千亩,并出粮赈济饥荒。可见李卫确实重视诺言。雍正六年(1728),李卫的堂弟触犯刑律,李卫便下令将他们押送到浙关押起来,李卫为此受到了家族的指责,要他改姓。李卫在给雍正的奏折中哭诉说这是为了保全族人,却得不到族人的理解。由此可见,忠义之风对李卫的影响之大。而雍正对这件事的态度是"朕不确知,难谕是非"。雍正意思就是这件事朕不能确定,也不能妄下定论。可见对于李卫的做法雍正是不认可的,他觉得李卫太过严厉。而李卫的这种性格,让他很难与人相处,而且也不合群,他和同僚的关系也很差,这对他的仕途和命运都是不利的。

他为官期间,事事以君为先,重情重义,这是李卫身上最重要的品质,也是他深受雍正信任、深得民心的原因。

康熙在经历了两次废太子之后身心俱疲,健康状况一天不如一天,面对日趋严重的吏治腐败、朋党林立等问题,康熙越来越力不从心,这导致朝廷职能的弱化,朝廷财政收入大幅度下降,当时京中的官员都是敷衍了事,言官也都保持沉默,地方官更是无法无天,贪图享受、追求名利,真正办事的人根本没几个。

康熙五十八年(1719),当时李卫不过是一个从五品的户部郎中,主要管纳粟之事。他不畏权贵,勇于担当,有一次一个亲王的下属提出不合理的要求,李卫不同意,对方强迫他,李卫就将东西抬到东边墙脚,写上"某王盈余",王大惊,命停。李卫这种行事风格在当时吏治涣散、贪污成风的官场上是很少见的,因此得到了当时管理户部的怡亲王的赏识,怡亲王向雍正推荐李卫。

当时正是雍正刚登基的时候,雍正宣布要整顿吏治,还百姓一个安宁,所以他会公私分明,不怕麻烦,定要肃清百年来的腐朽风气。并且发了11道上谕给各省的文武官员,说总督为两省之长,当使各省文武官员、军民百姓协和,凡贪图名利、贪图私利者,当严惩不贷。这些想法是非常好的,但是实施起来是很难的,各地官吏势力盘根错节,改革阻力极大,雍正迫切希望能够提拔一批清正廉明、忠心耿耿的官吏，正是在这种情况下，李卫得以崭露头角。

因此李卫在雍正登基之初就被提拔为云南盐驿道。云南地区的盐政事务是一团乱麻，所有官员对其避之唯恐不及。李卫上任以后，不畏艰险，勇于担当，励精图治，在追补盐库亏空、解决百姓用盐困难、加强缉私力度、保障国家盐税等方面作出了积极的贡献，终于使云南盐政渐有起色。在征收盐税的时候，他还检举了自己的上司高其倬和杨名时。李卫这种一往无前、不畏权势的为官之道，和大部分沽名钓誉、敷衍了事的官员完全不一样，很快就获得了雍正的赏识，雍正甚至在别人的奏折之中夸奖李卫。但是李卫并不是没有缺点，他曾经被同僚弹劾，说他"征收入己，归公寥寥"，但是雍正没有惩罚李卫，而是告诫李卫"川马古董之收受，俱当检点"。由此也可见雍正对李卫的喜爱，哪怕有些小缺点他也并不在意。

李卫在云南任盐驿道期间，云南地区盐政有各种弊端，成为治理盐政的严重障碍。为什么会这样呢？因为云南的盐政与其他地区的盐政有很大的区别，云南贩盐不是由盐商专管，而是由下级官员负责，采用官商合作的模式，这就出现了很多问题。其实云南的盐政本来是由盐商管理的，后来因为盐税太重，商人负担不起，于是盐政又归官员管理。云南的盐政官员倒卖私盐，国家盐税得不到保证，在向上禀报的时候故意造假。而且他们还让卖官盐的人在卖盐时作文章，使得百姓食盐困难，只能吃私盐。李卫上任以后，向雍正陈明这里盐政的种种弊端："查云南省盐政旧系商人行销，因堕误课银，方归府、厅、州、县及总兵借名贩鬻，并盐道就省卖铺，惟凭吏役家人经手多用大平短秤，是以盐价低昂，不时致令民食艰难，百弊丛生，总属先私后公，有利则众人瓜分，亏缺反算作正项奏销，概多捏造，库内实在虚悬，种种积弊，难以枚举。"并就云南的盐政问题，给出了整治的对策。

李卫在治理云南盐政过程中，最开始是以查亏空为主线，对官贩盐税进行了整顿和追补。在李卫的奏折中，陈明了"堕误课银""盐价低昂""民食艰难""私盐泛滥"四大弊病。云南的盐井因多在深山，又没有城墙阻隔，缉查又十分宽松，原本就有买卖私盐的问题，再加上现在官府卖私盐更加方便，导致很多官员私下售盐，"前道沈元佐任内详明督、抚，差家人收买沙卤，所煎私盐不下百万，每百斛止发价九钱"。在白井几公里内的地方，有一处地方，百姓挖洞，取水煮盐，被称为沙卤，此地出产极多。而且没有城墙阻隔，虽然有 50 名巡逻的士兵，但他们都是串通好的。这里聚集了大量的土匪，他们在这里抢夺官盐，甚至杀了官员的家人。上一任盐道沈元佐向总督和巡抚汇报后，只准自己的家人购买沙卤，只需 9 钱便可购得百斤，他又将盐以 1 两 6 钱的价格卖给各州县官。这样的价钱仅仅是官盐的一半，所以各州县都很乐意买。这里被缴获的私盐超过了百万斤，而利润都被沈元佐和他的手下瓜分了。沈元佐还"私压秤头，每年约得万金"。再加上云南一带盐政陋规有很多，许多官员都利用职务之便侵吞盐税，逢年过节的时候，还能拿到更多的盐规银。前任提督张文焕，任职 6 个月，得到盐规银大概 3 万两，而且过节时必须收双倍的节礼，卸任时带走了 10 多万两银子，所有人都知道。可见，从上到下都能从盐政中受益，而且地位愈高者受益愈大。

这一道奏折触及了云南近半数官吏的切身利益，也得到了雍正的关注。主管云南盐政的云南总督高其倬和云南巡抚杨名时是第一批受到牵连的人。这两个人相对比较清廉，但也曾收取银子，"况总督高其倬居官清正，属员也皆服其才守，且实心政务，慎重地方，并不受贿。……且有赏兵帮补军需、公费，各官节礼不收，止留门包或土仪些许，实督抚中难得者也。……再巡抚杨名时，居官不失书生之度，心有余而才稍平，节礼不收，皆不营私"。意思是总督高其倬为官清正，手下人都佩服他的才干，而且他一心政务，重视地方，并不受贿。……并且不会给士兵补助，各种节礼他都不会收，只留一些土产，这是督抚中少有的。而巡抚杨名时，做官还能保持读书人的风度，不收礼，不求私利。这二人为官清廉，却也不免受盐政陋规的影响，由此可以看出云南的盐政是多么糟糕。

高其倬和杨名时二人分别向朝廷上疏辩解，说云南的盐务应由盐道负责，不能由商人办理，考虑到云南地域广阔，道路遥远，商贾资金有限，招商试点之后，很快就会有人口密集、易销的地方被认引，其他的地方都被商人抛弃了，就算是勉强认引也很难保证每一年都有盐供应。而且云南盐政不同于其他省份，盐道与总商并无二致，盐道负责每口井煎盐、运输和销售人员的调配。工人们的伙食，也是盐道提供的，称重盐就是用来支付各项开支的，而所有的收入都用来支付灶户，这样他们就不会耽误税收。所以，他们并没有克扣薪本、加派私卖的现象。最后就是关于李卫说云南各地的官员都派人在各地贩盐，用"小秤大戥"，弄得有些地区的食盐价格偏高，而盐井周围的州县因为食盐过量，为了满足食盐销售的要求，按口散盐，百姓苦不堪言。二人辩解说早已禁止这种做法。盐价之所以高，是因为云南的煎盐价格比其他省份要高得多，再加上运费、脚价、杂货费和利润，盐的价格自然高一些。而且云南的盐井分布不均匀，大都集中在迤西一带，由迤西至迤东，路程较长，运输费用较高，因此成本较高。总的来说，他们都把云南盐业的问题归咎于客观条件，而非官僚积弊。

雍正皇帝对此并不完全信服，反而对李卫提出的改良政策给予了肯定。李卫在奏折中说云南山路陡峭，调查盐务的时候前任盐道从不肯亲去，但是他亲自去调查后，发现了不少有效的改良计划。

李卫在追缴盐税和清查亏空时，不惧权势，将盐政中的害群之马原任巡抚吴存礼以及后来的蒋陈锡、甘国璧等人所做的恶行都在奏折中写得一清二楚，至于亏空的银两，李卫奏请由这些人赔偿，无法赔偿的让他们的孩子代为赔偿。雍正皇帝朱批一"公"字，说明其公道、公允，任职为公。到雍正三年（1725）为止，云南盐库亏空的钱粮已基本追缴完毕。

但是李卫所做的决定也并不是完全正确的。李卫为了从根本上解决云南盐政官员卖私盐的问题，大胆地将云南的盐政改为官督商办，但是他并没有考虑到云南的实际情况，那里不像江淮那样商贾云集，许多商贾负担不起朝廷的盐税，会出现20个人只分摊了5000两银子的情况。为了解决这个问题，李卫决定让那些没有能力缴纳盐税的商人先行购买，然后再交税，但是问题又出现了，许多商人不交税就逃走，这对于云南的盐税并没有什么好处，最后不得不改回之前食盐官销的政策。李卫在给雍正的奏折中，也提出了对云南盐政改革的新见解，他说他在户部时，就是以所辖之地征税，供其贩售，但是李卫在了解了云南盐政的详细情况之后，却觉得这种方法并不适合云南的盐政。尽管官督商办并没有从根本上解决云南盐政的问题，但是李卫务实的态度赢得了雍正的认可。

为了治理云南的私盐问题，李卫还采取调低地方盐价的办法，以自己掌握的盐道剩余银两来弥补盐价的差额，于是私盐渐渐消失了，百姓都吃得起盐了。此举有效地治理了云南一带的私盐现象。云南私盐泛滥的根源在于官盐价高,百姓吃不起,才会吃私盐,然而李卫一降盐价,私盐的好处便没了,于是私盐生意便不得不停了下来。

李卫对云南盐政的处理,有成功也有失败,虽然没有根除云南盐政的顽疾,但是多年来盐政亏损的情况基本上得到遏制,使得云南盐政大为改观,所以李卫调任浙江巡抚的第二年雍正仍让他兼管盐政。两浙地区原设巡盐御史,但由于他们是朝廷直属下派的官员,与地方官多有嫌隙,很难履行自己的职能,所以大多是敷衍应付。雍正为了整顿这里的盐政,令李卫主管此事。

雍正二年(1724),李卫因治盐有功,被雍正擢升为云南布政使,又在奏折的朱批中告诉李卫:"非但本省事务,举天下有关吏治民生,兴除劝惩各事宜,一切謦言勿隐密之。"就是说不但本省之事,凡与民生有关之事,一概不能隐瞒,都要告诉他。第二年,又升李卫为浙江巡抚,浙江作为清代税收大省和海防重镇,也是南明残余势力的主要活动地域,这是对李卫的一次提拔,也是对李卫的考验。李卫深知责任重大,曾以"无巡抚之才"为由婉谢,但未获谕允,可见雍正对他的信赖。

李卫到浙江之后,第一件事就是对财政和粮食赤字进行清算,立刻向雍正上奏浙省吏治状况。李卫称各府县所含亏空多得数不清。李卫命令贪官据实补报,并在规定的时间内补足。到了雍正五年(1727)的时候,李卫种种作为得到了雍正的赞赏,升任浙江总督,管巡抚事。

浙省除了钱粮亏空之外,铜觔亏空也很严重,铜觔指的就是铜,这是制作武器的材料,所以也需要储备。李卫上任以来,清点了全省的铜觔亏空,居然有上百万的缺口。之所以出现这么大的缺口，是因为官员买了足够的铜之后，可以将剩下的银子放在库中，以备不时之需。所以官员们都是先给商人们一些银子，希望能压低铜的价钱，有更多的余利。然而，商人们只想挣得更多，往往掩盖自己库存短缺的事实，把官员预支的银子挪到别的地方去，甚至有的官员将原本买铜的银子据为己有。比如上一任巡抚，因为家中有一艘洋船，想利用买铜的银子趁机捞一笔，结果不但没赚到钱，还造成了铜觔上百万的亏空，经过李卫的努力，终于在雍正五年（1727）九月，将大部分亏空问题都解决了。

除了严重的亏空之外，浙省官员的贪污情况也很严重，李卫就参过前任河道，此人为官不正、贪污受贿，贪污数千累万，家产更是不计其数，他贪污的银子，自己还不起，就让他的后代替他还债，直到还清为止。浙省贪污风气如此严重，除了要严查外，还要清除不合格的官员，以正吏治。

除了官员之外，对当地造成最大伤害的就是那些胥吏，前文也说过田文镜整治小书吏之事，可见无论在哪个地方，这都是个严重的问题。而在李卫看来，浙省危害最大的就是讼师了，一旦双方发生争执，都会请讼师，而这些讼师大都是愚昧无知、稍微认字的无赖。百姓对讼师的话都很信任，指东不敢往西，讼师对吏治危害极大。李卫自上任以来，一直留心这类恶事，发现的话就严加惩处。李卫在奏折中告诉雍正，经过这次整治之后，收到的状纸只有数十张，和以前的几百张相比少了很多。除了讼师之外，藩司对当地的影响也是不可低估的。藩司是主管一省民政与财务的官员，一省的财政和人事都由他们来处理。由于浙省工作繁杂，很多事都由藩司下属的吏役负责，他们往往暗地里篡改钱粮数，与官员互相勾结，营私舞弊，贪污公款。如果当时的藩司软弱无能，罢官之后往往留下的亏空成千累万,若是遇到勤勉的官吏那还好些,可是浙省的事务实在太多,单凭一人之力是办不到的。之前有一个藩司就是这样,他上任后,事事亲力亲为,只是他的才干所限,以致积压的政事不能按时完成。李卫在奏折中说,他知道这种情况后,对那些嚣张的藩司书吏"设法查拿,究追实据,立意剪除其弊"。

除了对胥吏进行有效的整饬之外,李卫还特别注意对官吏的任用。李卫到浙以后,仔细考察了浙省的官吏,然后在奏折中告诉雍正,他发现浙省官吏中,"大抵才力出众者少,勉强供职者多,而庸碌废弛者亦不乏人"。之后李卫推荐人才给雍正:"查嘉兴府乔世臣,乃同李慎修一时拣选之人,其贤否竟有天渊之别。"意思就是说这两个人是同一批选拔出来的,但是两个人的才能简直是天壤之别。不过在官员操守和办事能力上,李卫更看重后者,譬如杭州府钱塘知县的操守和才气都平平无奇,但在缉捕盗贼方面出类拔萃,在任时期,屡破大案。李卫觉得这个人是个干事的人。后来雍正在让李卫推荐台州府同知一职时,李卫就向雍正推荐了钱塘知县,说如果雍正能用这个人,那么台府的堤坝建设他完全可以胜任。

李卫也在奏折中说过两个官员的"坏话"。比如有一个省的官员,李卫觉得此人虽然经验丰富,但才干一般,不能胜任自己的工作,常常需要别人帮忙代办,所以李卫在奏折中向雍正建议,"若将该员改降京职,尚堪策力,如用外官仍未甚相宜"。意思就是把他调到京城去,倒也可以,但用外放却是不妥。还有一个办事勤快果断的臬司,精明能干,但身子骨太差,根本压不住书吏和衙役,长此以往必成祸患。可见李卫确实是一心为皇上,而且他还认为"人地相宜",就好比刚才举的两个例子,要把官员放在合适的位置上,如果让不合适的官员任职，百姓的负担就会加重，从而影响当地的发展。

雍正四年（1726），大力推行摊丁入亩，由于浙省士绅势力庞大，前面的两位巡抚都没有办法实行，李卫知道这件事后，不计后果地严厉惩处了不法士绅。各地乡绅借乡试之名，聚集在官府，聚众滋事，反对摊丁入亩，李卫不管这些聚众闹事的是什么人，派兵镇压，使摊丁入亩在浙省顺利实施。

李卫刚到浙省时，浙省各部衙门都是入不敷出，李卫往往自行补足。后来李卫主持盐政，查访之后发现，原来盐政司每年的经费在是火耗银中预留出来的，足够维持一年的开销，但是若遇有急事就没有办法了，自从火耗交出后各部都是入不敷出。

雍正登基后，发布上谕，将耗羡的征纳合法化。雍正说州县的火耗本应该不存在，但是朝廷赋税不足以维持各省的公务开支和官员的俸禄，必须收取一定的耗羡，所以他才正式批准各地收取耗羡。但对征收数额作出严格规定，并令各省将所征耗羡银两上交，由中央统一安排。如果当地官员擅自增加税收，将受到严厉的惩罚。这样就可以抑制官员的腐败行为，减轻人民的负担。不过，还是有个问题没有解决，就是地方官员的收入依然不够维持公用，也不能养活他们的家人，还是会私增税额。针对这个问题，雍正开始实行养廉银制度，就是政府给地方官员养廉银，由各省督抚根据官员的品级和事务的复杂程度来确定相应的养廉数额，并预留一部分银子供地方官员办公使用，这样可以对当地的吏治进行一定的整顿。

因此李卫在奏折中对雍正说："若不早为设法，则临时必致拮据……将来凡有迟误，必借故刁难推诿。"雍正五年（1727），雍正给浙省官员拨了10万两的养廉费，多出来的部分归地方使用。关于养廉银怎样分配，李卫向雍正作了详尽的解释，除了特定官员之外，其余官员按职位高低来确定养廉数额。另外，虽然将军衙门已有养廉银1000两，但与其他官吏相比实在是太少了，应当酌情增加600两，以资补助。而督抚衙门除了维持家业所需之外，还有各种公务开支，大约需1万两银子。副都统四人除按旧盐规留银外，每人另加500两养廉银，如有出洋事务，可酌情增加养廉银。地方官，如知府等，则可根据事务的复杂程度，增加养廉银，至于州、县的杂役，则可拨出3000两银子作为奖赏，既是激励，也是为了不让那些懒惰的人得到好处。雍正对这个建议十分赞同。

  关于浙江盐政问题，李卫和在云南时一样，先考察浙江盐政，然后在其基础上，查明其中最突出的两个问题——浮费和私盐。浮费是指不必要的开支，是盐政中的一条陋规。虽然雍正登基后就提倡兴利除弊，在盐政方面革除积习已久的陋规，但是陋规不是那么容易革除的。浙江盐区的浮费相当可观，这必然会逼得盐商不得不涨价，以抵消巨额的浮费。食盐价格过高让普通民众不敢轻易购买，于是就出现了大量的私盐。当然，浙江地区私盐现象历史悠久，局面十分复杂，其成因并非只是官盐价格高，更重要的是由于浙江沿海地域广阔，管理难度大。而且盐枭势力庞大，官府难以缉拿，这就导致了两浙私盐市场异常活跃。

  一方面，对于浙江境内的私盐团伙，李卫建议采取三项举措，从产地、运输路线和政府内部三个方面对私盐问题进行严厉清查，以遏制私盐活动。另一方面，李卫减少浮费和苛捐杂税，取消了一些不正当的规定，减少了商家的负担，使得盐价下降，私盐的流通受到了限制。

  在盐地，李卫向当地居民发放烙牌，让他们凭牌子买盐，以防止私盐商人假冒。李卫还加大了对私盐运输路线的检查，设巡盐营把总一名、士兵百名。他还亲自检查每一艘经过的盐船。经过他的严厉打击，许多私盐贩子都被抓了起来。至于相关的盐场官员都是些小官吏，对功名看得不重，对利益看得很重，而且又没有什么身家可顾忌，大多收受贿赂。因此李卫在选择这些小官吏的时候，都会选择有家室的人，他们顾及自己的家人，不敢随便收受贿赂，而且这样的人大多一心想要建功立业，因此会忠心耿耿、恪尽职守。

浙省在李卫的治理下，不仅解决了官盐滞销的问题，还打击了浙省横行的盐枭集团，肃清了浙江盐政，取得了可喜的成绩。之后雍正又将江苏省的盐政暂时交给李卫处理，因江浙两地的地理、社会情况相近，李卫在江苏仿照浙江的治盐举措，加强对盐贩活动港口的检查；又把地方官员和巡查人员更换成有家室的人，以免出现贪污受贿之事；至于那些生活困难的残弱百姓，则允许他们凭票购买食盐再自行出售，但每天只有20斤，这样贫苦的老百姓就不会购买私盐。李卫在江苏地区推行新盐政后，江苏盐税从亏损转为盈余，李卫治理盐政的能力可见一斑。

2.始终如一，勿怠勿纵

李卫在浙省的时候，就展现出了他精明强干、办事果断的优点。雍正多次在奏折中夸奖李卫，"尔之声名甚优，如此方不负任用，惟当始终如一，勿怠勿纵，勉之"。还将他树立为群臣学习的榜样，"亦不必远法前人，但近观鄂尔泰、田文镜、李卫等，当知愧奋"。

李卫的才能不仅仅体现在治理盐政上，他还善于缉捕盗匪，所以东南一带再也没有了盗匪，治安大为好转，雍正更是破格任命他为江苏七府五州盗窃案的负责人。除此之外，李卫还为浙江海塘的建设、玉环岛的发展、学校的兴建以及其他的社会民生建设作出了重要的贡献，受到浙省人民的好评。

江浙一带，从南宋起就一直是我国的重要税收来源地。这里的赋税以农税为主，而海塘工程关系到农业是否丰收，所以帝王都很看重海塘工程，雍正自然也不例外。在雍正二年（1724）的时候，江浙地区发生过一次特大灾害，也是在这次灾难之后，雍正最终决定改土塘为石塘，而这件事就交给李卫来办。在李卫上任之前，浙省的海塘建设由于经费不足而一再拖延，他上任之后，除自行筹措经费之外，又命贪官出资修筑家乡海塘，使浙省海塘每年都有修葺，不仅大大缓解了浙省百姓的压力，还保证了浙省海塘的修复。

浙省海塘与江苏海塘有很大区别，江苏建堤以防潮为主，而浙省沿海所要面对的是海潮，所以浙省海塘建设难度较大，对海塘质量要求也更为苛刻。李卫接管浙省的海塘事务后，觉得浙东绍兴地区远离大海，只要没有秋季大潮，就不会有太大的问题，只需用石头把原来的泥土垒起来就可以，没必要把原来的土塘都拆掉改建石塘，前两任官员修建的海堤也不用再修建，在原来的基础上用大石块交叉钉牢即可。这样不仅减少了修建海堤的开支，而且缩短了修建工期。

雍正五年（1727），雍正大规模推广石塘，第二年派李卫主持江南塘务，李卫先勘测了已完工的600余丈海塘工程，认为这种侧立式海塘外表光洁，比浙江其他地方的海堤还要漂亮。但在选材上，却与实际情况大不相同。海塘不同于河堤，须以大石垒之，才能抵御海潮，而浙省新筑海塘，多以乱石填在里面，效果可能不好。当时大家都用这种方法建造海塘，李卫能大胆地提出异议，实在是难能可贵。最后李卫先由还没有修建或需要改建的海塘开始，保留了已建好的海塘，若有必要，在上面铺上一层石头，视情况而定，以抵御海潮。之后的雍正六年（1728）和雍正七年（1729），李卫上奏请旨修葺海塘，以提高其防洪能力。"八年夏五月，筑海宁西塘大坝及修筑东塘，设海防兵弁。"雍正九年（1731）李卫又请旨修建海宁等地的海塘。

李卫在浙期间，虽然没有彻底根治江南的海堤问题，却为浙省修建海塘尽了最大的努力。几年后，李卫已经是直隶总督，他还奉命与其他官员一起到浙查勘塘工，由此可以看出，雍正对李卫兴修海塘的肯定。李卫既注重石塘的永固性，还特别注意对其进行改进与革新，他建的条块石塘，不仅节约了条石量，而且减少了修建海塘所需的费用，又能确保海塘的品质。

浙江位于沿海地区，海防是一个十分重要的问题。玉环山与内陆有许多港口相连，是浙江省的一处海上岛屿，西至乐清县，西南则可至温州府郡，为沿海诸郡的屏障、海上交通要道，关系到浙省的边防安危。以往由于潮汐退却，船只不得驶出，而潮涨之时海盗已经跑了的缘故，无法抓到海盗。李卫上任后很快便向雍正上疏，提出治理之策。

玉环山地域广阔、物产丰富，已开垦和可开垦的荒田有10多万亩，而且每一处浅滩都可以用来熬盐，康熙二十二年（1683）解除了玉环山的禁令，许多流民都在这里耕种、煎盐和捕鱼，但流民鱼龙混杂，这是玉环山管理的一个问题。李卫建议，严格控制迁入的人，他们必须是本省附近的人，而且要有亲戚作保，对迁入的人仍要严加看管，使良莠可分。这里还存在私米外流的情况，所以李卫命各地方征收米粮，当地百姓除了留下自己的口粮之外，需要到规定的地方购买粮食，还要按照规定,严厉惩处偷运粮食者。此外这里还有一个重要的问题,就是没有足够的经费。李卫指出玉环山为海上门户,若有了这里的防御,就可成为内陆的屏障,可以酌情调一些人来看守玉环山,这样的话,虽然增加了新的官兵,也会花费些调遣的费用,但是不会像之前那样花费那么多。更何况玉环山开发后,赋税足够负担新来的官吏的开支,而不需要再增加任何开支。李卫提出的建议,得到了雍正皇帝的首肯。到了现在,玉环山已经成为玉环市,风光秀丽、资源富饶,乃浙江省第二大岛屿,李卫功不可没。

雍正曾经说过:"缉盗乃安民之首务,稂莠不剪则嘉禾不生,奸宄不除则良善不安,此一定之理也。"意思就是缉拿盗贼,是百姓的首要任务,不铲除盗贼,就不会有善良的人,这是必然的道理。

李卫本性好武,刚到云南时便亲自进山剿贼,后来李卫到了浙江之后,对浙省盗窃案也极为重视,到任没多久便向雍正上折子说:"杭州一郡乃水陆通衢,城郭宽广,居民稠密,自北关至江头联络30余里,旗汉杂处,匪类易于隐藏,历有放火乘机抢劫之辈……乃省会第一大患也。"意思就是说杭州为水陆交通要道,城郭宽阔,人烟稠密,从北关到江头有30多里路,有旗人也有汉人,盗贼极易藏身,历来都有抢劫的人,这是省城最大的问题。

李卫在这里屡破大案,其中以康熙四十年(1701)的一桩钱塘江老案尤为突出。这件案子是康熙四十年(1701)发生的,但是距雍正六年(1728)李卫破案,相隔有20多年了。

雍正六年(1728)五月,钱塘县抓获3个大盗,经审问,他们的头目叫张宝生,这个人最擅长的就是在从钱塘江到衢州的水路上冒充船夫作案,将落单的乘客引到一处无人的地方,用一根1尺2寸、两头拴有小木档子的绳子,将人勒死后绑在一块大石头上,沉入江内,劫取财物。从康熙四十年(1701)开始,死在他手上的人实在是太多了。李卫审问之后,立即到原籍捉拿张宝生和他的几个同伙,因为他犯罪的时间太长,杀人次数太多,所以不能全部说清楚,只能说出一部分,李卫也都写在了奏折中:"雍正二年三月,在富阳落山头谋死徽州寄信客人,得银三百二十两;五年正月,在富阳里山谋死种棉花客人,得银二两四钱;四月内,在西安樟树潭谋死江西贩麻客人,得银三十两。"案子告破后,雍正在朱批中对李卫大加赞赏:"如斯远年旧案,悉能发摘,殊属可嘉之至。"

浙江省靠海,不仅有盗贼扒手,还有洋盗,而且十分猖獗,浙省一带的商船经常遭人抢劫,甚至在李卫上任之后,台州一带接连有六七艘商船被人抢劫。李卫当即命当地官吏全力调查,抓获了主使者和同党,经过审问,这些大盗都是在海上游荡,见船就抢,然后散藏在内地,李卫让士兵分成两队,一队在内陆搜索,另一队在海上搜寻,最后在闽地逮捕了10多名强盗,尤其是对那些隐藏在深山之中的强盗,搜寻更是严密。

江浙两省的案件原本是归各省管辖,但由于各地边界管辖不明,盗贼多藏匿其中,难以抓捕。而一件案子的发生,让李卫获得了兼理江苏七府五州盗案的权力,这个案子就是姚天生案。贼人姚天生本来是浙江人,他在江苏震泽县偷盗赃物,两江总督却将人藏了起来,找了个替身给李卫,没想到这件事败露了,但是两江总督还是不肯释放犯人。李卫无奈,只能向雍正禀报这件事,这件事情才算了结。之后,雍正为了便于李卫缉盗,命他负责江苏七府五州所有的盗窃案,江苏文武官员都在他的管辖之下,协助他缉盗、安抚百姓,并且准许李卫参加江苏省武军士卒的考试，以免一些官吏不服从他的命令，同时也便于李卫调兵捉拿盗匪。李卫除缉盗外，还十分注意防盗。他在视察江南的堤坝时，见城墙有许多坍塌的地方，立即命人修缮城墙，防止盗贼趁虚而入。在李卫的治理下，江浙一带盗窃案件大为减少，江浙地区的治安得到改善。

雍正七年（1729），雍正晋升李卫为兵部尚书，后加太子太保衔。还下了旨意，命他和田文镜二人把自己的执政经验写成一本书——《钦颁州县事宜》，让官员们研读。雍正九年（1731），李卫获准可以出入军机处，不久就升任刑部尚书，在这段时间里，他将多年积压的悬案全部理清，又被委以重任，教习勇健的军士。李卫在京城当官期间，雍正对李卫的能力越来越信任，没过多久，李卫就升到了直隶总督的位置，负责各省的提镇事务。

李卫虽然得到了雍正的信任，但是因为他过于骄纵，在担任直隶总督之后，经常被人弹劾，雍正也多次教导他，甚至赐给他一本《悦心集》，让他修身养性。李卫不顾鄂尔泰的颜面，向雍正告发鄂尔泰的弟弟鄂尔奇的恶行。鄂尔泰也是雍正的心腹，所以雍正将这件事压下来，没有重罚鄂尔奇。但是这件事让鄂尔泰和李卫结了仇。李卫这种不拉帮结派、不畏权贵的行事风格，正是雍正所需要的。

李卫的这种性格，在雍正初年就已经表现出来了，雍正在旨意里不止一次提及。当他被提拔为云南布政使时，雍正更是劝他"时戒血气，少务和平"。可是李卫却浑然不觉，反而越来越放肆狂纵，直接称呼自己的上级云贵总督高其倬和云南巡抚杨名时是"老高"和"老杨"，而且还命人做了钦差印牌放在仪仗之中耀武扬威。李卫为此受到雍正的斥责，但是他依然为自己辩解，没有承认自己的错误，直到李卫担任直隶总督的时候，他还因为任性而被弹劾，显然是没有悔改的意思。

李卫心高气傲也是出了名的。李卫在云南的时候，和贵州的威宁总兵官石礼哈一样，都是精明强干、敢作敢为，只是二人都心高气傲，谁也不服谁，而且互相弹劾，都说对方是坏人。雍正知道这两个人的为人和本事，却也没有办法调和，只好把李卫调到浙江，不让他们在一起工作。不过雍正也不是完全无视李卫的个性缺陷，有一次李卫和齐苏勒有了矛盾，李卫上疏说齐苏勒治理黄河不当，狂妄自大，不肯接受建议。雍正直接说李卫和齐苏勒的矛盾，很有可能是由于李卫对齐苏勒有所怠慢，错不在齐苏勒身上，而在李卫身上。总而言之，李卫刚愎自用、恃才傲物的坏习惯始终跟随其一生，而且还妨碍了他的仕途。雍正就曾说过，李卫若不知悔改，将来必受其害。雍正驾崩后，李卫就一直处于被孤立的境地，不可否认，这和他的狂妄和自负有关。

李卫在直隶任职时，革新军营、治河、改善民生、修复文物、兴建学院，为直隶的整体发展作出了巨大的贡献，得到了雍正的高度评价。李卫升任直隶总督之后，根据地方实际情况，就直隶的养廉银制度作了详尽的剖析。李卫指出，直隶的吏治腐败与官吏的收入有关。雍正十一年（1733）十一月，李卫在奏折中说直隶官员之所以敢于贪墨，主要是因为直省官员的养廉银不够。说直省官吏除了养家糊口之外，其他开支往往入不敷出。再加上直隶地域广大，有些州县办事复杂，往往需要上万两银子，州县存银又比较少，使当地官吏不得不受贿，实在是不得已而为之。因此李卫认为应适当上调直隶养廉银数额。李卫在这方面作了周密的规划，他根据辖区的大小、事务的复杂程度、官员的品级，将养廉银划分为600两到1000两不等，如果再有官员贪污受贿，会受到严厉的惩罚，决不容忍。养廉银数额的提高，一定程度上改善了直隶吏治腐败之风，雍正也非常高兴，说直隶"自行此法以来，吏治稍得澄清"。

李卫于雍正十年（1732）升为直隶总督，雍正知道直隶省军队的情况并不好，就让李卫招募了2000名新丁进行操练，以改变直隶军队实力薄弱的局面。李卫来到直隶，发现果然和雍正说的一样，马兵和步兵都手无缚鸡之力，不但箭术和藤牌很差劲，就连枪法也不会，所用的火枪也是大小不一。李卫上奏雍正，为了训练新兵，确保新兵的素质，要求在保定训练，而且下令每1000人设守备1名、千总2名、把总4名、外委千总3名、外把总5名管理新兵，待练熟了，再设将领分管。至于训练新兵的人选，李卫主张应选择经常习武的人，他们的实力是最关键的，名声稍逊一些也可以接受。李卫向雍正推荐的一个训练新兵的教练就是这样的，这个人之前是浙江抚标，因为过错被贬，现在在浙省待职，李卫觉得这个人若能教导新兵，自然是得心应手，对军队也是大有裨益。李卫除了征兵之外，还仔细检查了直省营伍中士兵的素质，发现直隶军队中有许多人都是些好吃懒做的家伙，浪费了军饷，这些士兵必须尽快清理出去。可以从已有的两个地方里挑选出2000名士兵，再从新征的士兵中挑选出2000人，把这4000人训练成一支精锐部队，以备不时之需。到了雍正十一年（1733）年底，这次征募的新兵正式划归督标二营管理，直省营伍在李卫的整顿之下得到了极大的改观。

李卫确实是一个忠心耿耿、精明强干的好官，但是他能够在众多朝臣之中被雍正发现，也是因为雍正慧眼识人。在人才方面，雍正不会拘泥于一格，不会单纯地只靠科举来判断一个人是否有才能。"才能之优细，无由得知"，因此他要求臣下"不可尽以科甲为人才,而视他途为市井小人"。在雍正当政的时候,不是科举出身但被重用的大臣有很多,前文提到的田文镜就是个例子,而李卫也是个最典型的例子。李卫不仅不是科举出身,而且学识浅薄,每每遇到写文书、奏折之类的事情,都会交给别人去做,而关于密折之类的文书他都会自己誊写一遍。李卫机智过人,每每遇到不合理的地方,都能找到其中的关键点。

有一次,雍正让李卫去审理一桩盗窃案,恰好李卫痔疮发作不能动弹,代写奏折的幕僚很是为难,痔疮这等大不敬的词语不能写,又要说得明白,一时不知道该写什么,李卫便说,"不如写坐处不安",幕僚一听顿时恍然大悟。

民间有一个故事:雍正登基后下令彻查各地的财政亏空,各地官吏都很害怕。李卫那时是浙江总督,他立即把幕僚召集起来商议对策,如果不请钦差大人来,自己查亏空的话,皇上肯定不信任;如果请了钦差大人来,他身为督抚也没有权力插手清查之事,就会查出亏空,该怎么办呢?大家都没有想出一个好主意,李卫出了一个主意:"不如我上疏,告诉皇上浙省的钱粮废弛日久,正好借着钦差大人清查的机会好好整顿一番。只是这位钦差大人初来乍到,只怕暂时还摸不清头绪,臣乃当地官员,当尽力配合,请求皇帝定夺。"皇上自然是同意了。

接着,李卫以自己过生日为名召集浙中七十二州县的相关官吏。宴席吃到一半的时候,他将众人召到密室中,告诉大家:"钦差就要来了,他专门负责查亏空,只有我能救你们,你们要是有亏空就告诉我。不然查出来就会被革职甚至被砍头,到时候我想救你们都没有办法,我可是给过你们机会了。"众人惶恐,纷纷表示"谨遵大人之命"。之后李卫就让众人回去了。这些人无论有没有亏空，都写下来交给李卫，让他心中有数。

很快雍正派的钦差大臣户部尚书彭维新（1679—1769）到了浙江。彭维新此时正在江南各地巡视，此人办事严谨，江南的官员都不敢插手，最后彭维新查出了许多问题，抓住了不少人的把柄，彭维新打算将这些全部禀告皇上，该流放的流放，该斩杀的斩杀，使得各地人心惶惶，抱怨不断。

彭维新到了浙江后，没想到李卫一见到他，就把雍正的手谕拿了出来，说道："皇上派我来协助你清查，还请大人一同商议。"彭维新见了雍正的旨意，气势顿时弱了许多。然后李卫设宴招待彭维新，酒足饭饱后，李卫叹了口气，说道："共事之人，总有争吵之时。我是个急躁的人，爱与人争论，经常受到皇帝的斥责。现在与大人合作，虽希望无纠纷，却不知如何才能不起争执。"彭维新说："不如我们分县调查，怎么样？"李卫表示赞同。

李卫当即命人在每张纸上写下浙江诸州县籍，然后揉成一团，放在盘中，李卫与彭维新一人一半。彭维新怎么也没有想到，李卫竟然在所有的字条上都动了手脚，亏空州县与不亏空州县的字条都被他偷偷做了不同的记号，李卫把亏空州县的字条，大半都拿在自己手里，其他没有什么问题的，就全部交给彭维新。

虽然彭维新很认真地调查，但是李卫早有准备，最终彭维新还是什么都没有查到。而李卫在清查的同时，也要求有亏空的州县官员要想办法偿还欠款，以最快的速度解决这件事。

清查之后，李卫问彭维新："各地有没有欠下亏空的？"彭维新回复"没有"，李卫故作惊讶，高兴地说："那可真是可喜可贺，我这边也没有哇！"于是向朝廷上书，说没有亏空。雍正大喜，说道："旁人都说清查麻烦，李卫却是一点问题都没有，看来他还真有些本事。"如此一来，李卫的下属也彻底被李卫折服。这个故事或许有戏说成分，但是也证明李卫确实是个很聪明的人。

雍正也很重视官员的品行，身为一国之君，他最看重的就是忠心，这一点李卫是知道的，也做到了。雍正继位之后第一件事就是查亏空，李卫上任后第一件事也是查亏空。之后雍正实行摊丁入亩，打算将这个制度推广到整个浙省，李卫以实际行动来支持新政的实施。正因为李卫对雍正的绝对忠诚，严格执行雍正的旨意，才逐渐成为雍正的亲信。

在雍正看来，臣子的绝对忠诚甚至比能力更重要。从雍正对田文镜"匿灾"一事的处理上就能看得出来，田文镜瞒报灾荒，编造"祥瑞"，催征钱粮，雍正并没有惩罚田文镜，反而给他找借口，夸奖他是一个务实的臣子。在雍正的心目中，臣子对皇帝的绝对忠诚，才是臣子能成为自己心腹的根本，李卫就是这样的，眼中只有自己的主子，敢于担当、无所畏惧，所以李卫成为雍正口中的"模范督抚"。

李卫之所以能得到雍正的青睐，既有时局之故，也有李卫才能的原因。康熙晚期，吏治涣散腐败，雍正刚刚登基，迫切需要培养一批德才兼备的官吏，而这正是李卫得以在雍正王朝崭露头角的一个关键机会。任职期间，李卫的才能表现得淋漓尽致，他在云南、浙江、直隶等地严格贯彻了雍正的旨意，推行了雍正的新政。当然雍正的处事方式、用人之道，也是李卫被重用不可或缺的原因。

李卫的性格前文已经说过，他同另一个"模范巡抚"鄂尔泰的关系又是怎样的呢？鄂尔泰身居高位，性格也十分耿直，不可避免地会与别人产生分歧，所以二人之间有很深的矛盾。

鄂尔泰与李卫的冲突在雍正年间就有了，就是前文说的李卫弹劾鄂尔泰的弟弟鄂尔奇徇私、扰乱百姓这件事。李卫还在奏折中说："倘鄂尔奇因无敢质谨强辩抵赖，臣情愿谕旨对审庭下，泾渭立分，公私判然矣。"意思就是如果鄂尔奇敢狡辩抵赖，李卫愿意请旨当庭审问，立刻能分清对错。最后鄂尔奇虽然因为哥哥鄂尔泰的缘故没有被重惩，但是也获罪了，而这件事成了鄂、李二人冲突的开端。

可惜李卫并没有完全记住雍正曾经告诫他的话"惟当始终如一，勿怠勿纵"，到了乾隆朝，乾隆并不是很喜欢骄纵的李卫。李卫在乾隆年间没有被委以重任，他的很多提议也被拒绝。

乾隆曾经说过："从前鄂尔泰等在封疆中已为不数见之材，然以意见不和，遂与李卫等抵牾生衅。"这里说的是乾隆初期，李卫任直隶总督的时候和鄂尔泰就如何治理永定河一事产生分歧。乾隆三年（1738），乾隆罢了李卫治河权后，还对鄂尔泰说过："直隶河道工程，应该由总督会同总河办理。我之前命令李卫不必办理，因为你们两个不和，于公于私也是无益。"而李卫于这一年十月逝世。之后就出现了直到乾隆五年（1740）除了当时的直隶总督之外，再也没有人请李卫入祀贤良祠的情况，而李卫的儿子认为是朝中大臣听信鄂尔泰的话，鄂尔泰又想借此机会向李卫报仇，所以没有人为李卫请愿。这时李卫才得以入祀贤良祠。乾隆当时评价他"才猷干练，实心办事，封疆累任，宣力多年，勇往直前，无所瞻顾"，可见乾隆对李卫的评价还是不错的。本来到这里李卫也算是得到了一个不错的结局，但是乾隆十六年（1751）又发生了一件事。

当时任河南巡抚的鄂容安参奏官员彭家屏（1692—1757）一家拒不交粮，他的弟弟还杀害佃农，隐瞒真相，因此彭家屏被严惩。彭家屏在乾隆初年曾得李卫的赏识和提拔，所以大家认为彭家屏是李卫的门生。这样一来，鄂容安和彭家屏的矛盾越来越深，彭家屏经常诋毁鄂尔泰父子，所以彭家屏和鄂派的冲突，实际上是李卫和鄂尔泰两派的冲突。到了乾隆二十二年（1757），彭家屏因文字狱入狱，乾隆在审讯彭家屏一事时，曾说过："且彭家屏乃李卫门下一走狗耳，其性情阴鸷，恩怨最为分明。从前每当奏对时，对鄂尔泰、鄂容安无不极力诋毁，朕因此深薄其为人。"意思就是彭家屏是李卫的狗腿子，为人阴险狡诈、睚眦必报。以前上朝的时候，他总是极力诋毁鄂尔泰和鄂容安，所以我对他印象很差。可见这个时候乾隆对李卫的印象已经不好了。

其实鄂、李两派的纠葛，起因是鄂尔奇触犯国法，李卫弹劾本是出于公正，但由此引发二人间的冲突。李卫任直隶总督期间，因为性格的原因与直隶诸部官员都有冲突，而不是只与鄂尔泰一人有冲突，而且在治理河道事务上，有不同的看法也是很常见的事情，鄂尔泰也没有因为两个人之间的分歧，利用职权来对付李卫。不过乾隆罢免了李卫的治河权，可能确实使两个人的关系更加紧张。李卫入祀贤良祠之事，也没有证据证明是鄂尔泰阻挠，在彭家屏一案中，彭家屏是李卫门人，和鄂容安等人有矛盾，但是彭家屏攻击鄂派的时候，李卫已经死了，就如同胡中藻一样，不见得就代表了李卫本人的意思。尽管不可否定李卫和鄂尔泰之前有过节，但导致这种冲突不断深化的关键因素可能是乾隆在其中有意推动。

到了乾隆四十五年（1780），乾隆更是直接评价李卫"并非公正纯臣，其在浙江亦无甚功德于民，并闻其仰藉皇考恩眷较优，颇多任性骄纵之处"。意思就是李卫不是一个正直的臣子，在浙江也没有为百姓做过什么，听说他仗着先皇的宠爱，骄纵跋扈，李卫若还活着，一定要治他的罪。从这一点就可以看出，李卫的人品和政治能力乾隆是看不上的，就连他的功劳也被乾隆给抹去了，这样的结局实在是让人唏嘘。

第九章 大臣中第一宣力者

养心殿中,雍正左右看了看,没有看到自己想要找的人,便对近侍说道:"朕这几天手臂酸痛,你们可知道原因吗?"近侍又惊又怕,忙问缘由,雍正却笑道:"大学士张廷玉病了,不是朕的手臂病了吗?他是我的肱股之臣。"近侍一听,才明白雍正是在开玩笑,而且也深刻地明白,张廷玉对雍正多么重要。而张廷玉得知后却依然谨言慎行,后来还拒绝接受雍正2万两银子的赏赐,雍正感动地说道:"汝非大臣中第一宣力者乎!"

张廷玉是清朝初期一位极具影响力的大臣,他是大学士张英的次子,生活在康、雍、乾三朝,为官50多年。他在雍、乾两朝一直位居汉官之首,历任检讨、内阁学士,刑、户、礼、吏等部侍郎、尚书,官至保和殿大学士兼署吏部尚书、军机大臣,此外,他还参与编写了《清圣祖实录》《清世宗实录》,多次主持重要史书编纂工作。张廷玉深受雍正信任,雍正朝的国家大计都有他的参与,雍正临终时,赐张廷玉身后配享太庙,他是唯一一个有资格配享太庙的汉官。张廷玉的荣宠在雍正朝达到顶峰。在乾隆朝初期的时候,乾隆对他极为器重,出巡时常命他和鄂尔泰等人留京主持国事,并封他为子爵,后来又晋为伯爵,这是清朝文官被册封伯爵的先例。可是后来张廷玉因小过遭乾隆打击,名声大损。雍正和乾隆对同一位汉官的态度,形成了鲜明的对比。

那么张廷玉的一生又是怎样的呢?

1. "首席秘书"之张廷玉

关于张廷玉的具体功绩,史料中很少有记载。张廷玉与其他直接处理朝政的官员不一样,他只参与了典章制度的修订和编纂,并没有什么突出的功绩,但是就是因为这样一些看起来微不足道的事情,却让张廷玉成为雍正的左膀右臂,成为一名大清不可或缺的"首席秘书"。

张廷玉出生于康熙十一年(1672)九月,他的父亲是大学士张英,深得康熙的信任。张廷玉虽然出身官宦之家,却选择了科举入仕,并在康熙三十九年(1700)中进士,与年羹尧是同年。康熙年间,张廷玉渐显才华,虽然没有年羹尧晋升得快,但是仕途较为顺畅,康熙末年的时候,已经是吏部左侍郎兼翰林学士。

康熙六十一年(1722),康熙驾崩,雍正登极,此时张廷玉正值壮年,迎来了他一生中最辉煌的时候。他从礼部尚书到户部尚书,再到太子太保、翰林院掌院学士,最终一步一步登上了"宰相"之位。雍正七年(1729),雍正设立军机处,张廷玉位列怡亲王允祥之后,奉旨制定各种章程,并在允祥死后一度出任领班军机大臣。

张廷玉深得雍正重用,他的父亲张英在其中起到了不可低估的作用。康熙十分看重皇子的教育，他广邀天下名士教导皇子，张英便是其中之一。"六尺巷"故事中的主人公就是张英。这个故事讲的是张英的家人与邻居吴家因为宅院修墙一事发生了纠纷，由于房屋都是祖上传下来的，而且年代久远，谁也不清楚墙到底修在哪儿，谁也不肯退让一步，以至于闹上了公堂。但由于两家都是显贵人家，县令也不敢轻易下定论。所以，张家人便写信送到京城，想要寻求一些帮助。张英看了信之后写了一首诗："千里修书只为墙，让他三尺又何妨。万里长城今犹在，不见当年秦始皇。"张家人这才明白过来，退了三尺。看到这一幕，吴家的人也明白过来，也让出三尺，形成了一个六尺宽的巷子。

雍正6岁先学于顾八代，然后跟着博学多才的张英研读四书五经。雍正登基后，为了感激张英对他的栽培，特将张英入祀贤良祠，并赐"忠纯诒范"的匾额。

其实雍正就是想利用这一点，让张廷玉成为自己的心腹。雍正在上谕中对张廷玉说出了自己的想法："朕在藩邸时，不欲与廷臣相接，是以未识汝面。寰者奉皇考之命，譬会同大学士办理公事。汝以学士趋跄其间，朕见汝气度端凝，应对明晰，心甚器重。询之旁人，知为吾张师傅之子。朕心喜曰：'吾师有子矣！'后闻汝官刑部吏部皆有令名，更为喜慰。今见汝居心忠赤，办事敬诚，益知为天祖所笃生，皇考所教养，成兹伟器，以辅翊朕躬者也，汝其勉之。"意思是朕在藩邸之时，不愿与大臣接触，所以不认识你。之前奉皇考之命，与大学士共事。你当时也在其中，朕看你气度沉稳，应对清晰，很是欣赏。打听了一下，才知道你是张英老师的儿子。后来听说在刑部吏部都有你的名字，更是欢喜。今日一见，你忠诚、处事诚恳，知你是上天所托、皇考培养出来的成大器之人，是为了辅佐朕的,你应当再接再厉。

从这段文字可以看出,雍正有三层含义:一是先摆明自己和张廷玉的关系,自己是张廷玉的父亲张英的学生,这样自然会拉近二人关系,也可以为二人之间的合作奠定感情基础。二是雍正对张廷玉的才华大加赞扬,得到这样的褒奖,张廷玉岂能不感动。三是向张廷玉表达诚意,期望他能为自己所用,这也是这段话中最重要的一层含义。

那么张廷玉是否值得雍正拉拢呢?答案自然是肯定的。首先,康熙末年,张廷玉没有卷入夺嫡的斗争之中,始终保持着一种中立的态度。其次,张廷玉才干出众,深得雍正赏识,这两个方面是雍正拉拢张廷玉的主要原因。雍正认为,治理国家最重要的是用人,其他都是次要的。而张廷玉善于辞令,做事勤奋,这恰恰为一心想要改革的雍正所欣赏。

实际上,雍正一登基就重用并培养张廷玉。康熙驾崩次日,雍正便下了恩旨:"大事典礼繁多,文章关系紧要,侍郎张廷玉为人老成,著兼学士衔,协同掌院学士阿克敦、励廷仪办理翰林院文章之事。"

张廷玉的确是可以重用的,他的表现也果然不负雍正的期望。雍正登基之初,就制定了一系列政策,而其中的每一道圣旨,都是张廷玉进入内廷,雍正口授大意。张廷玉有的时候伏在地上直接写,或者在小几上写,写完直接呈给雍正看。这样的事一天最少也有十几次,每次写的内容都没有问题。从那以后,雍正与张廷玉的配合越来越默契,这让雍正觉得,这个国家一天都离不开张廷玉。雍正曾经在朱批中对张廷玉说:"朕即位十一年来,在廷近内大臣一日不曾相离者,惟卿一人,义固君臣,情同契友。今相隔月余,未免每每思念,然于本分说话又何尝暂离寸步也。"这段话雍正所表达的最重要的意思是,朕登基11年，内廷大臣中只有你一人一天都不能离开，虽然名义上我们是君臣，但是情同挚友。可见雍正确实需要张廷玉，不过张廷玉是在雍正打压满洲王公贵族的过程中一步步上位的，这一点需要注意。

雍正在位13年，无论是抄诏书、编撰《大义觉迷录》，还是创立军机处、完善奏折制度等，基本上都有张廷玉的影子。

张廷玉主持翰林院多年，在他的领导下翰林院完成了大量的编纂工作，他还担任过国史馆等多处修书馆的总裁官。

在雍正驾崩后几个月，乾隆让张廷玉等人完成《清世宗实录》的编纂工作。张廷玉利用各类文件材料，如皇帝的书信、起居注等，一边撰写，一边向乾隆呈报，得到乾隆的批准后再继续撰写。在这种情况下，他必须时刻思考乾隆的意图，很难做到不偏不倚，这部实录直到乾隆六年（1741）才完成。《清世宗实录》一共159卷，内容涉及政治、经济、文化、民族、外交、自然现象等。这本书是张廷玉等人为了迎合皇上的心意而写成的，对历史进行了不少改动，记录难免有失真之处。

不过康熙命张廷玉编纂的《明史·艺文志》历史评价更高一些，这本书以《千顷堂书目》为蓝本，是记载明代有关图书典籍的目录。这在目录学史上是一次重要的文体变革。此举在后代文人中引发诸多讨论，但大都对其予以肯定。也正因如此，在清朝中后期，补修史书成为一种风气，对古籍的传承起到了很大的作用，同时也给明朝的历史研究留下了翔实、可信的史料。这本书的记载简明扼要，没有任何烦琐的地方，方便读者去寻找和研究。这也是张廷玉的行事风格。

张廷玉自幼受过良好的教育，博览群书，一走上仕途，便以书法见长，文采斐然，被康熙屡屡破格提拔，一直升到了南书房，负责抄写圣旨。这份工作他这一做就是数十年。纵观他的一生，可以说他是一个典型的"以笔辅政"的朝臣。张廷玉可以说是皇上的秘书，而作为皇上的秘书十分不容易。每次皇上口述圣旨，张廷玉都能精准地领会其中的意思，现场挥毫，思路之灵活非朝中诸臣可比，根本无须改动。雍正称赞他"遵旨缮写上谕，悉能详达朕意，训示臣民，其功甚巨"。乾隆也作了一首诗，赞他"述旨信无二，万言顷刻成"。

在对西北用兵之后，张廷玉在雍正的身边，几乎没有什么空闲的时候。他的身边永远都是堆积如山的文件，书吏一直在他的身边。为了节省时间，他常常在轿子里批阅公文，书吏就在一旁随时取这些公文，没有一处遗漏。晚上回家的时候，张廷玉点着两根蜡烛，把当天没有做完的事情做完，还提前规划第二天要做的事情。盛夏的时候，必至二鼓始就寝，如果在床上想起有什么文稿没有办妥或者写错了，他就披件衣服起来亲手纠正，然后在天亮的时候交给书记缮录。雍正皇帝对他大加赞赏："尔一日所办，在他人十日未能也。"

张廷玉一生都以"万言万当，不如一默"这8个字作为为官、为人处世的准则，他做事小心翼翼，各方面都很细心，处理事情也很少出错，因此他被雍正誉为"第一宣力大臣"。实际上，"万言万当，不如一默"并非张廷玉所作，而是他借用了北宋大文豪黄庭坚的"百战百胜不如一忍，万言万当不如一默"一诗，以此来勉励自己不要贪图名利。张廷玉把这8个字当作自己生活经验的一部分，收录在他的《澄怀园语》中，告诫后人。很明显，这8个字不仅表达了原诗的本意，而且还反映出了张廷玉的生活作风与修养。

因为张廷玉经常侍奉在皇上左右，有时候一日要被宣召10余次，几乎所有的谕旨都是他来书写，可以说他是对朝廷核心机密最为了解的人。他很清楚言多必失和祸从口出的道理,所以那 8 个字十分重要。也有不少人千方百计地向他打探消息,打探秘密,甚至打探皇帝的行踪,这让他意识到了保密的重要性。张廷玉在《澄怀园语》中举例说,《汉书·孙光传》中记载,西汉大臣孙光是一位行事谨慎的人,几乎从来没有犯过错。他每一次回来休假,他都会和自己的兄弟、妻子、孩子宴饮,相谈甚欢,却从来没有提过朝堂上的事情。后来有一人问他,宫中的花草怎么样?孙光笑而不语。张廷玉为此感慨:"真正的仙人,从来不会谈论上界的事情。"

他不断告诫自己,万事要谨慎,国事不可轻易对人说。在朝堂上,所有人都觉得张廷玉沉默寡言、不苟言笑、举止得体。张廷玉也常常用《周易》中的"吉人之辞寡"来提醒自己,并警告周围的人:"可见多言之人,即为不吉,不吉,则凶矣。趋吉避凶之道,只在矢口间。"这也是为什么张廷玉深得三朝皇帝信赖的原因,从人事任命到国家大事,张廷玉都把嘴巴闭得紧紧的,一点风声也没有泄露出去。根据《啸亭杂录》记载,许多被张廷玉推荐并得到重用的官员,都不知道自己是被张廷玉推荐的。可见张廷玉有多低调。

张廷玉在这 50 多年的为官生涯中,不管做什么事情都尽心竭力、力求公平,不敢有丝毫的懈怠。凡事都以朝廷为重,而不是以自己的私利为先。雍正是出了名的严苛,朝臣也都执法用刑唯恐不严,因此很多人都被冤枉了。雍正十一年(1733),张廷玉发现刑部负责的案子,不管是大是小,犯人不管是主犯还是从犯,都被关在牢里,连累了很多无辜者,这些人被狱卒欺负,被官吏敲诈,直到冤死狱中。所以,他上了一道奏折,提出废除监禁的一些弊端,要求都察院和大理寺将援引律法条文含糊不清、避重就轻的行为加以纠正,以免官员以权谋私、中饱私囊。如果都察院、大理寺官员有玩忽职守的行为,一旦被发现,就会受到惩罚。张廷玉所提的建议,均被采纳。

很多人以为张廷玉只会写公文,不是个能干的人,换句话说,他只是皇上的秘书,只会记录,没有任何功绩可言。这只是因为乾隆为指责张廷玉不应当配享太庙而找出来的一个理由,后人忽略了事实,错误地相信乾隆对张廷玉的评价。实际上,在创立军机处、改进奏折制度上都离不开张廷玉。但是制定制度,不可能由某一个人来决定,所以张廷玉的功劳很难完全体现出来。所以,很多人都以为张廷玉是个心思缜密、擅长文字,因此才得了皇上的宠爱的文官。然而,张廷玉在两项对清代中后期影响深远的政治制度上,都作出了很大的贡献。这两项制度一项是军机处相关制度,在设立军机处之后,军机处逐步代替了当时的内阁,成为清政府的权力中枢机构;另一项就是建立和完善奏折制度,使奏折成为清廷的重要官方文书。

军机处的出现是因为雍正七年(1729),清朝征讨准噶尔,为确保战争顺利进行,雍正下令在隆宗门内建立"军机房",后来改为"办理军机处",简称"军机处",就是办理军事事务和机密事件的地方。雍正命怡亲王允祥、大学士张廷玉及蒋廷锡领其事。

这3个人中,怡亲王允祥在雍正七年(1729)底患病,于雍正八年(1730)五月逝世,这段时间正是军机处刚刚设立的时候,允祥这段时间因疾病的困扰,想来很难在军机处起到很大的作用。蒋廷锡虽为文华殿大学士,但他的势力与威望远不及保和殿大学士张廷玉,而且蒋廷锡在雍正十年(1732)就已去世。所以允祥死后,军机处的建设工作就是由张廷玉主持的。张廷玉奉旨对军机处的性质、官职、职能、纪律等作了严密的规定，其中很多方面都与文件有关。例如对军机处奏折的处理、圣旨的起草、对军务大臣的任命等。军机处设有《存记簿》，凡涉及"奉旨存议"的事项，一律登记造册。一些机密的文件封好存档，待查后再处理。这一系列规定，既可巩固皇帝的权力，又可防止泄密。

在张廷玉的推动下，军机处逐渐成为清朝的权力中心。自建军机处之后，内阁的责任就更轻了。军机大臣一职是重中之重，人数不定，通常是根据皇上的意愿决定人选。不过，军机大臣都是非全职人员，升迁还是依据原来的官职。换句话说，军机大臣只是一个临时任命的官员，但有了这个职位，就有了更大的权力。军机处是清朝中后期的权力中心，却没有正式衙署，而是设在隆宗门之中，以方便皇上召见。此外，军机大臣直接向皇上汇报，而其手下的章京由其他各部中人担任，彼此并无从属关系，因而不存在结党营私的可能性。说白了，军机处就是皇上的幕僚，只会忠实地执行皇上的旨意，不会对皇权造成任何威胁。

军机处的重要工作之一就是起草诏书。雍正宣召军机大臣，有时候一天几次，召见的时候，军机大臣要向雍正提出各种事情的处理方法，然后雍正再做决定。之后军机大臣听从皇上的旨意草拟文书。政令一经形成，即由军机处不经内阁直接发出寄给相关人员。凡是属于军机处的事，不论大事小事，当天就能处理完毕，从不拖延，这是一种效率极高的理政方式。张廷玉为提高政令传递的速度还采用了廷寄的办法，即军机处发布的政令密封后，送到兵部，再由驿站转送，至于转送的时间则根据内容来决定，写在上面，注明"马上飞递"的，日行300里；有其他禁忌事的，会在上面再写上每日行多少里，还有600里加急的。

这与内阁颁布的"圣旨"是完全不同的。内阁的"明旨"，要么是六科誊写，要么是相关部门撰写，而且传递时用时较长时间，很难保守秘密，常常被地方官员打探到，所以在官方文书还没有送到的时候，他们就已经知道了，并且做好了应对的准备。因此张廷玉制定的廷寄之法，不仅确保了朝廷的法令得到了很好的执行，而且办事效率也得以提高。

至于奏折，我们前面已经详细讲过，在康熙时期就已经存在，只是没有形成制度。根据《清史稿·张廷玉传》记载："廷玉定规制：诸臣陈奏，常事用疏，自通政司上，下内阁拟旨；要事用折，自奏事处上，下军机处拟旨，亲御朱笔批发。自是内阁权移于军机处，大学士必充军机大臣，始得预政事，日必召入对，承旨，平章政事，参与机密。"意思就是张廷玉规定的制度是：凡大臣陈奏，普通事用疏，从通政司往上，由内阁拟旨；重要的公文，用奏折，从军机处起草，再由朱笔批示之后发出。从那以后，内阁大权移到军机处，大学士为军机大臣，有参政之责，每日召见。

自此奏折制度作为官方文书确立下来，别看这个奏折制度好像很简单，但其影响力比朝廷各部要大得多。它既关系到法令的实施，也关系到君臣之间的权力划分问题。奏折制度与军机处制度的建立，对清代中晚期政治有着极其深远的影响。

前面也讲过，将题本与奏折作一对比。题本的处理过程非常复杂，使政务运转速度非常缓慢，因为涉及的人太多，很有可能泄露机密，极大地限制了皇帝决策的实施。与此相对的是，奏折效率高、速度快、保密性强。自从张廷玉将奏折制度化之后，每一件大事都要经过"朱总管"的手才能处理好。只要是稍微重要的事情，官员都会先写一道奏折，然后由皇上朱批得到批准后，才会写题本正式汇报。但是之前朱批里的话是不能写在题本中的，这样一来，题本就没有任何意义，所以奏折渐渐成为官方文本。

关于奏折的作用，雍正皇帝曾经解释过："受皇考圣祖仁皇帝付托之重，临御寰区，惟日孜孜，勤求治理，以为敷政宁人之本，然耳目不广，见闻未周，何以宣达下情，洞悉庶务，而训导未切，诰诫未详，又何以使臣工共知朕心，相率而遵道遵路，以继治平之政绩？是以内外臣工皆令其具折奏事，以广谘取，其中确有可采者，即见诸施行；而介在两可者，则或敕交部议，或密谕督抚酌夺奏闻……"大意是受皇考所托，继承皇位，每日想着励精图治，让天下安宁。但是耳目不够多，消息闭塞，如何能传达民意，洞察民生！教诲不周，谕旨不明，如何能使臣子们了解我的心意，按照我的命令行事，以达到长治久安的功绩？所以，内外大臣都让他们写奏折，以听取各种意见，如果有可取之处就送去执行，而意见不一的就让大臣们去商议，或者发密旨给地方官员，让他们去查一查。

密折更加简单并且私密，最重要的是密折上皇上可以随意批注，双方沟通后臣子再上题本或者奏本。密折是加强中央集权和监察官吏的有力手段。在激烈的政治斗争中，雍正迫切需要把握时局，而且要想强化权力，就必须对自己的政治对手和臣子进行严格的约束。为了满足这些需求，雍正大力推行奏折制度，对群臣起到了强有力的震慑作用。有了奏折制度，官员放心地向皇帝上奏，再也不用怕被人知道了。这也能让官员时刻保持警惕，不敢胡作非为。密折既能对官吏进行有效的管理，又能起到对官吏的监察作用，也是皇上了解官吏德才的一种重要方式。雍正不但利用密折铲除了自己的政敌，还扳倒了年羹尧和隆科多这样的重臣。

密折能有效地提高行政效率，前面已经讲过，题本是正式的官方行政文书，对程序的规定非常苛刻，许多文字都是不能也不方便直接写上的。而奏折是一种非常隐秘的非正式文书，可以让百官畅所欲言，不拘泥于繁文缛节，将自己的想法说出来，大到国家大事，小到平民百姓的生活，都可以直接通过奏折告诉皇上。而且它简化了公文处理的程序，不需要通过其他部门，可直接上达皇帝，省去了许多中间环节，大大提高了办事效率。同时，还能让皇帝了解到各地的情况，比如收成、物价等。

奏折也是连接君主与臣子之间关系的一种非常重要的手段。在密折中，臣子可以向皇帝倾诉彼此之间的秘密；皇帝还能对他们的种种人际关系与政事进行指导、训诫或者警告。因为就算奏折中的训诫很严厉也没有其他人知道，所以才更有警示和纠正的效果。比如雍正倒年的时候，在朱批中对与年羹尧有通家之好的安徽巡抚说："近日年羹尧甚作威福，贪取贿赂，朕甚怪他负朕。况你儿子在彼，你等原是世交，若通情则可，若畏惧附和他，恐为他连累也，诸事当慎之。不但年羹尧自己仗不得，凭谁不能致尔等祸福也。除你本王之外，总孤介好。今雍正三年矣，向日得力之行为，今皆不灵应也！改之勉之！"意思就是年羹尧近来专横跋扈，贪赃枉法，我对他的背叛深感愤慨。令郎在那边，你们是世交，若是讲道理还好，若是畏首畏尾地跟着他，说不定被他连累，还是小心些好。不只是年羹尧不可靠，别人也一样。当然，也只有怡亲王例外。改之勉之！

奏折是皇上的心腹才能使用的，所以在奏折中皇帝往往会表露出自己的真实情绪，尤其是偶尔会对下属说几句心里话，这也是皇帝宠信他们的一种表现。

奏折对于皇上来说的确有一种独特的效果，可以让皇帝了解民情，促进政务的推行。奏议议政使奏折成为推动国家政务的主要手段。奏折采取廷寄的方式，省去了中间环节，不仅可以很快送到皇帝手里，并且经皇上朱批之后，还可以直接送回上奏官立即施行，从而极大地提高了行政效率。从总体上看，清代的密折制度取得了一定的成效，达到了中央集权、信息交流的目的，证明了它的一些优越性。而且因为奏折是秘密进行的，还使群臣之间存在着互相约束的关系。朝臣之间互相打小报告或者告密，如此皇上的耳目遍布京城内外，不管是公是私，无论大事小事，皇上都能从奏折中直接知道。所以，皇上用奏折整顿官员、监督百姓、发布命令，排除一切反对意见，将一切事务都集中在自己身上，将封建王权推到了一个新的高度。在这方面张廷玉厥功至伟。但奏折的弊端也日益暴露出来。因为奏折是不公开的，又没有严格的制度约束，所以在奏折中诬告和恶意攻击政敌的情况非常严重，而这些只有写奏折的人知道，被诬告的人是不知道的。而且，皇帝本人鼓励告密，使这一弊端更为突出。因此各级官吏都感到惶恐不安，不敢担责，做事畏首畏尾，抑制了各级官吏的创造力和积极性。

或许就是因为张廷玉推行的体制改革，迎合了雍正强化中央集权、推行政治革新的需要，才得到雍正的特别青睐。

张廷玉为官年久，他虽是皇上最宠眷之人，但行事一丝不苟、小心谨慎。少言多行是他的处世之道，也是他的从政之道。他按照皇上的旨意行事，从不声张，成功了就归功于君王，失败了就一力承担。雍正称赞他"器量纯全，抒诚供职"。乾隆也认为他为朝中效力数载，辅佐襄助，勤勤恳恳，劳苦功高。

张廷玉忠于大清朝，他尽心尽职，尤受雍正倚重，雍正生病的时候，所有的密诏都交给张廷玉处理。雍正说："彼时在朝臣中只此一人。"就是说当时朝廷里，可信任的也就他一个人了。的确，当时允祥已经去世，而鄂尔泰还没有入阁，这个时候张廷玉的确是满汉大臣中最受雍正信任的一个。张廷玉于雍正十一年（1733）回乡祭祖，临行前雍正送给张廷玉一只玉如意，希望他"往来事事如意"，并赠送内府52种书籍和一些物品。雍正还给张廷玉写了一副对联："天恩春灏荡，文治日光华。"此后，张家每年都把这副对联贴到大门上。雍正在位13年，对张廷玉的宠爱甚至超过了康熙对张英的宠爱，雍正与张廷玉之间的关系融洽到了极点。"雍正时，满汉大臣执政权而始终宠任者，汉人则张文和公廷玉，满人则鄂文端公尔泰。"

雍正对人难免有些刻薄，但是对张廷玉他还是很客气的，夸奖他的话也是极多的。雍正十一年（1733），他曾说过二人"义固君臣，情同契友"。雍正对待张廷玉非常大方，张廷玉的官职越来越高，而且还被封爵，除此之外，还常有数以万计的赏银。张廷玉再三恳求拒绝，雍正却说："汝父清白传家，汝遵守家训，屏绝馈遗。朕不忍令汝以家事萦心也。"除了赏银之外，雍正又将圆明园附近的一座当铺和一个园子赐给张廷玉，园子名为澄怀园，故廷玉自号"澄怀主人"。如此丰厚的赏赐，雍正还觉得不够。雍正十一年（1733），雍正命大学士张英入祀京师贤良祠，并拨帑金万，为张英建祠，赐冠带、裘衣、貂皮、人参、典籍等物，通过追封张英的方式奖励张廷玉。雍正驾崩前又留下了让张廷玉"配享太庙"的承诺，完成了与张廷玉的这段君臣佳话。之后把张廷玉这位老臣交给了下一任皇帝乾隆。

张廷玉多次被委派主持顺天乡试和会试。他的子女、姻亲、朋友、门生遍布各地，关系网十分庞大。张廷玉曾经骄傲地说："近日桐人之受国恩登仕籍者，甲于天下。""桐人"指的是张廷玉老家安徽桐城的学子。到了乾隆初年，张氏家族中出仕的有19位，怪不得张廷玉骄傲地写道："自先父文端公而下，三世入翰林者凡九人，同祖者二人，是廷玉一门受圣恩至深至厚。"意思是自我父亲文端公以来，三代有9位翰林学士，其中有两位是同出一脉的，廷玉一脉深得皇上厚爱。如此一来难免会引起朝堂上的猜疑和指责。

这还要说起一件事情。张廷玉的长子张若霭（1713—1746）曾在雍正十一年（1733）参加科举，雍正见其卷字迹娟秀，文笔极佳，提出定其为探花，大臣们也都赞同。当打开卷子卷轴时才发现，原来写卷人是张若霭。张廷玉立即上疏请求探花另择人选。雍正却说，并非看中了他的出身，这次选拔很公正。然而张廷玉仍再三请求，要将探花让给天下的寒士。雍正深觉其义，把张若霭定为二甲第一名。由此可见，张廷玉家族势力确实不小，而且他也明白自己势力很大。

所以到了乾隆六年（1741）年底，有人弹劾张廷玉，"大学士张廷玉历事三朝，遭逢极盛，然晚节当慎，责备恒多。窃闻舆论，动云'张、姚二姓占半部缙绅'，张氏登仕版者，有张廷璐等十九人，姚氏与张氏世婚，仕宦者姚孔钺等十人。二姓本桐城巨族，其得官或自科目荐举，或起袭荫议叙，日增月益。今未能遽议裁汰，惟稍抑其迁除之路，使之戒满引嫌，即所以保全而造就之也。请自今三年内，非特旨擢用，概停升转。"意思是说大学士张廷玉经历3个皇帝，遇到了最辉煌的时期，晚年的时候要慎重，现在指责他的人很多。据说"张、姚二姓占半部缙绅"，张氏有19人进入仕途，而姚家与张氏世代联姻，姚家入仕者有10人。这两家本就是桐城大族，凡获官职者，不是通过科举考试，便是通过荫补，两家入仕之人一年比一年多，直至今日，就算不将他们裁减，也应该抑制他们的升迁途径，让他们引以为戒，这样也可以保全他们。请求从现在开始3年之内，除非有特别任命，否则不得升迁。

实际上，张氏一族能有今天的地位，全靠几代人的努力和奋斗，不过弹劾的内容也是事实。桐城张氏，六世翰林学士，这是朝中所没有的。从张英开始再到张廷玉，再到其曾孙玄孙，每一代都有显赫的人物，这在历史中也很少有。乾隆的回应，也表达了其对张廷玉家族的看法，即大学士张廷玉的亲属众多，故有不少入仕之人，这是他的家运所致。他的家人，或许有不好的行为，但是他的上司顾及张廷玉的情面，这不是张廷玉所能预料的。现在查探议论这件事，大家都要谨慎，这才有益于张廷玉。

不可忽视的是，雍正虽然对张廷玉宠爱有加，几乎违背了祖宗规矩，让张廷玉位列满官之上，但鄂尔泰入了内阁后，鄂尔泰就成了首辅，将在机要的张廷玉压在了下面。从这个角度来看，雍正并没有完全对臣子一视同仁，重用张廷玉好像有点迫不得已的意味。雍正年间，满洲副都御史缺人，当时暂无人可用，雍正命九卿秘密举荐。鄂尔泰推荐许希孔，雍正觉得对方是汉人，不够资格。鄂尔泰觉得现在正是用人的时候，可以不用拘泥于祖制。雍正便任命许希孔补满官空缺，后来还是将他调到汉官任上。清朝制度，满洲官员可以出任汉官职缺，但汉族官员不能任满洲官职。不过雍正还是比康熙和乾隆思想开明些，在解决满汉冲突方面做得比较好，没有对汉人有太多的偏见，倡导满汉和谐、文武合一。雍正在某种意义上打破了祖宗制度，破例任用一些汉人，给予张廷玉等汉官很高的职位与尊荣，不过这也仅是为了更好地调动他们的积极性与主动性，让他们为自己服务。

后来鄂尔泰于乾隆十年（1745）四月病逝，他的继任者是讷亲（？—1749）。张廷玉上奏称，内阁班次应以讷亲为首，乾隆权衡各方因素，决定"嗣后内阁行走列名，讷亲在前。吏部行走列名，张廷玉在前"。并且毫不避讳地指出："我朝旧制，内阁是由满洲大学士领班，张廷玉早已面奏，如果按任命的顺序来定，当日鄂尔泰就不该先于张廷玉。"这就进一步加剧了满汉官员之间的冲突，并最终导致满汉官员之间的明争暗斗。这让人不得不怀疑乾隆是故意如此。

至于鄂尔泰与张廷玉的冲突，《啸亭杂录》中有这样的记载：乾隆初年，鄂尔泰和张廷玉两相当政，因为喜好不一样，门下弟子互相扶持推捧，渐渐分朋引类，暗中争斗……胡中藻是鄂尔泰的门生，性情乖张，视张党为敌，言语刻薄，写诗讽刺，乾隆将其定罪，这是因为讨厌结党营私，而不是因文字狱。

这成为后人论证鄂、张派系之争的主要依据，也有人把这两个人分别看作是满汉集团的代表，但实际上史料中对鄂、张二人直接冲突的记载很少。记载的大多是他们的门生之间发生的矛盾。或许对于这两个权势数一数二的人物来说，如果他们的关系很融洽，说不定更容易被皇上忌惮。

2. 万言万当，不如一默

"万言万当，不如一默"这8个字一直被张廷玉牢牢记在心中，但是在他晚年的时候，却好像忘记了这8个字，这是因为他不想落得和鄂尔泰等人一样的结局。

实际上张廷玉与乾隆有着不一般的关系，他曾经是乾隆的老师。雍正元年（1723）正月，雍正就下旨让张廷玉等人为皇子的师傅，命钦天监择吉日，让皇子进书房读书。当日张廷玉几人去书房拜见皇三子、皇四子、皇五子。雍正又让内侍传谕，皇子见师傅，应该行礼拜见。张廷玉等推辞称不敢当，躬身施礼，第二日见到雍正，雍正说皇子读书，极为重要，要教导他们做人修德，若只是寻章摘句、记诵文辞，找一个翰林便可做到这一点，这不是他想要的，张廷玉拜受。这说明雍正对儿子的培养十分重视，他挑选了一位品行端正、学识渊博的官员为皇子师傅，并在皇宫中隆重地举行了拜师仪式。自此，张廷玉与乾隆之间确立了师徒关系，这是二人未来合作的良好基础。张廷玉虽然因为公务繁忙，很少给皇子上课，但绝对不是挂名的。

从表面上看，张廷玉与乾隆的师生之情还是非常亲密的，张廷玉很欣赏这个学生，乾隆对张廷玉也是极为尊敬。雍正八年（1730）的时候，还是皇子的乾隆请张廷玉为自己的作品写序，张廷玉欣然受命，写了一篇颇为奉承的序："自经史百家以及性理之奥妙，诸赋之源流，靡不情览……"这有助于拉近二人的关系。张廷玉还曾这样评价过乾隆："皇子以天授之才，博古通今之学，循循乎祗遹圣训。"其中"天授"二字似乎另有深意，似乎也只有储君才有资格用这两个字。张廷玉在雍正十一年（1733），奉命回乡祭祖，乾隆还写了一首诗回赠张廷玉："丹凤衔书下紫廷，枞阳早已望台星。新恩优渥荣旋里，旧德绵长肃荐馨。北阙丝纶方待掌，东山弦管暂教听。即看稳步沙堤上，飒拜从容对御屏。"

从这首诗的含义来说，乾隆对张廷玉十分看重，认为张廷玉是朝堂上不可或缺的重要人物。受到这样的赞扬，张廷玉如何不心存感恩？

雍正在登基之后，为了解决皇子争储的问题，设立了秘密立储制度，皇帝将储君的名字写在纸上，密封在匣子里，放在乾清宫"正大光明"匾额后面，再另写一份，由皇上亲自保管。当皇帝驾崩的时候，御前大臣会拿出这两个匣子，一起拆开，确认无误后才会公布下一任皇位继承人。雍正就是利用这一新制度选择乾隆为皇帝的。

其实开始的时候只有雍正知道谁是储君，但是雍正八年（1730）的时候，雍正大病一场，险些丧命，当时雍正为安排身后事，曾经给张廷玉看过他的立储密旨，换句话说，张廷玉是除了雍正以外唯一知道下一任皇帝是谁的大臣。所以说在张廷玉说乾隆是"天授之才"的时候，已经知道乾隆是未来的皇帝。张廷玉是辅佐乾隆最为得力的大臣之一，可以说对乾隆有很大的恩惠。

直到鄂尔泰在雍正十年（1732）入阁之后，雍正又将这件事告诉鄂尔泰。雍正十三年（1735）八月，在圆明园中雍正暴毙，龙椅空悬，危急时刻张廷玉站出来，肩负起拥立嗣君的责任。他向鄂尔泰建议，拿出当年的立储密旨："大行皇帝帝为继位之事，亲自下了密诏，只给我们看了一遍，外人不知道。此圣旨存于宫中，应急请出以正大统。"之后总管太监呈上了密旨。亲王大臣捧到众人面前，张廷玉在灯下宣读，在众人面前，正式确立乾隆为下一任皇帝。这次至高权力的交接十分顺利。

因为张廷玉等人在拥立乾隆继位的过程中起到了很大的作用，乾隆出于感恩之心，对张廷玉等前朝旧臣一直以礼相待，并给予足够的重视。按照雍正的遗愿，任命允礼、允禄、鄂尔泰、张廷玉为辅政大臣。以乾隆为中心，以雍正信任宠爱的重臣为骨干的内阁很快就形成了。乾隆元年（1736），张廷玉又受封为皇子师傅，仍然负责翰林院事务。可以说，这次政权交接之所以这么顺利,张廷玉在其中扮演着非常重要的角色。

乾隆自然想要酬谢张廷玉等人,他登基之后,立即晓谕满朝文武,宣布雍正的遗愿,命张廷玉和鄂尔泰身后配享太庙,并说要将皇考的旨意写在遗诏中以示郑重。不过鄂尔泰和张廷玉自然是不敢接受的,二人几次推辞。乾隆又命人去查看古籍中是否有这种情况,最后王公大臣一致同意将二人配享太庙之事写入遗诏中。这让鄂尔泰与张廷玉都觉得十分荣耀,甚至感动得伏地呜咽。事实上,在这个时候,最感激乾隆的还是张廷玉。乾隆打破了满洲的传统,使他得到了满洲重臣才能享受的荣耀。清朝历史上,有资格配享太庙的只有12人,其中只有张廷玉一个汉臣。乾隆正式即位当天,就对张廷玉及他的曾祖、父亲、妻儿,都进行了封赏。乾隆对他的恩宠,张廷玉自然十分感恩,因此对乾隆忠心耿耿。总而言之,乾隆在登基伊始,就特别重视张廷玉等人,还让张廷玉担任军机大臣并且管理吏部、户部。在乾隆二年(1737)年底的时候,"张廷玉亦著加恩,由三等子从优授为三等伯,仍著伊子张若霭承袭",开创了清朝汉文臣封伯爵的先河。

乾隆对张廷玉等人的重用,不仅是为了报答他们的拥立之功,还有更深层次的原因。乾隆是第一个通过秘密立储制度登上皇位的皇帝。这也就意味着,乾隆登基完全是凭借一份圣旨,在登基之前,他根本没有任何可以依靠的势力,导致他现在的处境有些尴尬,所以乾隆曾经对秘密立储制度表达过强烈的不满。他在第一次秘密立储的时候就说过:"这个是当时斟酌时想出来的办法,并不是说后人都应该以此为法则。待皇子年岁渐长,见识渐广,无骄贵之风,朕仍要昭告天下,明正皇储之位。"只是第一次立储失利,让乾隆渐渐改变了主意。

由于有康熙后期皇子干政的前车之鉴,雍正极力避免皇子与大臣交往，也不允许皇子过早地参与到朝廷事务中去，致使乾隆缺乏足够的阅历，造成乾隆在政治上经验不足。至雍正十一年（1733）始，乾隆在雍正的允许下才一定程度上介入政务。乾隆继位后皇权出现了短暂的衰弱，为了巩固皇权，他不得不优待张廷玉这样的旧臣，特别是雍正朝的重臣。

不过雍正优待的这些人也都是当时的佼佼者，他们也的确不负众望，对乾隆初期执政起到了很大的帮助。乾隆三年（1738），乾隆欲亲自到国子监奠祭，仿照古人的三老五更之礼，并征求鄂尔泰和张廷玉的意见。张廷玉奏："以典礼隆重，名实难副，恐几微未称，不惬观听，请停止。"意思是说此仪式虽盛大，但其实难以实行，谁也搞不懂古代的礼仪，恐有不足之处，不宜观看，应停止。

乾隆看着张廷玉的奏折，虽然心中不喜，但最终还是同意了。不过到了乾隆五十年（1785），乾隆回首往事，感叹道："以今观之，则廷玉之议为当，设尔时勉强行之，必有如廷玉所谓滋后人之议者矣。"意思就是现在看来，当初张廷玉所说的是正确的，假设当时勉强执行，肯定会像张廷玉说的那样，被后人议论。可见这件事让乾隆一直对张廷玉心怀感恩。

太庙是帝王祭祀祖先的场所，不仅会供奉历代皇帝和皇后，更会供奉一些功勋卓著的宗室和重臣，让他们死后依然陪伴在自己的主子身边，享受子孙后代的供奉，这就是所谓的"配享太庙"。这无疑是一种莫大的荣耀，是无数臣子梦寐以求的事情。清朝时期，进入太庙的只有20余人，张廷玉是其中最特别的一个。张廷玉的配享太庙之路可谓困难重重，这甚至成了其晚年最大的噩梦，其中的波折让人唏嘘不已。

乾隆对张廷玉的宠信不亚于雍正，君臣关系一如前朝。乾隆时常安排张廷玉在宫中过夜，每次巡幸都要留张廷玉在京城主持政务，张廷玉又数次负责科举考试等重要事务。乾隆又加封张廷玉为三等伯，赐号"勤宣"，并特别指出："本朝文臣无爵至侯伯者，廷玉为例外。"见张廷玉年事已高，乾隆还特别嘱咐："廷玉年已过七十，不必向早入朝，炎暑风雪无强入。"乾隆十一年（1746），张廷玉的长子张若霭扈随乾隆西巡，在路上染上了风寒，回来后不久便去世了。乾隆怜惜张廷玉年老丧子，且张廷玉确实年事已高，便安排张廷玉的次子在南书房当职，便于照顾。

乾隆十三年（1748）年初，张廷玉正式上表请辞，之后两个人的关系就变了。张廷玉请辞也是有道理的，这一年张廷玉已经76岁了，头发花白，这个岁数已是该在家颐养天年了。更何况张廷玉年纪这么大了，再也不能像以前那样处理烦琐的政务了。事实上，这些年来，他逐渐辞掉了不少兼职，甚至多次向同僚含蓄地表示要请辞的想法。如此说来，张廷玉请辞是很正常的事，而且合情合理，乾隆同意他退休也没有什么问题。但是，乾隆竟没有同意，这让人感到困惑。

因此，乾隆十三年（1748）年初，张廷玉脱帽叩首，涕泪相诉以"沥陈年力衰迈，实难供职，恳求解退，以免陨越"的理由请辞。但是乾隆不允许，极力挽留，还下了一道有上千言的谕旨，反复叮嘱。第二天，临轩广集诸臣，又申谕命。《清史稿·张廷玉传》中记载：乾隆对张廷玉说你承两代恩德，而且又受上一任皇上的遗嘱配享太庙，怎么能辞官回归田园呢？张廷玉则回答，宋朝和明朝有资格配享太庙的大臣也是可以乞休的，况且我已经70多岁了，古往今来是这个道理。乾隆则并不赞同，认为《易经》中曾说过要与国家休戚与共，君臣一体。如果一个人到了70岁就必须辞去官职，为什么还有人80岁后拄着拐杖上朝呢？诸葛亮鞠躬尽瘁，死而后已，又是为了什么？"

张廷玉又说："诸葛亮是受命于军中，臣有幸安享太平，不可同日而语。"乾隆继续说："也不完全对，既然肩负着天下重担，就不能以艰难来推诿，又怎么能心安理得地过着安逸的生活？我是为你考虑，得了皇祖、皇考的恩惠，不可说离开，而且你也得了我十年来的眷顾，也不可说离去。朕不忍心看着你去，你真的要离开？"

张廷玉执拗地请辞，这令乾隆头痛不已。没想到，麻烦还在后面。这一年对于自诩"十全老人"的乾隆来说，是一个相当特别的年份。因为雍正在位只有13年的时间，乾隆从登基开始，就不太喜欢这个十三年，还说过："朕御极之初，尝意至十三年时，国家必有拂意之事，非计料所及者。"果然，乾隆这个第十三年过得并不如意，皇后富察氏染疾而亡、大小金川之战失败。因此，张廷玉终究识大体，并未再次请辞。但是乾隆并没有放过他，这一年中处罚了几次张廷玉。不知道乾隆到底是怎么想的，既然不希望张廷玉请辞为何又处罚他？

张廷玉请辞的时间点其实也有点意思，这一年除了是乾隆不喜欢的十三年外，距鄂尔泰病故也没多久。鄂尔泰是在乾隆十年（1745）病故的，张廷玉其实在乾隆十一年（1746）开始就委婉地请辞了。张廷玉与鄂尔泰之间存在着一种十分复杂而微妙的关系。一位是满洲大臣，一位是汉臣。鄂尔泰因其卓越的才能和工作业绩而深受雍正信赖，成为百官之首。张廷玉和鄂尔泰一样，深受雍正的宠信。二人出现派系斗争是必然的，乾隆初年二人观点上的分歧已有明显的表现。张廷玉与鄂尔泰共事十几年，两个人却往往一句话也不说。若是鄂尔泰稍有差池，张廷玉便会以言语讥讽，令鄂尔泰颜面尽失。

也许是乾隆利用张廷玉来制衡鄂尔泰，现在鄂尔泰已经死了，张廷玉还留在朝廷有什么用？他都这么老了，要是让乾隆亲自动手，指不定自己和家人会怎么样呢。于是，张廷玉就主动请辞，但是乾隆不让张廷玉马上就辞职，可能是觉得这样做太明显了，而且这个时候张廷玉应该是在世的雍正信任的唯一的老臣了，乾隆如此好名声，自然不想让张廷玉马上就走。

不过乾隆也并非针对张廷玉一人，乾隆在那一年的情绪非常糟糕，而且脾气也越来越坏。群臣纷纷闭嘴，小心翼翼地做事，免得惹祸上身。在这种情况下，张廷玉虽未再请辞，但归乡和避祸的想法是越来越强烈。

到了乾隆十四年（1749），乾隆的态度又有所变化，他关心地问起张廷玉的年龄，又说见他容颜憔悴，心中甚是怜惜，嘱咐他四五天入宫一次就可以，但还是觉得"恭奉遗诏，配享太庙，予告归里，谊所不可……生长京邸，今子孙绕膝，良足娱情，原不必以林泉为乐也……城内郊外皆有赐第，可随意安居，从容几杖，颐养天和……"意思就是说按照遗诏你是要配享太庙的，告老还乡实在是不妥，你本身就是在京城长大的，现在儿孙绕膝，足可自娱自乐，不必在林泉中寻欢作乐，城中郊外都有赐给你的府邸，可以随意居住，安享天年。

在同一天乾隆还给张廷玉下了谕旨，其中有两段文字值得深思："夫以尊彝重器，先代所传，尚当珍惜爱护，况大学士自皇考时倚任纶扉，历有年所。""福履所钟，允为国家祥瑞。"听起来似乎都是好话，大概就是应该好好珍惜你，你是国家的祥瑞之类的意思，但实际上，现在的张廷玉在皇上的眼中，就是一个古老的摆设，没有实际的作用，安安稳稳地养老就行了。看这个意思乾隆其实也觉得张廷玉可以请辞了，但是紧接着他又写了首诗送给张廷玉："职曰天职位天位，君臣同是任劳人。休哉元老勤宣久，允矣予心体恤频。潞国十朝事堪例，汾阳廿四考非伦。勖兹百尔应知劝，莫羡东门祖道轮。"

在这首诗里，乾隆又劝告张廷玉做臣子的本分就是勤勤恳恳，不要倚老卖老地去邀功，我已经很体恤你了。你要像文彦博、郭子仪那样鞠躬尽瘁，诗的结尾又告诫张廷玉要听劝，不要总想着回家。但是张廷玉可能觉得自己年纪大了，而且自己权势太大，再待在朝廷里，指不定会有怎样的结局，还是打定主意非走不可。为了能让乾隆准许自己请辞，张廷玉做了一件谁也没有想到的事。

事情的起因是张廷玉突然想起之前他请辞时乾隆说的一句话："岂有从祀元臣归田终老？"如果他告老归田，还能配享太庙吗？这对张廷玉来说可不是小事，他连忙向乾隆上奏："前蒙世宗宪皇帝逾格隆恩，遗命配享太庙，上年有'从祀元臣不宜归田终老'之谕，恐身后不得蒙荣，外间亦有此议论。"意思是万一他以后没有配享太庙，外人会议论。张廷玉又是免冠叩首，乞求乾隆给他写个承诺他配享太庙的字据。这几乎是一种威胁，充满了对皇上的怀疑。乾隆虽然不是很高兴，但还是勉为其难地接受了他的请求，特意下了一道旨意，赠了一首诗，安抚他的情绪："造膝陈情乞一辞，动予矜恻动予悲。先皇遗诏惟钦此，去国余思或过之。可例青田原侑庙，漫愁郑国竟摧碑。吾非尧舜谁皋契，汗简评论且听伊。"

乾隆写的这首诗十分有深意，首先说张廷玉这样做让乾隆动了恻隐之心，反复强调会遵守雍正的遗诏，而且日后另有恩典，或许会超过配享太庙的荣耀。不过后面语气就发生了变化，说他可以借鉴刘伯温退休后依然可配享太庙的先例，让张廷玉先退休回乡。但是他也可以效仿唐太宗为魏徵立下石碑，然后再把石碑销毁，不让张廷玉配享太庙。结尾又略带埋怨地说，他不能与尧、舜相比，让张廷玉也不要认为自己是皋和契那样的臣子，让他们拭目以待，看看史书如何评说。

张廷玉得了这首诗，十分高兴，但是没想到在这个时候竟犯了一个大错误。接到皇帝的圣旨和御诗，都要写上谢恩折。张廷玉虽然写了一道折子，但是他没有亲自进宫谢皇上，而是让自己的儿子代替自己入宫。可能张廷玉是真的高兴得忘记了礼仪，也可能是他把乾隆的话当真了，觉得自己年纪大，可以不用亲自入宫。总之这个行为对于乾隆来说很是荒唐和不敬，这让本来就不高兴的乾隆彻底发怒了。他立即让军机处的大臣宣谕斥责，命张廷玉"明白回奏"，正好当时值班的大臣是张廷玉的学生，他连忙叩头替张廷玉求情，但是乾隆无视他的请求。这个大臣不忍心辜负师徒的情谊，向张廷玉透露了消息。张廷玉这才意识到自己真的惹怒了乾隆，第二天一早急忙进宫请罪。这就又让乾隆抓到了把柄，也充分证明了张廷玉权势滔天，军机处的机密内容他也能轻易知道。

乾隆抓住这一点，洋洋洒洒写了几千字的上谕，质问他视此莫大之恩，一若伊分所应得，有此理乎？乾隆已经动了怒，再加上张廷玉的行为实在是荒唐，群臣纷纷斥责张廷玉。最终朝臣达成了一致意见：张廷玉不能配享太庙，并且革去其大学士职衔和爵位，让他在京听候发落。乾隆见自己在舆论上占据了上风，便故意表现出自己的慈悲，乾隆只是将张廷玉的爵位削去，仍命张廷玉继续以大学士之衔致仕，死后仍然配享太庙。

这一次事情让张廷玉颜面尽失，不过好在没有出什么事。之后张廷玉就在家中等着来年开春告老还乡。但是不巧的是，乾隆十五年（1750）三月，乾隆的皇长子永璜死了，才22岁。乾隆十分悲痛，礼部本来上奏请求辍朝三日，乾隆改为辍朝五日，并亲自奠酒。就在永璜初祭刚过去的时候，张廷玉急匆匆地跑去求乾隆让他告老还乡。

如果说之前的行为，是张廷玉故意给乾隆一个让自己引退的借口，也还算能理解。这样还能保全家族，毕竟张廷玉的为官之道是很厉害的，不至于年老失智。但是他这次的行为就有些太不可思议了。或许是张廷玉过于想当然了，皇上不是说明年开春吗？现在已经是开春了，该让我告老还乡了吧。但是张廷玉这一举动，再次让乾隆勃然大怒，乾隆发了一道上谕将所有的旧账都算了一遍，内容大意是同意张廷玉告老回乡，还给他一个保证他能配享太庙的字据，他谢恩也不亲自谢恩，群臣商议要定他的罪，但乾隆还是保留他的官职，允许他配享太庙。现在乾隆的皇长子刚刚去世，他就要告老还乡，张廷玉也曾经是皇长子的老师，却是如此冷漠，还有心吗？然后又举了明朝的例子："刘基在明，原系从龙之佐，有帷幄之功，而当时配享尚不免訾议，今张廷玉自问，果较刘基何若乎？"意思就是刘基在明时，原有从龙之功，运筹帷幄，而当时配享太庙的时候还不免遭人非议。你与刘基能比吗？然后，乾隆命人将这道旨意和清朝之前配享太庙的朝臣名单都交给了张廷玉，让他好好想一想，自己能不能与那些大臣相比。还让张廷玉"应配享，不应配享，自行具折回奏"。

到了这个时候，张廷玉才意识到，自己玩脱了，犯下了大错！而且现在配不配享太庙已经不重要了，保住性命才是最重要的。张廷玉当即写了请罪折："臣老耄神昏，不自度量，于太庙配享大典妄行陈奏。皇上详加训示，如梦方觉，惶惧难安。复蒙示配享诸臣名单，臣捧诵再三，惭悚无地。念臣既无开疆汗马之力，又无经国赞襄之益，纵身后忝邀俎豆，死而有知，益当增愧。况臣年衰识瞀，惩咎自滋，世宗宪皇帝在天之灵，鉴臣如此负恩，必加严谴，岂容更侍庙廷？敢恳明示廷臣,罢臣配享,并治臣罪,庶大典不致滥邀,臣亦得安愚分。"

大意就是说自己年老体衰,不知轻重,关于配享太庙的事妄加陈奏,皇上训斥后,我如梦初醒,惶恐不安。看了那些配享太庙大臣的名单,臣再三诵读,惭愧至极。我既不能开拓疆土,也不能为国家做贡献,实在是愧疚。而我现在年老昏聩、罪孽深重,如果先皇在天有灵,发现我这样辜负了他,一定会严厉斥责,我怎么还敢留在朝廷里?还请陛下明示朝臣,罢了我的配享,并且治臣之罪,这样我才能心安理得。

事情发展到这一步,乾隆已经没有什么好顾忌的了。他将张廷玉的请罪折发至朝中大臣廷议,然后"采纳谏议",最终乾隆尚存一丝仁慈,没有治张廷玉的罪,还是准他以原职致仕,但是罢免了他配享太庙的资格。如此说来,张廷玉似乎没有什么损失,但是对于张廷玉一生的追求来说,到底是功亏一篑,而且对于一个近80岁的老臣来说,也是颜面扫地了。最后,张廷玉怀着无限的羞愧和悔恨返回故乡,但是这还不算完。

张廷玉回到老家半年不到,祸事又来了。起因是当时的四川学政朱荃贿卖生童,被弹劾后革职回乡,在半路上投江自杀。乾隆下令彻查,除了查出他和弟弟二人的罪行外,还查出原来他曾因吕留良文字狱大案中获罪。所有罪名加在一起,可谓几年来从未有过的。不巧的是,朱荃是张廷玉的姻亲,而张廷玉曾经举荐过他,也包庇过他。乾隆就又得了张廷玉的一个把柄,他怒斥张廷玉:张廷玉和朱荃公开联姻,到底是何用意?肆无忌惮到如此地步!辜负了皇考的恩泽,也不把我放在眼里。若是张廷玉还在当官,我一定将他革去大学士之职,交给刑部处置。现在他已归籍,命两江总督黄廷桂派人去问他。

之后,又罚了张廷玉1.5万两银子,追回了以前赏赐给他的一切官物，还没收了他在京的居所。张廷玉其他的学生也都受到了一定的惩罚，大有一网打尽的架势。如此看来，如果张廷玉当时没有告老还乡，恐怕下场会比这还要惨。

乾隆派内务府大臣德保追回银两和各种赏赐的官物，结果德保竟抄了张廷玉的家。不过张廷玉的家里没有一点不该有的东西。乾隆说是德保弄错了，然后把张廷玉的财产还给了他，可是德保没有受到一点惩罚。这不排除是乾隆暗中下令，想要查一查张廷玉家中都有什么。好在张廷玉确实没有不该有的心思，没有再次让乾隆抓到把柄，不然可能张氏全族的性命不保。

张廷玉只能写奏折，忏悔自己的罪过，感谢皇上的恩典。吏部商议"革去职衔，交刑部定议，以为负恩玩法者戒"。乾隆依然赦免了他，但是又严厉地斥责了张廷玉，说他身负三朝恩德，实属罕见，而且先帝还赐你配享太庙的恩典，你更应该感恩戴德。但你平日只求保住官职，荣归故乡，将君臣大义，置之不理。如此处心积虑，不但得罪了朕，也得罪了皇考。是以天地鬼神显灵，使你一生行事，事到如今败露，实是罪大恶极，削去官职，也不为过。至于你党援门生，及与吕留良案内之朱荃联为儿女姻亲之罪，反而是罪比较小。既已受罚，又令人追回赏赐之物，足以示惩戒。如果按照吏部的建议，虽然你负了我，这么做是理所应当的，但是我于心不忍，以示朕的宽宏大量。

这个时候，张廷玉和他的党羽全部倒台，乾隆也取得了打击前朝勋臣的全面胜利，解决了朋党问题。乾隆二十年（1755）三月，83岁的张廷玉因病去世。乾隆又摆出一副悲天悯人的样子，宣布赦免张廷玉的过错，让他配享太庙。"要请之愆虽由自取，皇考之命朕何忍违！且张廷玉在皇考时，勤慎赞襄，小心书谕，原属旧臣，宜加优恤，应仍谨遵遗诏，配享太庙，以彰我国酬奖勤劳之盛典。"后赐谥号为"文和"，张廷玉终于得到了他想要的东西。

虽然看起来张廷玉的晚年经历比较波折，但其实张廷玉在雍正朝旧臣里还算结果比较好的，比起鄂尔泰来说，不过就是雍正赐给张廷玉的身外之物又被收回去了，而且张廷玉还保全了他的家族。

第十章　与臣子那点小事

雍正在施行"密折政治"的时候，当然不可能只对几个人写出那种又爱又恨、至诚至真的朱批，他对其他大臣也是这样。比如年羹尧的接替者岳钟琪，在"倒年"中出大力的蔡珽，还有田文镜的接替者王士俊。这三人也正好将年羹尧、田文镜联系起来，果然身在朝廷，没有一个人能独善其身。

而他们面对雍正的"糖衣炮弹"又是怎么做的呢？

1. 岳钟琪：今陕甘惟卿是赖

"陕省吏治废弛日久，兼之用兵十有余年，地方疲敝已极，总督一任非当代人物如卿者不能料理就绪，今陕甘惟卿是赖。"这句话并不是雍正给年羹尧的朱批，而是雍正写给岳钟琪的。而看见这道朱批的岳钟琪内心十分纠结，他当真要背刺年羹尧吗？在经历了几个月的内心斗争以后，岳钟琪终于下定决心……

在对年羹尧治下的川陕甘进行彻底清洗的时候，雍正利用了一个重要的人物——岳钟琪（1686—1754）这名年羹尧手下悍将。雍正为对付年羹尧，想尽一切办法拉拢川陕集团中的将领，岳钟琪就是其中为首之人。

岳钟琪是岳飞的后代，祖上都是武将，他的父亲岳升龙（？—1713）是康熙时期的四川提督，掌管着四川全省的绿营军。吴三桂造反时，曾暗中唆使岳升龙谋反，岳升龙假意应允，当天晚上就派心腹秘密禀告镇守甘肃的提督，将劝其造反的人拿下处死。康熙十四年（1675）兰州遇袭，岳升龙率领先头部队潜入张家河湾，在夜色中用羊皮囊充气，做成一只羊皮筏子，渡过黄河，击溃了敌人的守军。当岳升龙快要到达兰州北城门时，他的腿被敌军的炮火所伤，但他还是咬牙坚持，冒着漫天的箭矢和石块，率先登上了城墙。官兵见到这一幕，士气大振，一个个悍勇向前，很快就攻下了北城门。岳升龙也因此得到了提拔。后来岳升龙率军东征平凉，收服王辅臣，又夺取了阳平关和略阳。几年后，岳升龙镇守川滇边界，他无数次出生入死，立下赫赫战功。

康熙三十五年（1696），康熙第一次亲自出征噶尔丹，命岳升龙在军中精挑三百骑，以备西征军之用，并且负责为西征军运送粮草。岳升龙尽忠职守，受到康熙的表彰。之后，当中路军抵达时，西路军的军粮补给被阻，不能及时到达，康熙命岳升龙将中军的粮草柴火拨给西路军，很快西路军就与中、北两路军会合，击败噶尔丹。战后，康熙论功行赏，岳升龙也在被赏者名单之中，不久岳升龙又升为四川提督。只是两年之后，岳升龙被革职回乡。岳升龙被革职的原因在于，四川康定等地的土营官以不让地方守军把持地方商市为由，发兵渡过泸河，占据要塞，与驻防官兵形成对峙之势。这件事引起了岳升龙的警觉和不安。为了保险起见，岳升龙增派了500名士兵到卢河要塞加强防御。当时的四川巡抚上书说岳升龙私自调动军队，岳升龙与之争辩，指责四川巡抚没有警惕性，疏忽防御。最终，四川巡抚被收监问斩，岳升龙也被革职。康熙三十九年（1700），那里又起了动乱，康熙这才明白岳升龙派兵驻守果然有远见，便下令让岳升龙去平定叛乱。成功平叛后，朝廷重新任命他为四川提督。

岳升龙晚年因为贪污而被革职，好在当时还是四川巡抚的年羹尧为他说情，帮他偿还了贪污的钱，这件事才不了了之。后来年、岳两家的关系更近了。岳升龙在康熙五十一年（1712）才去世，新上任的提督无能，根本无法顾及川省军务。

在岳升龙晚年，岳钟琪被年羹尧说服从军，成为年羹尧的左膀右臂。他在康熙末年保藏之役和雍正年间平定青海的战役中战功赫赫，30多岁的时候已是四川巡抚，封三等公，这在汉人中是很少见的。

在岳钟琪奏谢授三等公折中雍正朱批：

> 朕原许你国家梁栋不世出之名将，朕实愧，尚未酬你之忠诚勤劳也。若能体朕重爱之意，凡百慎重惜力，保养精神，舒心畅意，受朕之恩就是矣。朕生平"不负人"三字信得及的。但年羹尧与你，朕实不知如何待你们，方与良心无愧也。（《雍正皇帝御批真迹》）

岳钟琪是年羹尧一手提拔起来的将领，二人亦有师徒之情，他的性格和年羹尧颇为相似，年少气盛，一心想要立功，很有自己的主见。在平定青海叛乱之初，他就给雍正写过奏折，希望雍正准许他不用完全听从年羹尧的命令。这也让雍正成功地挑拨了他和年羹尧的关系。平定青海后,岳钟琪便留在了前线,负责善后工作。

在雍正作出"倒年"的决定后,就向素未谋面的岳钟琪说明这件事,并且向他保证,不仅不会让他被"倒年"这件事牵连,还要他接替年羹尧担任川陕总督一职。雍正甚至为了使岳钟琪顺利地和年羹尧决裂,声称岳钟琪之父岳升龙被年羹尧所害,年、岳两家关系并不好。

岳钟琪深知自己身为年羹尧一派的骨干,又握有军权,若是不站在雍正这一边,和年羹尧断了联系,等雍正处置了年羹尧,接下来就该轮到他了。岳钟琪当然知道该怎么做。

后来雍正没有忘记与岳钟琪的约定,在朱批中对岳钟琪大加赞赏:"卿乃旷代奇才,国家栋梁大器,朕虽未见卿之面,中外舆论、一路次第来历、章奏、办理事件所效之力,明明设在目前,朕实知卿之居心立志也,朕实庆喜。"

雍正还说:"陕省吏治废弛日久,兼之用兵十有余年,地方疲敝已极,总督一任非当代人物如卿者不能料理就绪,今陕甘惟卿是赖。"意思是陕省经历 10 余年战乱,民生凋敝,这总督之位,只有你这样的大人物方可担任。现在陕甘一带,只有你一人能够胜任。很显然,雍正正如他先前称赞年羹尧一般,开始蛊惑岳钟琪。岳钟琪最终抛弃年羹尧,在年羹尧倒台之后成了川陕总督。

然而,对于从未见过面的岳钟琪,雍正始终有所顾虑,待岳钟琪升任川陕总督之后,便命人收缴了年羹尧抚远大将军印。

但也不是所有人都背叛了年羹尧。直隶总督李维钧是年羹尧举荐的重臣,他有个小妾是年羹尧府中总管的义女,后来被扶正。雍正曾在朱批中对他说道:"近者年羹尧奏对事件,朕甚疑其不纯,有些弄巧揽权之景况……朕今少疑羹尧。明示卿朕意,卿知道了,当远些,不必令觉,渐渐远些好。"

虽然雍正如此提点了他,但是他执意追随年羹尧。李维钧在朝中的口碑其实不怎么好,一来他不是通过科考入仕;二来他身为朝中大臣,却成了年羹尧家奴的女婿,也难怪会被人瞧不起。不过在政事方面,他也算得上是一个有胆识、有远见的官员。"摊丁入亩"这项重要制度变革,李维钧出力颇多,也因此而得罪了不少权贵。雍正十分赞赏李维钧的才能,曾称赞道:"若所有的总督都有李维钧这样的能力,那我就不需要担心吏治民生。"所以雍正很想把他从年羹尧那里拉过来,收为己用。李维钧更是第一个被雍正提醒与年羹尧撇清关系的大臣。可是李维钧没有听他的话,反而和年羹尧走得更近了。也许他认为年羹尧不会走到那一步吧。李维钧自然也上了弹劾年羹尧的奏章,不过他是以"阳为参劾,阴图开脱"的态度,企图瞒过雍正。

雍正三年(1725)初,李维钧连续上了3道奏折弹劾年羹尧,但是内容十分含糊,都是"挟威势而作威福,招权纳贿,排异党同,冒滥军功,侵吞国帑,杀戮无辜,残害良民"之类的内容。

但以雍正的精明,他立刻就知道,李维钧只是指责年羹尧,却回避了年羹尧的实际罪行,完全没有办法以此定年羹尧的罪,这是明为弹劾,暗为开脱。朱批中,雍正警告李维钧:"如欲尽释朕疑,须挺身与年羹尧作对,尽情攻讦,暴其奸迹与天下人尽知,使年羹尧恨尔如仇,则不辩自明矣。"意思就是你若要解开朕的疑心,就必须与年羹尧对着干,将他的恶行公之于众,如此一来,就算你不辩解,我也能理解。雍正更是直截了当地说:"为年羹尧,尔将来恐不能保全首领也。"即使如此，李维钧仍未与年羹尧断绝关系，李维钧每五日派人到西安总督府。

雍正怕年家财雄势大，今日藏匿财物，他时邀结人心，命各省查抄年羹尧的家产。李维钧不但查出了年羹尧在保定的10余处宅院，而且还把年羹尧在定州的财产以及江西总督贿赂年羹尧等事，一件一件向雍正禀报。但李维钧毕竟和年羹尧乃是旧识，在查抄年羹尧家产的时候，还存有几分私心。有一回，李维钧从抄得的银两之中，拨了300两发给了年羹尧的家仆。蔡珽觊觎直隶总督之职，一直关注李维钧。很快，他便得知了这件事，并将此事上报给雍正。结果，李维钧被免职，蔡珽得到了直隶总督的职位。事后，蔡珽又对年羹尧在保定的10余处产业和箱匣橱柜进行了全面的检查。

李维钧因为帮年羹尧隐藏财产、贪污受贿等罪行，于雍正三年七月被逮捕，并被革职查抄家产，拟斩监候。之后没过多久李维钧就病死了。

岳钟琪担任川陕总督一职以后，负责川陕甘三省的军政事务。但是后来出现了一件事：雍正五年（1727）的时候，有一天，一个人身穿破烂衣服、光着脚，在街上急奔，大声喊："岳钟琪率领川陕兵马，要造反！"官兵立刻将此人拿下，原来这个人是个疯子，不过岳钟琪也没有放过他。他匆忙拟了一道折子给雍正，要为自己洗清罪名。此时，雍正对岳钟琪还是很信任的，并不相信那些传言，还安慰了他几句。而这个疯子也因散布谣言、诬告重臣之罪被朝廷斩首。岳钟琪这才松了一口气。

可是到了第二年又出了意外，靖州有个秀才写信给岳钟琪，在信中把雍正骂得狗血淋头，更是拿岳飞的抗金故事鼓舞岳飞的后人岳钟琪，劝他为宋、明二朝报仇，向满洲人复仇。

岳钟琪也学他父亲那一招先假装同意，诱使他们招供，再一网打尽。事后，雍正对岳钟琪的忠心大加赞赏，继续对其委以重任。但是，这件事对岳钟琪来说是一个隐患。

雍正七年（1729）二月，准噶尔部叛乱，科尔沁、喀尔喀等地又传来急报，要求支援。雍正下令，任命岳钟琪为宁远大将军，统领川、陕、甘的汉军，编成西路军。六月，朝廷派人带着"宁远大将军"印，连同兵部、吏部等官物，到了陕西。在西安，岳钟琪正式被封为宁远大将军。岳钟琪特地命当时任山东巡抚的长子岳浚前来送行。

等到岳钟琪的军队准备好后，准噶尔部的噶尔丹策零（1695—1745）已经知道朝廷发兵之事。噶尔丹策零老奸巨猾，一边调兵，一边遣人进京，要求议和。雍正立即命人延缓进军，并将主帅召回京师，商议相关事宜。噶尔丹策零得悉清军统帅出营归京，大喜过望，立即发兵 2 万，直扑清军西路军大营，这里储存着大量的驼马和粮草等物资。噶尔丹策零率兵攻入，打了清军一个猝不及防，抢了许多驼马，烧了许多粮食。清兵拼命奋战数日，虽打败了敌军，夺回了一部分驼马和辎重，但官兵亦有伤亡。岳钟琪直到第二年二月才到达前方营地，他立誓要与噶尔丹策零决一死战。

后来岳钟琪得到情报，说噶尔丹策零率 10 万大军，要攻打吐鲁番，且先头部队已在行进之中。岳钟琪觉得是与噶尔丹策零决一死战的时候了，于是令一部将率兵前往吐鲁番迎敌，而自己则率领主力，在这里构筑要塞，作最后一搏。可是当清军先锋兵抵达吐鲁番后，并未遭遇噶尔丹策零的大军，只与一小股叛军发生了冲突。原来噶尔丹策零明知西路清军是主力，作战勇猛，不好应付，所以只留一小部分兵力在吐鲁番牵制西路军主力，另以准噶尔大军据守清军北路要道。

清军北路的战斗也打得很糟糕。噶尔丹策零派部下在北路军大营佯装投降，诱得北路近6万士兵陷入噶尔丹策零重兵的重重围困中，经过10余天的苦战，清兵伤亡甚巨，且战且退，终被噶尔丹策零追上。这一战打得极为惨烈，不少将领或自尽，或战死，经此一役，北路6万余清兵仅余2000余人，几近溃败。

而在此之前，奔赴吐鲁番的西路清军因耐不住酷热，粮草匮乏，人畜饮水困难，士气低落。岳钟琪在危急之中，向吐鲁番输送粮食，不料途中遭到噶尔丹部的抢劫，粮马皆损，清军元气大伤。从那时起，吐鲁番就不断遭到叛乱分子的骚扰和攻击。有关战事的折子送到京师后，雍正大为不满。他拿出岳钟琪关于新疆战事的奏折，越看越气，道："岳钟琪所奏，朕详加披阅，竟无一可采。岳钟琪以轻言长驱直入说，又为贼夷盗驼马，既耻且愤。"意思是说朕仔细阅过岳钟琪的奏折，竟然没有一条是有用的。岳钟琪轻信他人，又被贼人偷了骆驼、马匹，简直令人羞愤难当，这是何等的耻辱。

之后，岳钟琪采用围魏救赵之计，兵分三路，直奔乌鲁木齐，意图分散噶尔丹策零的军队，减轻北路军的压力，同时也为清军争取喘息之机。沿途将士舍生忘死，英勇作战，连破几座山寨，杀得敌军溃散。清军直逼乌鲁木齐，乌鲁木齐的敌军闻风而逃，清军占领新疆首府。雍正下谕，夸奖岳钟琪"此次领兵袭击贼众，进退迟速，俱合时宜"。

雍正十年（1732），战乱仍未平息，十月，噶尔丹策零率军进攻哈密。岳钟琪命人阻击敌军，又命副将绕到后面截断敌军后路。可是准噶尔人攻打哈密时，专烧粮草骆驼，清军虽然打退了敌军，但自己也损失惨重。负责拦截敌军的士兵竟然迟到了整整一日，当他们到达预定位置的时候，准噶尔人已经离开了埋伏地点，准噶尔人休息时留下的灰烬还带着余温。而清军也没有率军追击，使得叛军携带大量物资安全撤退。雍正下令处死了负责这两件事的大臣以示警告，斥责岳钟琪攻击敌人不够快，用错了人。

岳钟琪多次受到雍正的斥责，鄂尔泰也抓住机会，上疏弹劾岳钟琪，雍正最后将岳钟琪削去爵位，降为三等侯，仍持有大将军印。不久，雍正便下旨召回岳钟琪，让他回京商办军务，宁远大将军印由鄂尔泰的心腹张广泗（？—1749）保管。岳钟琪怀着忐忑不安的心情回到京城，而张广泗的奏折也被送到了雍正的面前。张广泗和鄂尔泰二人一起弹劾岳钟琪，因此雍正下了命令，把岳钟琪送到兵部听候发落。岳钟琪被关入大狱整整两年。雍正十二年（1734）十月，兵部下了"斩决"的决定。雍正得知后再三考虑，认为岳钟琪征讨西藏、平定青海有功，改成了"斩监候"，罚白银70万两。

岳钟琪虽然同当初的年羹尧一样是大将军，身份并不比当初的年羹尧差，但论起说话的分量以及雍正的信赖，岳钟琪都远远比不上年羹尧。平定青海的时候，年羹尧就已经掌握了全部的军事指挥权，而他手下的这些八旗士兵只是起到了辅助的作用，都要听年羹尧的指挥。雍正七年（1729）征讨准噶尔时，除西路岳钟琪任宁远大将军外，另有北路军，两路互不统属，各行其是。而且当时年羹尧既是大将军，又是川陕总督，有川陕甘3个省份的所有物资的掌控权，一切军需品，一切战略，基本上全由年羹尧一人做主。岳钟琪升任大将军后，雍正又派人到川陕任职，岳钟琪就没有那么大的权力了。并且朝廷已有怡亲王允祥，大学士张廷玉、蒋廷锡三人组成的军机处负责军事调配，再加上行军路线、排兵布阵等一些重要的战术问题，也都是由岳钟琪和雍正商量决定，岳钟琪的自主权和当年的年羹尧相比，简直是天差地别。

事实上，战场和朝堂的政治局势是有很大区别的。朝堂上的权力是可以分散的，这样可以相互制约、规避风险。如果是在战场上，权力被分割开来，那么，就有很大的概率让将领在战场上被后方掣肘，从而丧失良机，最终导致失败。经过多年的缠斗，清军实力大损，到了雍正十一年（1733）五月，清廷不得不放弃对准噶尔部的剿杀，双方休战。国力鼎盛之时，以一国之力去攻打一个边陲之地，胜负各半，算是大清的一场失利。这次失败除了其战略因素之外，还可能有政治方面的原因。

岳钟琪被关两三年后才被释放，并被贬为平民，回到成都。岳钟琪家就在成都近郊的百花潭旁，他把这个地方命名为姜园。平日里，他身着一袭布衣，粗茶淡饭。早晨起床，在院子里施展两下拳脚，然后牵着自己的爱驹，到河边散步。在空闲时间里，他要么去养鸡养鸭，要么离开姜园，到田垄上漫步，或者与百姓在树下闲谈。夜晚，偶尔吟诵一首田园诗篇。有时在夜深人静的时候，拿出一本《楞严佛经》阅读。岳钟琪逐渐爱上佛教，常常到寺院里听讲。

这么一看，岳钟琪的晚年倒是要比年羹尧快乐许多，过了十几年闲情逸致的生活。年羹尧未必能够耐得住这种平凡的生活。乾隆十三年（1748）三月，由于大金川叛乱，朝廷几次派兵都没有成功，乾隆想到了岳钟琪，对他大加重用，先封他为总兵，再封他为四川总督，这时岳钟琪已62岁，远离朝政10余年了。岳钟琪复出后，写了一首诗："只因未了尘寰事，又作封侯梦一场。"值得一提的是，张广泗之前弹劾了岳钟琪，后来岳钟琪被起用的时候，张广泗因为耽搁了军机被关进了大牢，岳钟琪也抓住机会，上书弹劾，张广泗被处死。这就是所谓的三十年河东,三十年河西,鹿死谁手还未可知。

有意思的是,平定大金川并没有开战,岳钟琪劝降了叛军首领,取得了胜利。当年年羹尧被赐死之时,有许多人奉承,说年羹尧不会打仗,全靠岳钟琪才能取胜,可是如今看来,若无岳钟琪在,年羹尧究竟如何真说不清楚。可是,如果没有年羹尧的话,岳钟琪就真的不会打仗了。

乾隆十五年(1750),西藏珠尔墨特叛乱,64岁高龄的岳钟琪再次奉命前往康定,镇压叛乱。然而,岳钟琪的长子岳浚于乾隆十八年(1753)病逝,岳钟琪悲恸不已,又患上肺痨,病情一天比一天严重。乾隆十九年(1754),岳钟琪身体刚刚有所恢复,忽然接到军情,说重庆有一伙人自设邪教,煽动民愤,招集各路豪杰,声势甚盛,当地官府已无法压制,要求朝廷派兵去剿。岳钟琪不敢耽搁,勉强从床上爬起来,穿上铠甲,率领军队奔赴重庆,消灭邪教。邪教徒毕竟是乌合之众,很快就被击溃。这时岳钟琪因肺病加重,在返回成都的路上得了一场大病,终年68岁,乾隆赐谥"襄勤"。

2.蔡珽:大笑话!真笑话!

"李枝英竟不是个人,大笑话!真笑话!有面传口谕,朕笑得了不得,真武夫矣。"这是雍正写在蔡珽奏折上的批语,虽然说的不是蔡珽,但其实与蔡珽的人生有异曲同工之处。

蔡珽是一个十分特别的人物,与年羹尧可谓死敌,和田文镜也说得上是对头了。年羹尧担任抚远大将军的时候,蔡珽任四川巡抚,二人之间的联系错综复杂。蔡珽本是汉军正白旗人,可以说是世家子弟,却因其父被革职而被发往黑龙江。蔡珽童年虽然艰难,却也勤奋好学,于康熙三十六年(1697)

中了进士,入翰林院做了庶吉士,是年羹尧的"学长"。那么,他和同为汉军旗、同为进士,又同入翰林院的年羹尧早该相识才是。后来雍正在"倒年"的时候也策反过蔡珽。蔡珽起初还比较谨慎,在雍正没有登基的时候,与雍正接触不多。直到康熙六十一年(1722),蔡珽才通过年羹尧长子年熙与雍正建立起了联系。从这一点来看,蔡、年两家的关系还是不错的。可是蔡珽和年羹尧的交情很一般,他对年羹尧并没有什么好感,他本来就没打算到四川,而且他当时的名声很大,个性强硬,唯才是举,不会对年羹尧低声下气。况且年羹尧对蔡珽也不见得有什么好感,年羹尧想要掌控四川,蔡珽又不肯听从他的,年羹尧只能想尽办法推荐亲信担任四川巡抚,不过在那之前,必须要让蔡珽辞去四川巡抚一职。

因此年羹尧便仗着他的权力,处处挑蔡珽的毛病。平定青海的时候,蔡珽主管粮饷,年羹尧故意四处调动岳钟琪的人马,以使蔡珽无法及时转运粮草,贻误军机。年羹尧又在奏折里向雍正告密,"蔡珽之在四川一举一动臣皆得知,其言语行事与当日在翰林时,截然两种""臣深知蔡珽于川省无益",暗示雍正换掉蔡珽。当时年羹尧与雍正正处于"蜜月期",雍正对年羹尧基本上是言听计从,于是雍正对蔡珽大加斥责,"一切动本处皆与年羹尧商量后再举行""凡如此等可缓为之奏,与年羹尧商量再奏,省得乱记""弄不来的领教年羹尧,不得错"。这让蔡珽很难受,他为一省巡抚,官职不比年羹尧低,有发表意见的权利,谁说得有理就听谁的,现在却要处处听年羹尧的话,那他还有必要在四川待着吗?蔡珽希望回京,雍正担心政局不稳,拒绝了蔡珽的请求。

年羹尧不仅私下里打击他,而且还公然弹劾蔡珽。后来年羹尧建议在四川开鼓铸,鼓铸就是冶炼金属,蔡珽拒绝,理由是四川不产铅白,不方便开采。年羹尧抓住这个机会,以阻挠公务为由弹劾他,蔡珽因此被免职。此时,蔡珽的属下重庆知府因为承受不住蔡珽的怒火,自杀身亡。

年羹尧也以这件事弹劾他,说他身为巡抚,任意妄为,脾气暴躁,以至于重庆知府自尽而死,还提议将他处死。蔡珽被押送到北京后,年羹尧的心腹被任命为四川巡抚。这位新的四川巡抚对年羹尧言听计从,所以被人说是年羹尧的干儿子。

蔡珽本无翻身之机,然而天恩难料,当蔡珽入狱时,雍正已着手搜集证据,开始"倒年"。雍正审问被革职的四川巡抚蔡珽时,蔡珽乘机向雍正申冤,并特别提及年羹尧贪赃枉法之事。蔡珽在川陕待了数年,可以说是当地官员中的中坚人物,而且他和年羹尧也相识很久了,对于年羹尧的一些事情,他自然是知道的。因此,不久后,雍正下令将蔡珽释放,免去蔡珽的罪责,将蔡珽调任都察院左都御史,之后蔡珽逐步升迁。蔡珽立刻开启"倒年运动"。

雍正当然不会亏待蔡珽,不但赏赐蔡珽大量的金银田产,而且还将没收的年羹尧的宅邸与家仆赐给了蔡珽。蔡珽却说皇上将这些赏给我,臣十分感激。但所缴之物,皆为罪人之物,臣万死不敢取,故应归国库。雍正自然是高兴。可见此人是个巧舌如簧之辈。

然而,蔡珽今后是否也这样顺利呢?并非如此。他由于揭发了年羹尧的某些罪行而平步青云,从此便以诋毁群臣的方式来表示自己对皇帝的忠诚。年羹尧失势之后,当时颇有声望的岳钟琪进京面见雍正,蔡珽就对雍正说岳钟琪不值得信任。他还暗中告诉岳钟琪,说怡亲王对他十分不满,叫他多加小心,弄得岳钟琪回京后惶惶不可终日。之后,雍正、怡亲王、岳钟琪私下沟通后,蔡珽的所作所为也就被大家知道了。后来,蔡珽又说河南巡抚田文镜的坏话，田文镜前文已经提过，他是雍正一手扶持的。田文镜不是读书人，在朝中也没有什么靠山，很受雍正的信任。而在田、李互参案中，被田文镜参奏的信阳知县黄振国就是蔡珽推荐的，李绂亦是蔡珽举荐的，这两个人可以说都是蔡珽的党羽。于是蔡珽遭到了雍正的严厉斥责，说他是"科甲朋党"。事后雍正在总结此案的时候说："又如李绂、蔡珽，与黄振国、邵言纶、汪诚等，结党行私、营求报复。而谢济世奸恶狠戾，听其指使，参奏田文镜贪赃纳贿，任意诬蔑。借直言敢谏之名，行其排挤倾陷之计。"所以，雍正皇帝最终给这件事下了定论：蔡珽因为黄振国被田文镜所参，心存怨恨，先命李绂写密折申冤，又暗中建议谢济世上疏，蔡珽才是这一切的幕后黑手。

最令人难以想象的是，蔡珽竟对怡亲王允祥也颇有微词。蔡珽言语之间，似乎是在指责允祥不自量力，插手地方事务。这样的话被允祥知道，结果可想而知。雍正对允祥可是极为信任的。蔡珽因揭露年羹尧的罪行而不断升官，于是他养成恶习，嗜好告密。不过，蔡珽风光不过两年，便一落千丈，屡遭责罚。雍正四年（1726），蔡珽因"挟诈怀私，受夔关税银、富顺县盐规，冒销库帑，并得（程）如丝银六万六千、金九百，谗毁（岳）钟琪，交结查嗣庭，凡十八事"，被判监斩候。还有当年年羹尧弹劾蔡珽之事也被重提。直到乾隆即位后，蔡珽才得到宽恕，并于数年后病逝。

如此看来蔡珽的一生当真好似一个笑话，令人唏嘘不已。

3. 王士俊：岂有是理！朕心寒之极，未料王士俊如此待朕也

圆明园中，雍正看了其他人弹劾王士俊的奏折，忍不住大怒，甚至在给王士俊的朱批上写出"岂有是理！朕心寒之极，未料王士俊如此待朕也"这句话，可见雍正之前是多么信任王士俊，现在得知被王士俊欺骗后又是多么生气。

王士俊，字灼三，号犀川，贵州平越（今贵州福泉）人，生于康熙二十二年（1683），出身于官宦之家，其家族在当地颇有名望。王士俊自幼便极有天赋，聪慧过人，未及冠的时候便以文采闻名。不过他的科举之路并不顺畅，由于乡试没有考中，王士俊23岁的时候，去探望在河南丰润县做官的父亲。在这段时间里，他帮助父亲处理文书杂务，同时研读了朝廷律法，对官场上的事情也有了一些了解。后来，终于在10来年后考中了举人，又4年后进京参加会试，中进士，改庶吉士，入翰林院任检讨。雍正登基后，广召天下士子进言，王士俊进言的两件事被采纳了，没过多久，王士俊被任命为河南许州知州，从此只懂得一些政务的王士俊便开始了为官之路。

当官后王士俊首先要考虑的就是如何治理一个州，但由于缺乏理政经验，所以他唯一可以依赖的就是自己熟知的儒家学说。许州是一个比较难治理的州县，对王士俊来说是一个挑战。那里地理环境十分恶劣，河道纵横，但水浅土地贫瘠，特别是靠近黄河的地方，因黄河时常决堤而年年灾荒，百姓生活艰难。这些让王士俊对未来的目标越来越执着，他要做一个好官。

王士俊赈济灾民，施以仁政。黄河频繁决堤，劳役和物资

的征收给百姓造成了极大的负担。之前塞河物料都要按照官方规定的价格从百姓手中购买,不会超过原本价格的百分之五十。王士俊更改了这一惯例,塞河之物都是按照市场价格偿还百姓。除此之外,他还废除了许多对百姓不利的弊政。有了王士俊的治理,许州的局势迅速好转,积弊尽除,民心大振,得到了当时的河南巡抚石文焯的赞赏,并于第二年命他监管杞县。这个杞县可比许州还难治理。王士俊一如当年治许州时一样,在治理杞县的时候,他革除弊政,为百姓谋福利,同时也大力发展文化教育,培育人才。除此之外,王士俊在刑名上也颇有建树,被上级调到他县审案。宜阳县出了一桩案子,查来查去却始终查不出结果,上司无奈之下便派王士俊到宜阳接手此案。王士俊很快便将这件案子审理明白,还无辜的人清白,抓住真正的坏人。知州、知县理政的首要内容是刑名、钱粮这两个方面,王士俊不仅在这两个方面表现很突出,在文教方面也有卓越成就,让时任河南巡抚石文焯印象深刻。恰在此时,祥符县知县出现空缺,这个地方同样也是局面复杂,已经不是普通官员可以处理的了。所以治理有方的王士俊再一次成了最好的选择,因此石文焯在奏折中建议雍正让王士俊"以知州管县事",很快就获得了雍正的批准。

这个石文焯就是雍正朱批"喜也凭你,笑也任你,气也随你,愧也由你,感也在你,恼也从你,朕历来不会心口相异"的大臣。

王士俊离开许州的时候,民众簇拥挽留。

祥符县是开封府的属县,是豫省第一邑。王士俊一到祥符县便不顾属下的反对,毅然决然地免缴县内2万多两帮堤工银,因此堤工迅速完成。这一年七月,浙江沿海一带都发生了水灾,民不聊生,雍正特命河南巡抚赴浙江赈灾安抚百姓,石文焯上疏雍正，请求河南派遣5名官员随行，这样可以分别去赈灾，而且会省去其他浮费，灾民可以早日受到恩惠，雍正同意，这5名官员中就有王士俊。后来石文焯在奏折中对王士俊大加赞赏："知州管祥符县事王士俊勤干有才，实心任事。"

很显然，王士俊在这个时候深得器重，这也是他继续做官的动力。这件事结束后，王士俊便回到了祥符县。此时，祥符县刚刚经历了一场大洪水，整个县城都被黄河水挟带的沙子掩埋，不能耕作，但依然要向朝廷交纳赋税。王士俊出于怜悯之心，将受灾田亩等情况如实禀报给新任巡抚田文镜，请求他向雍正求情免除祥符县赋税。然而田文镜只看了一眼他汇报的文书就扔在了地上。王士俊从容捡起，仍然呈上去。田文镜大怒，斥责他好名。王士俊不为所动，仍然坚持，说官可不做，民命不可不恤。在王士俊的强烈要求和新任藩司杨文乾（？—1741）的帮助下，终于免除了灾民的赋税，之前所欠的赋税也一概免除，减轻了祥符百姓的负担。王士俊为官为民，深得民心。然而田文镜却觉得他沽名钓誉，两个人之间的恩怨加深，田文镜经常弹劾他。正因为如此，王士俊才请辞，要求告老还乡。这时，升为广东巡抚的杨文乾极力举荐王士俊，请求将他调到广东任职。王士俊因此被任命为广东琼州知府、分巡岭西道。

此时是雍正四年（1726），正是田、李互参的时候。而李绂是王士俊的恩师。从前面就可以看出李绂和田文镜行事风格完全不同：李绂是科举出身，而且是一位颇有建树的理学名家，他最后的身份才是雍正的臣子。至于田文镜，是监生出身，被那些科举出身的官员看不起，他对儒家理论并没有太大的兴趣，他要想升官就必须做到对雍正的改革和法令没有任何异议，这也正是雍正对他宠爱有加、处处维护的原因。因此李绂和田文镜的理政方式和为官之道有很大不同，导致王士俊、田文镜行事风格迥异。而在田、李互参案中，雍正一直偏袒田文镜。最终，李绂被革职受审，田文镜圣眷日隆。这两个人的结局，使王士俊的为人处世之道深受影响，并不知不觉发生了变化。

王士俊虽然和田文镜不对付，他的老师李绂也因田文镜入狱，但这并不妨碍王士俊学习田文镜的做官之道，开始对皇帝言听计从，处处迎合皇上。王士俊担任琼州知府、分巡岭西道之后，行事手段与田文镜很像。他十分激进地革除了官府的苛捐杂税以及州县迎送官员的种种陋习。虽然效果极佳，却也因此得罪了广东当地的许多官员。这些官员纷纷找理由弹劾他。他现在的处境与之前的田文镜很像，因此也得到了雍正的器重与信任。

雍正五年（1727），广东巡抚阿克敦（1685—1756）弹劾王士俊亏空税银千余两，雍正这时十分信任王士俊，说："王士俊是个可用之人，这点小事，还是可以原谅的。"最后查出王士俊并没有贪污，这让雍正更加相信他了。没过多久，王士俊就被提拔为广东按察使，后升为布政使。王士俊终于意识到，想要在官场上混得风生水起，唯一的办法就是像田文镜一样，对皇上忠心耿耿。所以，王士俊当上布政使之后，就迫不及待地想要向雍正表忠心。他当时还没有上密折的权力，于是就将奏折交给张廷玉，让他帮忙转交给雍正。

王士俊在奏折中写道："臣受恩深重，惟知上报国恩，下恤民瘼。凡上司同寅或喜或怒皆不顾及，是以不敢畏势徇情，亦不敢营私谋利，同官之中皆以臣为不合时宜。……惟有益竭驽骀，实心报效，一事无欺，一事不隐，务使钱粮清楚仓库无亏，劝垦荒地，抚字群黎，凡有所闻见即陆续密奏，以仰副皇

上超拔委任之至意。"(《雍正朝汉文朱批奏折汇编》)

意思就是陛下待我恩重如山,我唯有报效国恩、体恤百姓。我不会顾及自己的喜怒哀乐,也不会畏惧权势,更不会为了自己的利益而谋取私利,所以在同僚之中,我显得不合时宜……只愿老骥伏枥,勤勤恳恳为国效力,绝无欺瞒,务求钱粮分明,仓廪无亏,鼓励开垦荒地,安抚百姓,凡是所见所闻立即密报,以示陛下的英明神武。

这道奏折的主要目的是向雍正表明态度,保证自己以后会像田文镜一样以君为本。雍正看了王士俊的奏折,很是满意,并且意味深长地指出,为官理政,还是要围绕着皇帝的旨意,而且"凡下愚不桀者密奏以闻,朕或调或退自有措置,为能遵朕谕而行,方不负朕知遇之恩"。没过多久,王士俊便得到了可以直接向皇上密奏的权力。

王士俊得到雍正的赏识,自然是对皇上感恩戴德,除了表现出对皇上绝对的忠诚之外,他要做的就是要将雍正制定的所有政策都贯彻下去,就像奏折里说的"惟有益奋忠诚,倍加整理,澄清吏治,爱养民生,不敢萌一念之私,实心办事,务期殚毕生之力为国致身",以回报雍正对他的信赖。

王士俊虽然和田文镜有过节儿,但并没有在意这些,反而以田文镜为榜样,他在给雍正的奏折中写道:"臣只身办理不辞劳瘁,田文镜之教臣与臣之受教于田文镜者久而且密。"后来还说:"无一不取法于田文镜,虽不能与为颉颃,安肯大相悬绝乎。"意思就是他做的每件事都是从田文镜那里学来的,虽不能和田文镜争锋,但也不会差到哪里去!他还很识趣地配合雍正说"臣甚服田文镜刚正不阿",与之前对田文镜不满的态度相差甚远。现在王士俊已经彻底进入了"田文镜模式",在雍正推行的许多政策中,有一项很重要但又很少受到人们的关注,那就是开垦荒地。王士俊知道,在整顿吏治方面,没有人比田文镜做得更好,而自己只是个负责钱粮的布政使,不可能在整顿吏治方面有什么成绩。所以王士俊选择提倡开垦荒地,这也是布政使的主要工作。他很快就采取了相应的措施,在雍正四年(1726)到雍正六年(1728)这3年里的奏折中,王士俊提到很多关于开垦的内容:"惟有益竭驽骀,劝垦荒地,抚字群黎""地亩荒芜之处亟宜开垦升科""令有司劝民开垦荒地""则不耕之旷野均变膏腴",等等。在王士俊的积极倡导下,广东推行了一系列垦荒措施,并收到了良好的效果。除了推行雍正的垦荒政策外,王士俊还一直充当雍正的耳目,将不听话的人秘密上报给皇上,这也是雍正信任他的原因之一。上至总督,下至州县杂役,事无巨细都向雍正禀报,这与雍正乾纲独断的需要是相吻合的。

王士俊的种种行为让雍正非常满意,雍正九年(1731),王士俊又被委以重任,他被提拔为湖北巡抚。第二年,他接替田文镜出任河东总督,同时兼任河南巡抚。雍正在朱批中对王士俊说:"今命卿总督河东矣,豫省田文镜七八年殚竭心力,举措一一皆同朕意,事事妥协。卿向为伊属员,深知其居心办事。况蒙其荐保,以公私两论,皆当守其成规,不必任意更张另求他好,能如此,即朕之嘉是处。若别露手眼伎俩,冀朕优奖为胜田文镜之人,则大误矣。卿不及田文镜远矣。遵朕旨,勉力为之。"

这是雍正对王士俊的要求和期望,雍正告诉王士俊今命他执掌河东,豫省田文镜耗费了七八年的时间,所做的每一件事情都符合我的心意,每一步都是按照我的意思去做。你作为他曾经的下属,应该明白自己的目的。于公于私,都要恪守规矩,不能随意更改,以求私利,能做到就很好了。你不要使诈,觉得我奖励比田文镜还好的人,这是错误的。你和田文镜比起来,差得太远了。谨遵朕旨意,尽力而为。

这段朱批主要有两层意思:一是警告王士俊,当了河东总督之后,不能更改田文镜的政策,要遵守他的规矩;二是告诉王士俊,他可以学习田文镜,但是不要耍手段,觉得自己会超过田文镜,不要恃宠而骄。

在官场上摸爬滚打了这么多年,王士俊早就熟悉了雍正的规矩,他当然知道朱批的意思,当即上了奏折,表态道:"督臣田文镜公忠体国,宣力封疆七八年来事事实能仰契圣心,克尽大臣之职。臣向在祥符亲承教导,感佩实深,志期则效,已非一日。蒙圣恩授臣以河东重任,步趋其后,论臣之材识万不如田文镜之远大周详,而念臣之居心实无异于田文镜之致身竭力,何敢妄逞一毫意见轻事更张。"

大意就是说他曾经受过田文镜的教诲,深感佩服,田文镜深得陛下信任,恪尽职守。他蒙圣恩被委以河东之重任,只能排在田文镜之后,不及田文镜的深谋远虑,而且他的用心,与田文镜的用心并没有什么两样,不会更改规矩。

王士俊的话,让雍正松了一口气。

但是,雍正向来多疑,因有人弹劾王士俊,雍正便在朱批中写道:"岂有是理!朕心寒之极,未料王士俊如此待朕也。"后来雍正暗中派了几个侍卫暗中监视王士俊,发现王士俊为官清廉,这才作罢。

王士俊上任之后,便开始学习田文镜的理政方式,整饬吏治、大力提倡垦荒,使河南(含山东)成为垦荒模范省。河南学政俞鸿图(?—1734)贿售童生名额案就是整饬吏治的一个典型案例。俞鸿图督学闽中的时候,他的一个妾室与一个下人私会,导致试题外泄,俞鸿图遭到弹劾,被雍正处死。有的书中说，俞鸿图是中国最后一个被腰斩的官吏，因为雍正觉得他被处死时的惨状过于残忍，所以废除腰斩。但是《清史稿·世宗本纪》和《清史编年》中记载，俞鸿图是被判斩立决，而不是腰斩，所以他具体受的是什么刑罚，还需要进一步研究。

总之，雍正对王士俊大加赞赏，还在朱批上说"封疆大臣皆肯如此存心，朕复何忧也"。

垦荒是王士俊在地方治理过程中最为重视的一个方面。从在广东任职开始，王士俊便不遗余力地提倡开垦荒地。而且他在担任河东总督时，雍正就通过朱批再三催促他要努力开垦荒地，这迫使王士俊把全部的注意力都放在了河东，尤其是河南的开垦事业上。雍正十二年（1734），王士俊在奏折中列举开垦足民七条："一查最贫之户，一相材力之宜，一揆可垦之土，一给工本之资，一广开垦之途，一稽勤惰之力，一察亏折之渐。"为了尽快在河东特别是河南开垦，王士俊根据官员开垦方面的成绩，评定下级官员的优劣。对于努力开垦，成绩显著的官员，王士俊会举荐他们，对于那些开垦成绩不佳的，王士俊会向雍正奏明。在王士俊的大力推动下，河南各地的垦荒运动蓬勃发展。

王士俊的努力，让他彻底得到了雍正的信任。例如，王士俊向雍正举荐祥符县知县，说这个人在开垦方面成绩很好。雍正却认为他是个不诚实的人，不可深信，但是看在王士俊的面子上，雍正还是同意了。在朱批上说"若系他人举荐，朕便不用""已照所请补授矣"。最后这个知县被任命为陈州知府。

雍正更是将河南和山东的粮食大丰收归功于王士俊，雍正在朱批上说"非朕敬请之所感，亦非汝辈循分供职者所召，斯乃督臣王士俊之忠诚，蒙上天慈鉴之所致"。甚至雍正还说：

"以朕看来田文镜专在严的一边，不如王士俊又得中和。"意思就是依他来看，田文镜更严苛一些，不如王士俊那样合适。王士俊父子二人病重的时候，雍正还亲自从京城调了两位太医到河南，给他们看病。在王士俊的推动下，河南成为全国开垦的典范，并迅速在全国掀起了一股开荒热潮。

在官场上摸爬滚打了这么多年，王士俊很清楚雍正的喜好，模仿田文镜，他清楚该学什么、不该学什么。他适时地上报祥瑞，因此王士俊不仅赢得了雍正的青睐，也让自己在雍正心中的位置更加稳固，就连其他大臣上报祥瑞的时候，雍正都会说："朕实不敢以此等为祥瑞，如王士俊者乃上天皇考恩赐之真瑞，何瑞如之。"意思就是朕不敢说这是祥瑞之兆，像王士俊那样的人，才是上天赏赐的真正祥瑞，什么祥瑞能比得上？

第十一章　奏折中的妙语

在皇权至上的封建社会里，皇帝的一举一动都是那么威严，他的话自然是至高无上的，一言不合就能要了臣子的命。在大家的印象中，皇帝的话规矩而刻板，甚至是没有情绪的。但是实际上并不是这样，雍正就有许多妙语。

雍正有一句非常有名的朱批："朕就是这样的汉子，就是这样秉性，就是这样皇帝。尔等大臣若不负朕，朕再不负尔等也，勉之。"

这是雍正写给田文镜的。当时朝廷需要从山东和河南购买粮食送到江南，为的是以平价收购粮食，然后运到粮食歉收地区出售稳定粮价。此时，江苏巡抚何天培和还是河南巡抚的田文镜上疏说江南人民不以小米为食，而以小麦为宜。雍正听后同意从河南运小麦。但是朱轼和张廷玉也不知道是怎么回事，一口咬定江南人民会喜欢吃小米。雍正也是信任这两人，就让山东运小米而不是小麦。结果小米到了江南，根本没人买。雍正自然是生气，却不想承认自己决策失误，所以令山东巡抚自己解决小米滞销的问题，如果卖不掉就自己用工资补贴。然后又把朱轼与张廷玉骂了一顿，甚至包括年羹尧，因为之前这三人都说过田文镜的坏话。同时，雍正对田文镜"实心办事"大加赞赏，并要求吏部论功行赏。

而田文镜得到赏赐后，自然要写谢恩折。田文镜谦虚地说自己其实很愚蠢，买米的事情自己只是随口一说，根本不知道该怎么做。此事主要是皇上教诲的功劳，这点小事就不用吏部给我奖励了。

估计是田文镜的话说到了雍正的心坎里，雍正看过之后，就写了刚才那段批语。意思就是说这就是我的用人之道，奖惩分明，我就是这样的人，你们不负我，我也不负你们。

雍正在对自己最宠爱的大臣写下的朱批中，表现出了他的真实和霸道，但是他生气的时候，也会表现出他那刻薄的一面。

"今到广西，若仍皮软欺隐，莫想生还北京也！"这是雍正对广西巡抚阿克敦说的。意思是今日你到了广西，若再装出一副胆小怕事的样子，休想活着回北京！就是这个人之前弹劾王士俊贪污。阿克敦在担任两广总督和广州将军时，与广东几位高官结怨，他一接到调职广西巡抚的命令，广东地方官员便纷纷上书弹劾他侵吞广东海关额外税银，还特别指控他唆使家人索要"规礼"，等等。雍正一听勃然大怒，当即命人把阿克敦抓进了监牢，才有了这一朱批。

类似这种朱批，其实并不少见，雍正朱批佟吉图的折子，讽刺意味就很浓了："知人则哲，为帝其难之，朕这样平常皇帝，如何用得起你这样人！"

还有一位大臣犯了错，在牢房里写了一道悔过的折子，其中有一句话的意思是知道自己辜负了天恩，羞惧交加。雍正把这个大臣的心理看得很明白，在这句旁朱批："知汝惧死实甚，然羞则未也。"意思是我知道你很怕死，但是你羞愧不羞愧就不知道了。

还有一回雍正给一个自己讨厌的大臣写朱批，他直接在朱批上写道："朕未践祚，即谂知汝，汝谓朕为盲耶？"这话的意思是朕未做皇帝之前，便已知晓你的为人，你以为朕不知道吗？可见雍正确实对这个大臣不满，就是不知道这个大臣看到这句话后是什么感想了。这种朱批不只这些，还有很多，从这里可以看出雍正睿智、风趣并且说一不二的一面。

在奏折的朱批中，我们可以看到很多雍正有趣的话语，而这不是雍正独有，实际上康熙朝也有这种严肃但不乏风趣的朱批。

皇帝每天收到的奏折很多，康熙就很少像雍正一样大段大段地回复，一般只是简单地回复："知道了。"例如，康熙时期江南曾经出现过一次重大的科考作弊事件，主考官曹寅向康熙提交了6道内容详尽的奏折。除了第五道折子中有比较长的朱批回复，其中有两道康熙只朱批"知道了"。

听起来康熙似乎很严肃，其实康熙本人也不愿意整天对着一帮瑟瑟发抖的大臣。在繁忙的政务之外，他喜欢听一些有趣的事情。在前面就说过，康熙在奏折中交代所见所闻，无论大小，皆可密奏于他，无论对错，他自有决断，就算是笑话，也说来让他听听。这是写给江宁织造曹頫（生卒不详）的朱批内容，曹頫这个人大家可能不熟悉，但是他的儿子大家比较熟悉，他的儿子就是《红楼梦》的作者曹雪芹。曹頫也真的听了康熙的话，不过曹頫这道请安折写得不是很好。首先开头是例行的问候"恭请万岁圣安"。接着又说江南的水稻收成不错，米价也比往年贵了不少。结尾又写："再两淮盐差李陈常已于七月二十七日在任病故，理合一并奏闻，伏乞圣鉴。"意思就是两淮盐差七月二十七日病逝,写在一起奏请皇上过目。

很明显这道奏折里有逻辑不对的地方,如果今年的收成很好,那么米价怎么会比往年贵了不少呢?米价应该更加便宜才对。如果米价贵,那就是收成不好,因为米少了价钱才会贵。所以这里自相矛盾。曹𫖯可能将他听到的信息写上来了,但是竟然没有经过深思熟虑,写在了奏折里给康熙看。

还有一处逻辑不对的地方,这次倒不是内容不对,而是这些内容不应该出现在奏折中。这道奏折是请安折,目的是希望康熙安康,结果结尾却加上一个有人去世的消息。这件事恐怕谁遇到都会不舒服吧。更何况他面对的是帝王,往严重了说这就是"大不敬"。

这两处要是康熙深究起来,定个死罪也说得过去。不知是康熙念着与曹家的旧情,还是当曹𫖯是个无知小孩,也好在当时也没有文字狱,康熙并没有降罪,并且还教诲他,在朱批上写道:"知道了,但是米价贵为什么又说丰收?而且将病故的人写在请安折子里,未免有些不妥。"

对于这两处错误,康熙并没有大加斥责,也没有上纲上线兴起文字狱,只是轻描淡写地略了过去,最多也就算是批评一下。可见康熙还是很宽宏大量的。

而且康熙其实还很幽默,会和臣子开玩笑。康熙关于武英殿总监造赫世亨病情的那十几条朱批中,他的风趣让人忍俊不禁。

赫世亨是镶黄旗包衣,他的父亲精通满文及儒家经典,被康熙誉为"我朝大儒"。他的弟弟也擅长满语,不但翻译了大量的汉文著作,还担任了皇子的满文师傅。赫世亨的文化水平也很高,而他担任的武英殿总监造,是负责编书事宜的。

赫世亨大约在康熙四十六年（1707）生病，康熙就将相关工作事宜暂时交给了李国屏等大臣。不过康熙在这两位大臣每次上奏的时候都会询问赫世亨的病情。

康熙在奏折中询问："赫世亨现在如何，他还健在吗？"这句话就像是一个老朋友在玩笑："你怎么了？还活着呢？"然后李国屏等人探望赫世亨之后写了一道折子，向康熙汇报了赫世亨的情况："奴才到赫世亨家中，向他询问，赫世亨跪在床上，叩首哭道他早晨发冷，但是到了中午又开始发热，吃不下饭。服过大夫开的药后，发热发寒虽已退去，每天只吃一两碗稀饭，晚上也能睡个好觉，但全身仍是酸软无力，双腿酸痛。据大夫说现在风热已经好了，只是腿上的湿热还在。他现在还没有什么事，可夏天躺在家里，动弹不得，热得要命。"

康熙看过这道奏折后，写下朱批："赫世亨从前自诩深通养生之道，今日何以病成这副模样？达都虎、桑格等都是粗人，不懂什么养生之道，如今虽然已过七旬，但依旧精神矍铄，满面红光，你们年轻人别听赫世亨说的那些养生之法。"这段朱批其实是带有些开玩笑的意思。

过了两日，李国屏又向皇上禀报工作事宜，其中对于上次康熙朱批讥讽赫世亨养生的事情，这两个人当即做了检讨，说："奴才年少不懂事，定要遵皇上之命，引以为戒，谨遵皇上旨意，绝不能学赫世亨。"看来李国屏似乎并未将康熙的朱批内容传达给赫世亨，认为康熙不过是拿赫世亨作例子教训他们几个后生晚辈罢了。其实康熙的意思当然不是这样的。

康熙看了这道奏折，又写了朱批："你怎么不让赫世亨看看我的朱批？这上面也没有赫世亨说的话，他现在怎么样了？"这大有让赫世亨看看这些人也不会信你的养生之道的意思，想取笑这个自称已得养生之道的老头子。不过这也证明康熙确实对这位老臣十分挂念，想知道他的身体状况如何。

没几天李国屏上折汇报工作的时候，继续说起这件事，说自己糊涂，上一次皇上的朱批没给赫世亨，这次立即将朱批给赫世亨看。说赫世亨见过康熙的朱批后，想到的是他对"养身"的执着，他想起了一桩往事，他以前听说龙涎香对健康有很大的帮助，但是一直没有找到。康熙听后，便赐下龙涎香，并嘱咐他，这东西吃了没有用。人一到老年，体质就会变弱，服用补品更加无用。但赫世亨不相信，这几个月来，他一直在吃，直到现在，还是病成这个样子。这一次，赫世亨是真的信了，称赞皇上英明。他又说自己糊涂，曾经无数次地向皇上汇报养生之法，还教过皇帝许多养生之法，可每当他说起这件事情的时候，皇上都会骂他："说那些都是无用的。不但你的这个方子不要，还拒绝了一些年纪大、身体好的人送的补品，因为觉得没什么用，就把它们扔掉了。"赫世亨的病情没有任何好转，症状还是之前的样子，奏折上还说赫世亨病重，无法下跪，伏于榻上痛哭流涕，身体十分虚弱。

由此可见，康熙原来是真看不上赫世亨的养生之法。而赫世亨确实非常注重养生之道，并时常与康熙分享。也难怪康熙在得知赫世亨病后，第一反应就是嘲讽赫世亨。

康熙见此情形，立即插手治疗，朱批中说："之前听闻御医李颖滋关于诊治的一些话，如让李颖滋继续救治，恐怕赫世亨已入土。快把李颖滋赶出去！刘声芳是我从南边带来的新御医，命令他来诊治。已经让王佳保回去了，若赫世亨稍有好转，便可赶到。"这里康熙又说了一句玩笑话，"朕必以为赫世亨已入土"。不过康熙玩笑归玩笑，马上为赫世亨换太医，还让赫世亨的儿子王佳保赶回去探望他，希望赫世亨的病情因此能得到进一步的好转。

之后赫世亨感谢赐医之事："臣今日有恙，多亏陛下将从南边带来的御医送过来，又让我的儿子回来，这都是给我的洪恩。"不过新的御医称"此病重大"，开了几次药方，都不是很管用。此时赫世亨已不是不停地发烧，自称稍愈，但是实际上赫世亨每次说完话都要闭目休息好一会儿才能再说话。康熙知道后打算让他试试食补，叫赫世亨连药暂时也别再吃了，从膳房取美食、狍肉，吃了试试。

可见药物是有效的，吃补也管点用，赫世亨停药吃了康熙赏赐的肉之后，便出了一身汗，咳嗽也好了许多，这才睡得安稳。李国屏与爱保也说赫世亨的病情比以前好了很多，说话也多了。

康熙见此情形很高兴，又说："再赐给他一些雉、狍肉，不过我亲手赏给他的，他一高兴一激动，就吃多了。尽量不要吃太多。保持愉快的情绪，不要烦恼。若是违背了朕的旨意，恐怕他又和以前一样。"

因病情好转，赫世亨高兴得落泪，还说："赫世亨身居皇父万国奴仆之列，犹如蝼蚁……"康熙又跟赫世亨开了个小玩笑，朱批把"蝼蚁"改成了"玉鳖"，并且朱批："我本以为赫世亨无药可救，今日一见痊愈，甚是高兴。"康熙确实是很高兴，还打趣御医，说："看见御医的诊治书，知道御医等羞愧难当，所以一言不发，并没有写稍愈等话。等候赫世亨的病好了，再看他们怎么写，太可笑！"

而对康熙用"玉鳖"代替赫世亨自称"蝼蚁"之事，赫世亨的回复是："这是希望我延年益寿，将我比喻为玉鳖。"再后来赫世亨的病情慢慢减轻了，康熙听了很是高兴，朱批继续打趣说："听说赫世亨病好了，却不肯告诉我详情，等我回到宫中，定不会宽恕，必将赫世亨交与其妻掐死。"

李国屏等向赫世亨传达了康熙的意思，赫世亨在床上哈哈大笑，跪在榻上说："大赞皇上英明神武，学识渊博，虽然和奴才开了个玩笑，却也是妙趣横生。奴才也想学一两句，博皇上一笑，却是做不到。我知道我媳妇这几天伺候我也累坏了，要是让她知道皇上下了圣旨，她肯定会骄傲，所以我瞒下了圣旨的内容没有告诉她。"康熙见此答复，又与赫世亨说笑，假意要兴师问罪，写了朱批："欺瞒圣旨当何罪？让赫世亨奏来……等我到宫里，看见赫世亨之后，再交付其祖母杀之。"

赫世亨则回复："隐瞒圣旨，虽是重罪，但毕竟是家事，皇上也不会责罚我。再说，我的病还没好，若是我妻子知道了这件事，跟我吵了一架，我可承受不住。等我缓过劲来，再跟她说，到时候她又能奈我何？"而面对这种答复，康熙看后，再次调侃地批了一句："赫世亨不要自夸。"

最后，赫世亨终于痊愈了："奴才自从服了皇上赐下的理气健脾丸，胃口大增，已可进食一碗干饭，还能扶人站着。等我身体好了，打算到西山村去住几天。"康熙继续与赫世亨打趣道："为妻所迫，不得不逃出城外，否则，赫世亨又要死了。"康熙几次开赫世亨和他妻子的玩笑，可见康熙与赫世亨一家的关系很熟也很好。

终于，这一出充满趣味的君臣对答剧就此落幕，康熙的风趣幽默，真是让人意想不到。两个人通过奏折与朱批的方式交流，也确实有趣。

从这里其实可以发现康熙、雍正、乾隆的做事风格，康熙更谨言慎行，偶尔也会开玩笑；而雍正则更加真性情，大方地将自己的性格展现在朱批中；乾隆并没有什么特殊的朱批让大家觉得有趣，但是他的诗有很多，而且他也更喜欢利用诗来提点臣子。

雍正很重视大臣的品行和名声，但是，如果大臣的品行差不多的话，他更重视才能。在挑选要职人选的时候，要二者兼得。雍正朱批的内容虽然表面上看起来很宽泛，实际上却是他为人处世和治国理念的凝聚和体现。在选人方面，他选拔遵纪守法、品行端正的清官，选择忠于职守的勤政之官，重用德才兼备的能臣，这些都是他兴利除弊、提倡务实、强调"人治"的政治思想的体现。作为清代中流砥柱的雍正皇帝，他的治国方略为后人留下了一笔珍贵的政治思想财富。

　　在清朝，雍正朝虽然只在位短短 13 年的时间，却是不容忽视的一段历史。其严厉的政治手段整顿了康熙后期出现的弊端，雍正朝上承康熙、下启乾隆，为康雍乾盛世的关键时期。雍正整顿了历代的旧弊，以励精图治、雷厉风行的作风，奠定了乾隆盛世的基础，在清王朝历史上占有重要地位。评价一个人，离不开研究他所处的特殊社会环境。同样地，研究一个王朝、一段历史时期，自然离不开对这些历史人物的研究。以朱批为切入点，能够更加直观、客观、深入地体会雍正的政治思想，这对于分析雍正朝吏治澄明局面的形成，也具有一定的参考价值。

后　记

朕就是这样的汉子

　　雍正的朱批近几年突然"火"起来了，大众似乎觉得这位九五之尊也很平易近人，雍正有和大众一样的情绪，甚至他的情绪更为外露。从朱批寥寥几句话中，就能看出一位三百年前皇帝的心情，这是一件很有意思的事情。

　　在写这部作品的时候，笔者可以感觉到雍正的真情实感，但是也能感觉到真情实感背后的处心积虑，雍正毕竟是帝王，他所做的一切都是有目的的，只是在雍正写下朱批的那一刻，或许多少有些真心。

　　当看到雍正说"朕若负你，天诛地灭"时，不能只看到他表达自己的决心，也要想到如果对方负了雍正，同样也会被天诛地灭。

　　雍正可以对年羹尧说"朕实在不知怎么疼你，才能够上对天地神明"，同样也可以对岳钟琪说"总督一任非当代人物如卿者不能料理就绪，今陕甘惟卿是赖"。

　　当看到雍正说"凭谁动你一毫毛，朕无能也"，笔者想到的是田文镜必定付出了很多，雍正才会这么说，而且雍正也可能在借田文镜铲除那些他真正想动的人……

笔者以为自己会将它写成一部风趣幽默的作品，但当笔者挖到这些朱批后面的东西后，才发现一句一句的朱批，或许都藏着血腥味。被雍正称为"恩人"的年羹尧最终被赐死，被雍正喊为舅舅的隆科多最后也没有好下场，或许雍正只有对怡亲王是真情实感，可惜怡亲王病逝。如果怡亲王还活着，最后又会是怎样呢……

被雍正认定的3个"模范督抚"在雍正朝的待遇还是不错的，但遗憾的是，这3个人的功绩在乾隆朝被全部否定，李卫和鄂尔泰甚至被撤出了贤良祠，当真是一朝天子一朝臣。

笔者以为奏折中只有雍正，其实奏折中不单单有雍正，还有许多臣子，也有许多民生，但总归，雍正有他的人格魅力、办事方法、处世风格。雍正并不是一个昏君，可以说他是一个热爱工作、喜欢吐槽、有血有肉的政治家。他善于利用人性的弱点，当然也有自己的弱点。

历史像一张巨大的网，是由人和事件两条线索交织组成的，对于大清来说，奏折与朱批是将人与事件联结在一起的线，没有这些奏折，我们就无法更清晰地看到历史背后的人性与真实。

这部作品中引用了很多奏折内容与朱批内容，不过对于很多大家耳熟能详的朱批没有一一写出来，只找了一些供大家赏玩。本书主要是想找一些被大家所忽略的奏折、朱批内容，从中挖掘新的东西。其中也参考了一些相关资料，还有一些关于民生的史料，为的是方便大家理解，以便更深层次地去看待历史问题。

如果感兴趣，可以找来《雍正朝汉文谕旨汇编》，不妨静下心来读一读，或许也会有所收获。

查献芹
2023 年 11 月 30 日